JENS PRIEWE

GRUNDKURS
WEIN

ALLES, WAS MAN
ÜBER WEIN WISSEN
SOLLTE

Inhalt

VORWORT ... 5

WEIN VERSTEHEN ... 6

20 Fragen ... 8
Das Etikett ... 10
Wein und Preise ... 12
Wein und Alkohol ... 14
Die Qualität des Weins ... 16
Wein aus dem Supermarkt ... 18
Wein verkosten ... 20

ALLGEMEINWISSEN ... 22

Bestandteile des Weins ... 24
Kurze Geschichte des Weins 1 ... 26
Kurze Geschichte des Weins 2 ... 28
Der Weltrebengürtel ... 30
Die neuen Ursprungsbezeichnungen ... 32

REBENKUNDE ... 34

Die Rebe ... 36
Die Beeren ... 38
Das Tannin ... 40
Die Traubenreife ... 42
Rote Rebsorten ... 44
Weiße Rebsorten ... 48

DER WEINBERG ... 52

Der Boden ... 54
Die Bestockung ... 56
Die Rebenerziehung ... 58
Das Jahr im Weinberg ... 60
Die Weinlese ... 62
Biologischer Weinbau ... 64

DIE KELLERARBEIT ... 66

Die Rotweinbereitung ... 68
Die Weißweinbereitung ... 70
Roséwein ... 72
Natural Wine ... 74
Fasskunde ... 76
Neue önologische Techniken ... 78
Champagner ... 80
Sekt, Crémant, Cava & Co. ... 82
Prosecco, Secco & Co. ... 84
Süßweine ... 86
Portwein ... 88
Sherry ... 90

PRAKTISCHES WEINWISSEN ... 92

Die Qualität des Korkens ... 94
Alternative Weinverschlüsse ... 96
Die Kapsel ... 98
Die Korkenzieher ... 100
Die Weingläser ... 102
Die Trinktemperatur ... 104
Das Einschenken ... 106
Die Weinlagerung ... 108
Die Weinalterung ... 110
Das Dekantieren ... 112
Wein-Accessoires ... 114
Weinstein und Bläschen ... 116
Weinfehler ... 118

SENSORIK DES WEINS ... 120

Riechen ... 122
Schmecken ... 124
Die Aromen des Weins ... 126

DIE WEINBAULÄNDER ... 128

Deutschland ... 130
Frankreich ... 134
Italien ... 138
Spanien ... 142
Österreich ... 146
Schweiz ... 148
Luxemburg ... 149
Portugal ... 150
Griechenland ... 151
Rumänien ... 152

Inhalt

Bulgarien	153
Ungarn	154
Tschechien/Slowakei	155
Slowenien	156
Kroatien	157
Serbien/Kosovo/Montenegro/Bosnien-Herzegowina/Nordmazedonien/Albanien	158
Großbritannien	159
Georgien/Aserbaidschan/Armenien	160
Moldawien/Ukraine/Russland	161
Zypern/Türkei	162
Libanon/Israel	163
Südafrika	164
Kalifornien	166
Oregon/Washington	168
Kanada	169
Chile	170
Argentinien	171
Australien	172
Neuseeland	174
China	175
GLOSSAR	176
REGISTER	180
BILDNACHWEIS/IMPRESSUM	184

VORWORT

Liebe Leserinnen, liebe Leser!

Dieses Buch will allen, die einen Einstieg in die Welt des Weins suchen, einen Überblick über die wichtigsten Themen geben. Es ist kurz, klar, leicht verständlich geschrieben und kommt ohne jegliche Weinpoesie aus. Auch Menschen ohne Vorkenntnisse verstehen bei der Lektüre, was Wein so faszinierend macht. Man muss »Grundkurs Wein« nicht notwendig von vorne bis hinten lesen. Man sucht sich einfach das Thema aus, über das man mehr erfahren möchte. Dennoch ist das Buch nicht nur für Anfänger geschrieben. Es geht an manchen Stellen tiefer ins Detail und zeigt Zusammenhänge auf, die für die Einordnung und Bewertung von Weinen wichtig sind.

»Grundkurs Wein« hat eine lange Geschichte. Sie beginnt Anfang der 1990er-Jahre, als die Menschen in Deutschland (und in der gesamten westlichen Welt) begannen, sich vermehrt dem Wein zuzuwenden – nach Jahren der Zurückhaltung und des Desinteresses. Bordeaux boomte, die Nachfrage nach Brunello und Barolo explodierte, Riesling wurde neu entdeckt. Damals erschien ein Buch mit dem Titel »Wein – die kleine Schule«, das das neu erwachte Interesse an Wein thematisierte. Es war der Vorläufer dieses Buchs. Dass es ein Bestseller und in 13 Sprachen übersetzt werden würde, ahnte ich damals nicht.

Die plötzliche Hinwendung zum Wein hatte ihre Gründe. Leidenschaftliche Winzer betraten die Bühne. Die Weinqualitäten stiegen dramatisch. Berühmte Weine verzeichneten spektakuläre Wertzuwächse. Überall auf der Welt wurden neue Weinberge angelegt, wurde in neue Keller investiert, wurden neue Cuvées kreiert. Die Methoden und Techniken der Weinbereitung wurden ausgefeilter. Wissenschaftliche Erkenntnisse fanden zunehmend Eingang in den Weinbau. Die Zahl der qualitativ guten, ja hervorragenden Weine stieg, und mit ihnen die Ansprüche der Weintrinker. Genuss mit allen Sinnen – das war das neue Credo. Aber auch: Genuss mit Verstand.

Um mit der Entwicklung Schritt zu halten, habe ich »Grundkurs Wein« – so hieß das Buch inzwischen – mehrfach aktualisiert. Jetzt ist es wieder soweit. Aber diesmal haben der ZS Verlag und ich uns entschlossen, es weitgehender als jemals zuvor zu überarbeiten. Es ist doppelt so dick wie die Ursprungsausgabe und fast völlig »runderneuert«.

Hinzugekommen sind beispielsweise Kapitel über Roséweine, ökologischen Weinbau, Natural Wines, über die Klimaerwärmung und ihren Einfluss auf den Weinbau. Neue Prickler wie Secco und Pet Nat werden vorgestellt, die sich bei jungen Weintrinkern zunehmender Beliebtheit erfreuen. Schließlich wurden die großen, wichtigen Weinbauländer der Welt differenzierter portraitiert, als es in den früheren Ausgaben der Fall war. Vor allem wurden Kurzportraits neuer, aufstrebender Weinnationen hinzugefügt, von Osteuropa über die Türkei bis nach China.

Deshalb gilt mehr denn je: Wer Weinkenner werden will, kann mit diesem Buch beginnen. Wer schon ein Weinkenner ist, bringt seine Kenntnisse mit ihm auf den neuesten Stand.

Jens Priewe

Wein verstehen

Was man über Etikett, Preis, Qualität, Herkunft und Verpackung wissen muss

Basics für Neueinsteiger

Das Schöne am Wein ist, dass man ihn trinken kann, ohne eine Ahnung zu haben, warum er so gut schmeckt. Dennoch kann es nützlich sein, ein bisschen mehr über ihn zu wissen. Hier sind 20 Antworten auf Fragen, die viele Menschen sich nicht trauen zu stellen.

1 Woraus wird Wein gemacht?
Aus Trauben. Zu 100 Prozent.

2 Ist es egal, aus welchen Trauben Wein erzeugt wird?
Im Prinzip ja. Es werden weltweit etwa 500 unterschiedliche Traubensorten angebaut: rote und weiße. Jedes Land beziehungsweise jedes Weinanbaugebiet legt fest, welche für seine Weine verwendet werden dürfen. An diese Vorgaben müssen sich Winzer halten.

3 Kann man auch aus Esstrauben Wein machen?
Theoretisch wäre das möglich. Aber Tafeltrauben – so der Fachausdruck – sind spezielle Züchtungen. Sie enthalten weniger Zucker und mehr Saft. Der Wein, der aus ihnen entstünde, wäre dünn, sauer und alkoholarm. Er würde nicht schmecken.

4 Kommen die besten Weine aus Frankreich?
Nein, aber einige der Besten.

5 Sind trockene Weine besser als süße?
Es gibt von beiden gute und schlechte Exemplare.

6 Warum tun die Winzer so viel Alkohol in ihren Wein?
Der Alkohol wird nicht dazugetan. Er entsteht bei der Herstellung des Weins. Konkret: bei der Gärung.

7 Gärt Wein ähnlich wie Bier?
Ähnlich und doch anders. Beim Wein wird der Saft der ausgepressten Trauben vergoren, beim Bier der Gerstensud samt der darin enthaltenen Stärke. Die Gärung besorgen Hefen. Sie wandeln den im Saft enthaltenen Zucker in Alkohol um. Um in der Biersprache zu bleiben: Es handelt sich um einen untergärigen Prozess. Nach der Gärung sinken die (toten) Hefen nach unten auf den Boden des Fasses.

8 Woher kommen die Hefen?
Die Hefen sitzen (für das menschliche Auge unsichtbar) auf der Schale der Weintrauben. Sie bewirken die Gärung. Wenn die natürlichen Hefen nicht ausreichen, rührt der Kellermeister spezielle Zuchthefen in den Wein ein. Solche Zuchthefen kann man kaufen.

9 Eignet sich auch Bierhefe zur Vergärung des Traubensafts?
Ja, denn die Zuchthefe heißt lateinisch *Saccharomyces cerevisiae*. Zu Deutsch: Bierhefe.

10 Warum fügt man dem Traubensaft nicht einfach Alkohol hinzu?
Weil so kein Wein entstünde. Wein entsteht erst durch die Gärung. Dabei verändert sich der Geschmack. Weißweine können zum Beispiel nach Vanille, Anis, Salbei, Nüssen, Feuerstein, Petrol schmecken, Rotweine nach Tabak, Teer, Lakritze, Cassis, Rote Bete – Aromen, die im Traubensaft gar nicht vorkommen.

11. Wieso kann ein Wein »trocken« sein?
Der Ausdruck »trocken« ist irreführend, aber gebräuchlich. Trocken bedeutet, dass der Wein keine (schmeckbare) Süße aufweist.

12. Was bedeutet »herb«?
Herb ist kein Fachausdruck. In der Alltagssprache wird er für »trocken« verwendet. Für Winzer schwingt bei »herb« aber immer etwas Negatives mit: unreif, sauer. Unter Winzern gebräuchlich ist nur der Begriff »feinherb«. Er steht jedoch für fruchtig-liebliche Weine.

13. Wieso wird ein Wein mit dem Alter immer besser?
Ein weit verbreiteter Irrtum. 95 Prozent aller Weine können oder sollten nicht alt werden. Viele trinkt man am besten innerhalb des ersten Jahres. Nur wenige Weine haben die Fähigkeit, sich ein paar Jahre (oder mehr) in der Flasche zu verfeinern.

14. Darf man das Weinglas am Kelch anfassen?
Es gibt keine Weinpolizei, die das kontrolliert. Aber ein Weinglas wie ein Pilsglas zu umklammern, ist ordinär. Das Weinglas wird am Stiel gehalten und am Stiel zum Mund geführt.

15. Warum haben Weingläser überhaupt einen Stiel?
Wahrscheinlich aus ästhetischen Gründen. Früher gab es keine Stielgläser. Man trank Wein aus Bechern.

16. Macht Wein dick?
Alkohol ist ein Kalorienträger. Wer viel Wein trinkt, nimmt an Gewicht zu. Außerdem macht Wein Appetit. Man isst automatisch mehr.

17. Sind Weißweine besser verträglich als Rotweine?
Das hängt vom einzelnen Menschen ab. Rotweine enthalten meist mehr Histamin als Weißweine und können Amin-empfindlichen Menschen Probleme bereiten. Es gibt aber auch Weißweinunverträglichkeiten, etwa bei einem säureempfindlichen Magen. Grundsätzlich sind Rot- wie Weißweine aber gut verträglich.

18. Wenn der Korken beim Öffnen versehentlich in die Flasche fällt, korkt der Wein dann?
Dieses Missgeschick beeinträchtigt den Wein überhaupt nicht. Der Korkschmecker hat andere Ursachen.

19. Stimmt es, dass man nach dem Wein kein Bier trinken sollte?
Wer Durst hat, soll es tun. Er muss, wenn er in Maßen trinkt, deshalb weder Kopfschmerz noch Übelkeit fürchten. Grundsätzlich sollte man aber verschiedene alkoholische Getränke nicht durcheinandertrinken.

20. Gilt der Satz »Wein auf Bier, das rat ich dir« dann ebenfalls nicht?
Man kann ohne Probleme auch ein Pils als Aperitif zu sich nehmen und dann Wein weitertrinken. Sommeliers empfehlen das sogar in bestimmten Situationen.

Das Etikett

Was das Flaschenetikett verrät: wenig, aber das präzise

Das Etikett ist die Visitenkarte des Weins, und es hilft, den Inhalt korrekt zu benennen. Die Informationen auf dem Etikett sind genau vorgeschrieben – so genau, wie es der Konsument manchmal gar nicht wissen will. Verboten ist alles, was nach Meinung der Weinbeamten die Konsumenten verwirren könnte, auch wenn es für diese durchaus nützlich ist.

Nicht nur Personalausweis

Das Etikett ist nicht allein dafür da, den Konsumenten über den Inhalt der Flasche zu informieren. Es befriedigt emotionale, visuelle, ästhetische Bedürfnisse. Der Weintrinker fühlt sich angezogen vom Etikett und lässt sich von ihm zum Kauf inspirieren – oder von ihm abhalten. Trotzdem ist wichtig, was auf dem Etikett steht, einschließlich des Kleingedruckten. Wie wichtig, macht eine einzige Zahl deutlich: Gut 70 Prozent allen Weins wird im Supermarkt oder im Lebensmittelhandel gekauft – an Orten, an denen es keine Beratung und keine Möglichkeit gibt, den Wein vor dem Kauf zu probieren. Wer sich nicht auskennt, ist also gezwungen, die Angaben, die das Etikett macht, genau zu studieren, um Näheres über den Wein zu erfahren.

Pflichtangaben

Die europäische Weinbehörde gibt mindestens acht Pflichtangaben für das Etikett vor: Name des Weins, geografische Herkunft, Abfüller, Alkoholgehalt, Nennvolumen, Qualitätsstufe, amtliche Prüfnummer sowie die Angabe »enthält Sulfite«. Für Land- und Qualitätsweine ist zusätzlich die Angabe des Jahrgangs erforderlich. Rebsorte, Geschmacksrichtung und Lage können wahlweise angegeben werden. Für einige Länder gelten zusätzliche Pflichtangaben: etwa die leere

Weinname
Der Wein darf einen eigenen Namen führen, gleichgültig ob es ein historischer oder ein Fantasiename ist.

Jahrgang
Für Qualitätsweine ist die Angabe des Jahrgangs obligatorisch. Das heißt: Mindestens 85 % des Weins müssen aus dem angegebenen Jahrgang stammen.

Nennvolumen
Der Flascheninhalt muss in Millilitern, Centilitern oder Litern angegeben werden.

Geografische Herkunft
Das Anbaugebiet gehört zu den Pflichtangaben. Dabei kann auch die Region oder das Land als Herkunft genannt werden.

Alkoholgehalt
Pflichtangabe. Dabei dürfen in Europa nur volle und halbe Alkoholgrade angegeben werden. Gegebenenfalls muss auf- oder abgerundet werden. Die Toleranz zum tatsächlichen Alkoholgehalt beträgt 0,5 Vol.-%

Das Etikett

Flasche nicht in der Umwelt zu entsorgen. Für die Weinbeamten dient das Etikett in erster Linie der korrekten Identifikation des Weins. Der Verbraucher soll nicht durch falsche Angaben irregeführt werden.

Verbotene Angaben

Nicht erlaubt auf dem Etikett sind werbliche oder wertende Hinweise: dass der Wein »ausgezeichnet« oder der Jahrgang »groß« ist. Das Wort »Natur« darf auch nicht in Verbindung mit Wein erwähnt werden. Ebenso wenig sind Aussagen über organischen oder biodynamischen Weinbau gestattet. Deshalb nutzen viele Winzer die Möglichkeit, auf dem »inoffiziellen« Rücketikett weitergehende Hinweise auf den Wein, auf seinen Geschmack, auf die Philosophie des Winzers, auf die Böden oder auf mögliche Kombinationen mit Speisen zu geben. Manchmal stehen auf dem Rücketikett auch die Adresse, die Telefonnummer des Weinguts und ein Quellcode, über den man direkt auf die Website des Winzers kommt. Auf der Rückseite ist (fast) alles erlaubt.

Erzeuger/Abfüller
Wenn ein Wein ganz oder überwiegend aus eigenen Trauben gewonnen wurde, darf Erzeuger- oder Gutsabfüllung auf dem Etikett stehen. Anderenfalls heißt es nur: Abgefüllt durch …

Lage/Ortsname
Die Lage beziehungsweise der Ortsname kann, muss aber nicht angegeben werden.

Rebsorte
Die Rebsorte kann, muss aber nicht angegeben werden. Wird sie angegeben, muss mindestens 85 % des Weins aus dieser Rebsorte gekeltert sein.

Klassifizierung
Position der Lage/des Weins in der Qualitätshierarchie des VDP (nicht amtlich)

Geschmacksrichtung
Sie gehört zu den freiwilligen Angaben, unterliegt jedoch genauer Kontrolle.

Enthält Sulfite
Obwohl jeder Wein geschwefelt ist, muss jedes Etikett einen entsprechenden Hinweis enthalten.

Qualitätsstufe
Status des Weins in der Qualitätspyramide (amtlich). Nach dem neuen europäischen Weinrecht steht statt Qualitätswein künftig »geschützte Ursprungsbezeichnung« an dieser Stelle. Prädikate wie Kabinett, Spätlese etc. bleiben für deutsche Weine erhalten.

Preisfrage: Wie viel muss und wie viel darf ein Wein kosten?

Der Preis des Weins ist für viele Weintrinker ein Gradmesser der Qualität. In Wirklichkeit aber haben Qualität und Preis nur entfernt etwas miteinander zu tun. Neben dem Aufwand, den ein Winzer treibt, gehen nämlich viele weinfremde Faktoren in den Preis ein, die man als Konsument nicht schmecken kann.

Gute Weine können durchaus preiswert sein, während manch berühmter Wein nicht nur teuer, sondern auch übertuert ist. Kluge Weintrinker schauen deshalb genau auf das Preis-Leistungs-Verhältnis. Nicht nur im Fachhandel, auch im Versandhandel oder Internet werden Weine von guter und sehr guter Qualität angeboten.

Der Aufwand des Erzeugers

Guter Wein hat seinen Preis, sagen die Winzer. Das stimmt. Wer nur halb so viele Trauben am Rebstock belässt wie seine Nachbarn, wird am Ende auch nur halb so viel ernten, dafür aber den besseren Wein bekommen. Um auf seine Kosten zu kommen, muss der Preis gegenüber dem Konkurrenten verdoppelt werden. Ob das funktioniert, entscheidet der Markt. Manchmal klappt es, manchmal nicht. Wer seine Weinberge biologisch bewirtschaftet und den Boden händisch mit der Hacke lockert, im Sommer die Traubenzone der Reben entblättert, den Traubenbehang ausdünnt und im Herbst von Hand liest, hat höhere Kosten als einer, der alles mit Maschinen oder gar nicht macht. Wer seine Lesehelfer dreimal durch den Weinberg gehen lässt, um nur die jeweils reifsten Trauben abzuschneiden, arbeitet aufwendiger als einer, der alles auf einmal liest. Gleiches gilt für den, der seinen Wein in Barriques ausbaut. Allein die kleinen Eichenfässer verteuern den Wein um zwei bis drei Euro pro Flasche, je nachdem, wie viele Jahre der Kellermeister die Fässchen verwendet.

Die Vermarktungskosten

Der Erzeugeraufwand macht aber nur einen Teil der Rechnung aus. Ein großer Teil der Kosten – oft der größere – resultiert aus der Vermarktung des Weins. Bis die Flasche im Regal steht, läuft sie durch die Bücher von Großhändlern, Agenten, Importeuren und Spediteuren. Alle wollen an ihm verdienen. Listung, Verkaufsförderung, Werbung, Präsentationen erhöhen die Kosten weiter. Und am Ende schlägt der Finanzminister noch die Mehrwertsteuer drauf. Sollten Winzer oder Weingut darüber hinaus Hypothekendarlehen zu bedienen haben, weil sie entweder neue Weinberge gekauft oder einen neuen Keller gebaut haben, kommen auch noch Zinslasten hinzu. Im Preis des Weins spiegelt sich also nicht nur die bessere Qualität, sondern die gesamte betriebswirtschaftliche Leistung wider.

Die Nachfrage

Billig kann guter Wein nicht sein. Die Frage ist nur, ob die Konsumenten den höheren Preis bereit sind zu zahlen. Wo Menschen bessere Qualitäten nicht zu schätzen wissen, wird der Wein keine hohen Preise erzielen – egal wie hoch die Kosten waren. Wenn hingegen der Wein vielen Menschen schmeckt, lässt sich ein höherer Preis durchsetzen. Die Nachfrage hängt von vielen Faktoren ab, nicht nur von der Qualität des Weins. Die Präsenz im Handel, die Berühmtheit des Erzeugers, der Ruf des Anbaugebiets oder des Jahrgangs, das Urteil der Weinkritiker – all das spielt eine große Rolle. Die Nachfrage kann dadurch stimuliert, aber auch blockiert werden.

Beliebter Irrtum

»Es war schon immer etwas teurer, einen besonderen Geschmack zu haben« – mit diesem Satz möchten sich anspruchsvolle Menschen gern von der Masse der Weintrinker abheben. Über der Richtigkeit dieser Erkenntnis sollte jedoch nicht vergessen werden, dass ein guter Wein nicht nur teuer, sondern auch überteuert sein kann. Die vermutete oder die behauptete Qualität hat auf den Preis manchmal einen größeren Einfluss als die tatsächliche Qualität. So ist ein teurer Markenchampagner nicht automatisch besser als ein halb so teurer Crémant von der Loire oder ein deutscher Winzersekt. Und ob ein Premier Cru aus dem Burgund für 120 Euro wirklich viermal besser ist als ein guter badischer Spätburgunder für 30 Euro, wäre noch zu beweisen. Von einem niedrigen Preis auf eine ebensolche Qualität zu schließen gehört zu den beliebtesten Irrtümern, die Weinkonsumenten begehen können. Nur bei Weinen unter vier Euro gilt die Gleichung.

Preistreibende Faktoren: adeliger Erzeuger, schwere Flasche, Künstleretikett

---

Was den Wein teuer macht ...

Adeliger Name: Er suggeriert bei vielen Menschen Seriosität, Tradition und Zuverlässigkeit. Dabei existieren die Grafen und Barone meist nur in der Fantasie.

Künstleretiketten: Kunst auf dem Etikett, eine goldene oder silberne Schrift sind typische Stilmittel, einen Wein »wertiger« erscheinen zu lassen.

Jahrgang: Gute Jahrgänge in Bordeaux sind nicht immer gute Jahrgänge in anderen Anbaugebieten und rechtfertigen keinen Preisaufschlag.

Anbaugebiet: Bekannt bedeutet nicht unbedingt berühmt, und auch in berühmten Anbaugebieten gibt es ganz unterschiedliche Qualitäten.

Kult: Ein leichtfertig vergebenes, oft selbst verliehenes Prädikat für Winzer und Weine, das de facto nichtssagend ist.

Bewertungen: Es gibt wenige geübte Zungen und viele Dilettanten, die Weine bepunkten. Weingüter und Händler veröffentlichen immer nur die höchsten Noten, nie die niedrigsten.

Knappheit: Häufig werden Weine künstlich verknappt (»Pseudolagen«-Weine, »Selektions«-Weine, »Fass Nr. 11« oder »Cuvée No. 1« u. Ä.), um das Angebot klein zu halten und dadurch höhere Preise zu erzielen.

Schwere Flasche: Manche Weine werden in Flaschen abgefüllt, die schwerer sind als ihr Inhalt. Die schwere Flasche suggeriert, dass der Wein ebenso gewichtig sei wie das Gefäß. Auch »Flaschenlametta« wie eine Halskrause sind reine Marketingtools.

Alkohol – für die Qualität

Alkohol ist nicht das Wichtigste am Wein. Aber er ist unvermeidlich. Ohne ihn wäre Wein kein Wein. Die Frage ist nur: Wie viel Alkohol darf ein guter Wein haben? Die Antwort lautet: so wenig wie möglich, so viel wie nötig.

Alkohol ist nie ein Indikator für die Güte eines Weins – egal ob der Alkoholgehalt hoch oder niedrig ist. Er muss in einem ausgewogenen Verhältnis zu den anderen Bestandteilen des Weins stehen. Die »Tränen« an den Wandungen des Glases bestehen übrigens aus Glyzerin. Glyzerin ist auch ein Alkohol und ein Indikator für den Gesamtalkoholgehalt des Weins.

Woher der Alkohol kommt

Weintrauben enthalten keinen Alkohol. Der Alkohol entsteht erst bei der Gärung. Weintrauben enthalten aber viel Zucker, und die Gärung ist nichts anderes als die Umwandlung dieses Zuckers in Alkohol. Dabei gilt die Gleichung: Je mehr Zucker, desto höher ist später der Alkoholgehalt. Da der durchschnittliche Zuckergehalt in den letzten Jahrzehnten deutlich gestiegen ist, nimmt auch der Alkohol zu. Ursache dafür ist der Klimawandel, aber auch der Trend zu höheren Qualitäten: Winzer ernten immer mehr vollreife Trauben. Das gilt besonders für Rotweine. Die Vorlese fällt immer knapper aus. Bei ihr werden Trauben vorzeitig gelesen, wenn einige ihrer Beeren noch nicht vollreif sind. Die höheren Oechsle-Werte (die Maßeinheit für Zucker) durch eine spätere Lese und die entsprechend höheren Alkoholgehalte werden also bewusst in Kauf genommen, um üppigere Weine zu bekommen.

Qualität und Alkohol

Ein trockener und durchgegorener Landwein hat praktisch immer 12 Vol.-% Alkohol. Gehobene Qualitätsweine, deren Trauben vollreif gelesen wurden, erreichen leicht 13 oder sogar 14 Vol.-% – und zwar nicht nur in den warmen, südlichen Weinbauländern. Auch ein durchgegorener Spitzenwein aus den kühleren Regionen Europas weist oft 13,5 Vol.-% auf. Vom »leichten« deutschen Wein ist auf dieser Qualitätsstufe nicht mehr die Rede. Höhere Alkoholgehalte sind zudem eine Folge gezielter Ertragsreduzierung. In den wenigen am Rebstock verbleibenden Trauben lagert die Rebe dann entsprechend mehr Zucker ein. Höhere Weinqualität hat also steigende Alkoholgehalte zur Folge.

Die Alkoholangabe

Die Angabe des Alkoholgehalts auf dem Etikett ist obligatorisch. Wer jedoch glaubt, er müsse nur nach

Der Wein und die Kalorien

Alkohol fordert nicht nur die Leber. Alkohol ist auch ein Kalorienträger. Wer regelmäßig Wein trinkt, muss deshalb seinen Speiseplan umstellen und den Anteil der festen Nahrung reduzieren, um sein Gewicht zu halten. Hier eine Tabelle zum Kaloriengehalt von Weinen mit unterschiedlichen Alkoholgehalten.

Alkoholgehalt	Alkoholgehalt pro 0,75-l-Flasche	Kalorien pro 0,75-l-Flasche	Beispielweine
10 Vol.-%	60 g	420 kcal*	Riesling (lieblich), Vinho Verde
11 Vol.-%	66 g	462 kcal*	Sekt, Champagner, Riesling halbtrocken
12 Vol.-%	72 g	504 kcal*	Riesling Gutswein, Pinot Grigio, Lugana
13 Vol.-%	78 g	546 kcal*	Südafrika weiß, Bordeaux, Burgund, Chianti
14 Vol.-%	84 g	588 kcal*	Spätburgunder Auslese, kalif. Cabernet, Ribeira del Duero
15 Vol.-%	90 g	630 kcal*	Amarone, Zinfandel, Primitivo, Fino Sherry

* Bei lieblichen und halbtrockenen Weinen kommt bei der Kalorienberechnung noch der Restzucker hinzu. Ein leichter Wein ist deshalb nicht zwangsläufig ein kalorienärmerer Wein. Das gilt auch für Sekte und Champagner. Alle Brut-Qualitäten weisen einen Zuckerrest auf, der im halbtrockenen Bereich liegt.

Weinen mit 13,5 oder 14 Vol.-% Alkohol Ausschau halten, um beste Qualitäten zu bekommen, der irrt. Zumindest in den warmen Weinbauländern ist es keine Kunst, die Trauben zur Vollreife zu bringen – auch ohne Ausdünnen und ohne späte Lese. Ein Wein mit 14 Vol.-% Alkohol aus Südspanien ist deswegen nicht besser als ein Wein mit 12,5 Vol.-% aus Norditalien. Vielmehr kommt es darauf an, das richtige Gleichgewicht zwischen Säure, Extrakt und Alkohol zu finden. Ob dem Winzer das aber gelungen ist, ist aus der Alkoholangabe auf dem Etikett nicht ersichtlich. Nur eines lässt sich sagen: Ein trockener Wein mit einem Alkoholgehalt von weniger als 12 Vol.-% ist immer ein einfacher Wein (was nicht heißt, dass er nicht trotzdem gut schmecken kann).

Drei Alkohole

Genau genommen sind es drei verschiedene Alkohole, die sich im Wein befinden. Der hochwertigste ist der Ethylalkohol (auch Äthylalkohol geschrieben). Er intensiviert den Geschmack des Weins. Das ist seine Hauptaufgabe. Der zweite Alkohol, der sich im Wein befindet, ist der Methylalkohol. Er ist giftig, macht aber nur 0,1 % der gesamten Alkoholmenge aus. Die dritte Alkoholfraktion, die sich im Wein befindet, ist Glyzerin. Glyzerin ist farblos, dickflüssig und ungiftig: Die »Tränen« an den Wandungen eines Weinglases bestehen zum Beispiel aus Glyzerin. Im Gegensatz zu den anderen Alkoholen, die geschmacklos sind, schmeckt Glyzerin süß. Hat ein Wein einen hohen Alkoholgehalt, kann es daher sein, dass er leicht süßlich schmeckt, obwohl analytisch in ihm kein Zucker vorhanden ist. Extraktsüße heißt der Fachausdruck.

Moderater Weinkonsum

Ärzte und Politiker warnen vor unkontrolliertem Alkoholgenuss – zu Recht. Gegen moderaten Weinkonsum aber haben die wenigsten etwas einzuwenden. Wie viel Alkohol man täglich gefahrlos trinken kann, hängt von der körperlichen Konstitution und vom Geschlecht ab. Frauen vertragen statistisch weniger, Männer mehr Alkohol. Außerdem gilt, dass das Risiko etwa für Raucher, Diabetiker, Übergewichtige und Bluthochdruckpatienten größer ist als für gesunde und bewegungsaktive Menschen. Deshalb verzichtet die Weltgesundheitsorganisation WHO auf allgemeine Orientierungswerte. Nach konservativer Auffassung von Ärzteverbänden sind für Männer maximal 20 g Alkohol täglich zulässig. Konkret bedeutet das: Bei einem Wein mit 13 Vol.-% müßte man sich mit 1,5 Glas (à 0,2 l) bescheiden – etwas weniger als eine halbe Flasche. Für Frauen wurden dagegen nur 12 g als zulässig festgelegt. Das entspricht etwa einem Glas Wein pro Tag. Die positiven Wirkungen eines moderaten Weinkonsums aufgrund anderer Inhaltsstoffe sind dabei nicht berücksichtigt.

»Guter« und »schlechter« Wein – was ist das eigentlich?

Viele Weintrinker machen es sich einfach. Ein Wein, der schmeckt, ist ein guter Wein. Ein schlechter Wein ist einer, der nicht schmeckt. Ein solches Urteil sagt, pardon, viel über den Weintrinker und nichts über den Wein aus. So kommt es, dass guter Wein manchmal nur wenigen Menschen schmeckt, schlechter oftmals vielen.

Wein im 21. Jahrhundert: Nie gab es eine so hohe Zahl an qualitativ guten, aber auch austauschbaren Weinen.

Die Qualität

Theoretisch ließe sich die Qualität eines Weins objektiv messen: Dichte, Körper, Komplexität, ph-Wert, Tanningehalt – nur wenige Parameter würden reichen, um die Güte eines Weins objektiv zu bestimmen. Selbst die Reintönigkeit des Bouquets ließe sich mittels eines Gaschromatografen präzise ermitteln. Doch ein in diesem Sinne »objektiv« guter Wein muss keineswegs allen Menschen schmecken. Qualität wird stets subjektiv empfunden. Der eine zieht den leichten, fruchtigen Typus vor, der andere den kräftigen, mineralischen. Der dritte liebt Weine, die einen besonderen Charakter haben und das Potenzial besitzen, sich mit der Zeit zu verfeinern. Wieder andere erwarten einfach nur, dass der Wein »lecker« schmeckt – was immer das genau ist.

Die Farbe des Weins

Ob Weißwein glanzhell oder tief goldgelb ist, sagt nichts über seine Qualität aus. Es gibt gute und schlechte Weine sowohl mit der

Die Qualität des Weins

einen wie mit der anderen Farbtönung. Unabhängig von der Farbe wird allerdings verlangt, dass ein Wein klar ist. Er sollte nicht trüb sein und kein Depot aufweisen. Die Weinkontrolleure verlangen es, der Handel auch. Die Natural-Wine-Erzeuger sehen das anders. Ihr Wein wird weder geschönt noch gefiltert. Er kann also trüb sein. Klarheit ist also ein rein ästhetisches Merkmal. Ähnlich ist es bei Rotweinen. Ob sie sich in hellem Erdbeerrot oder in einem dunklen Rubinrot präsentieren, ist egal. Einige Rebsorten ergeben von Natur aus dunklere Weine (Cabernet Sauvignon, Merlot, Syrah), andere hellere (Pinot Noir, Nebbiolo). Mit Qualität hat das nichts zu tun.

Der Duft des Weins

Gute Weine sind dagegen sauber im Bouquet und besitzen, zumindest wenn sie jung sind, eine gewisse Frische. Ob sie blumig, fruchtig oder beides sind, spielt keine Rolle. Der Pfirsichduft eines Weißweins ist nicht besser als der Duft von Akazienblüten, Zitrus ist nicht schlechter als Mango oder getrocknete Feigen. Jeder Wein hat sein eigenes Duftprofil. Bei Weißweinen findet man oft auch mineralische, hefige, karamellige oder petrolige Noten. Sie stehen für gute Qualitäten, auch wenn nicht jeder sie mag. Rotweine können bizarre Duftnoten aufweisen wie Eukalyptus, Teer, Lakritze, Waldboden, Jod, Medizin, Tabak, Vanille, abgehangenes Fleisch. Schlecht sind sie nur, wenn sie dumpf, unsauber oder unharmonisch riechen.

Die Textur des Weins

Als Textur bezeichnet man das Mundgefühl. Neben dem Schmecken nimmt man den Wein nämlich körperlich wahr als samtig und weich, als hart und pelzig, als dicht oder locker gewoben, als cremig, straff oder fett. Dabei ist weich nicht grundsätzlich besser als hart, sonst wäre ein Burgunder einem Bordeaux immer überlegen. Ein schlechtes Zeichen ist es nur, wenn der Wein hart und gleichzeitig dünn ist. Dann stimmt die Textur des Weins nicht.

Der Geschmack

Jede Rebsorte und jeder Boden verleiht dem Wein einen anderen Geschmack. Rotweine schmecken mal nach Kirschen, mal nach Himbeeren, mal nach Graphit. Manche Menschen mögen das, andere nicht. Über die Qualität sagt das jedoch nichts aus. Wichtig ist allein die Balance zwischen Fruchtsüße und Säure, zwischen Extrakt und Alkohol, zwischen Körper und Tannin (bei Rotweinen). Ein hoher Alkoholgehalt etwa wird erst dann problematisch, wenn er nicht durch einen hohen Extraktgehalt getragen wird. Und eine niedrige Säure macht einen Wein nur dann plump, wenn der Mangel nicht durch Frische ausgeglichen wird. Dennoch muss, was Fachleute als guten Wein bezeichnen, nicht allen schmecken.

Der Nachgeschmack

Ein guter Wein ist immer intensiv. Er klingt auch nach dem Schlucken noch lange am Gaumen nach. Einfache Weine haben keinen langen Abgang. Sie hören gleich »hinter den Zähnen« auf. Von billigen Weinen kann man keinen langen Abgang erwarten. Schlecht sind sie deswegen nicht, aber eben weniger hochwertig.

Der Charakter

Der größte Teil der Weine, die heute produziert werden, ist technisch einwandfrei. Richtig schlechte Weine sind selten. Bedenklich ist allerdings die steigende Zahl an belanglosen, ja banalen Weinen. Sie sind qualitativ nicht zu beanstanden, aber dünn, geschmacklich eindimensional, unharmonisch, parfümiert, spannungslos. Sie besitzen keinen Charakter. Auch wenn solche Weine vielen Menschen trotzdem schmecken: Letztlich ist es der Charakter, der den Wein interessant macht. Charakter bedeutet, dass ein Wein Besonderheiten aufweist, die ihn unverwechselbar machen. Die Frage lautet, wie man so einen Wein erkennen kann? Meistens daran, dass er nicht allen Menschen schmeckt.

Was einen guten Wein auszeichnet – und was nicht

Positiv
- dezentes, aber sauberes Bouquet
- große Aromentiefe, Länge
- komplexes Duft- und Geschmacksprofil
- leicht oder schwer, aber in sich stimmig
- spannungsreich
- schwer, aber leicht zu trinken
- gesundes, reifes Tannin (bei Rotweinen)
- reife Säure, straff gewoben

Negativ
- parfümiertes Bouquet
- stark hervortretende Holznote
- Unfrische in Duft und Geschmack
- Eindimensionalität (etwa nur Frucht)
- unreifes Tannin (bei Rotweinen)
- Mangel an Säure (bei Weißweinen)
- arm an Körper, locker gewoben
- spannungslos
- Fehltöne
- zu hoher, schmeckbarer Alkohol

Umstrittene Einkaufsstätten für Wein: Supermärkte und Discounter

Supermärkte sind nicht gerade bekannt dafür, dass sie Superweine im Sortiment haben. Massen- und Billigweine sind ihre Domäne. Weinkenner meiden deshalb Supermärkte. Doch Supermarkt ist nicht gleich Supermarkt. Auf der »großen Fläche«, wie Fachleute sagen, werden heute auch qualitativ gute, bisweilen sogar hochwertige Weine angeboten.

Wein aus dem Supermarkt ist nicht die schlechteste, aber auch nicht immer die billigste Einkaufsmöglichkeit für Wein.

Erfolgsmodell

Supermärkte und Discounter sind für Weinliebhaber eigentlich verbotene Orte. Man kauft dort vielleicht Mehl, Milch oder Mineralwasser ein, aber keinen Wein. Supermärkte sind Einkaufsstätten, die zu großen Ketten gehören. Ihr Sortiment ist standardisiert. Es ist auf Markenware oder Billigprodukte ausgelegt. Gut 70 Prozent allen Weins wird inzwischen in Supermärkten gekauft.

Resteverwertung

Jedes größere Dorf hat mittlerweile einen Supermarkt, und in den Städten ist immer irgendein Supermarkt gleich um die Ecke. Niemand muss mehr lange fahren, wenn er sich spontan entschließt, abends eine Flasche Wein aufzumachen. Supermärkte sind ein wichtiger Bestandteil der Nahversorgung mit Lebensmitteln geworden. Sie decken den Grundbedarf ab – auch beim Wein. Das Basissortiment besteht aus einfachen und einfachsten Weinen, die aus industrieller Massenproduktion kommen. Bei Flaschen, die weniger als drei Euro kosten, handelt es sich um die Resteverwertung von Überschüssen, die für 30 bis 85 Cent pro Liter auf Fassweinmärkten eingekauft wurden. Viele dieser Weine sind koloriertes Wasser. Man kann sie trinken, aber nicht genießen.

Qualitätsoffensive

Die meisten Supermarktketten haben ihr Sortiment in den letzten Jahren qualitativ nach oben ergänzt und führen heute mehr als nur Billigsekt, gesüßten Rotwein und auf »lecker« getrimmte Weißweine. Discounter warten mit zeitlich begrenzten Sonderangeboten auf, zu denen auch gehobene Qualitäten gehören. Einige haben sich Onlineshops zugelegt, über die sie regelmäßig Premiumweine anbieten. Große Lebensmittelmärkte unterhalten mittlerweile Delikatessenabteilungen, in denen hochwertige Lebensmittel und Weine samt Beratung angeboten werden. Die Grenze zum Weinfachhandel beginnt zu verschwimmen. Ländliche Supermärkte bieten regionale Weine kleiner, lokaler Erzeuger an, und zwar zu Preisen ab Hof.

Maßgeschneidert

Mit dem Siegeszug der großen Einkaufsstätten sind auch neue Weine entstanden, wie sie es vorher nicht gab: Es sind Markenweine in genau definierter Qualität zu vorgegebenen Preisen, gemacht, um in Supermärkten mit ihren ausgedehnten Filialnetzen angeboten zu werden. Vor allem in den überseeischen Ländern ist die industrielle Form der Weinproduktion weit verbreitet. Die häufigsten Markenweine der Welt sind Yellow Tail, Jacob's Creek und Notting Hill. Sie alle kommen aus Australien und sind ausschließlich für den Verkauf in Supermärkten entwickelt worden. Aber auch Weingüter können zu Marken werden: Gallo, Woodbridge und Penfolds zum Beispiel. Inzwischen hat aber auch die europäische Weinindustrie den Absatzkanal Supermarkt entdeckt und produziert Weine, die speziell für die Kundschaft der Supermärkte entwickelt wurden: beispielsweise den Primitivo Doppio Passo, den Pinot Grigio Santa Margherita oder die Edition Fritz Keller.

Bag-in-Box: Wein aus dem Schlauch

Seit dem 17. Jahrhundert ist die Flasche das Standardgefäß zur Aufbewahrung von Wein. Doch die Ingenieure des 21. Jahrhunderts haben neue Behältnisse erfunden. Zum Beispiel den Weinschlauch, der auch Bag-in-Box genannt wird. In ihm befinden sich vor allem Landweine: Vin de Pays aus Frankreich, Vino de la Tierra aus Spanien und Indicazione Geografica Tipica aus Italien. Einfache, aber saubere Tropfen, die gut schmecken, keine Kopfschmerzen verursachen und genauso preiswert sind wie das Billigsortiment in Supermärkten – nur eben besser. Es gibt sie in Drei-, Fünf- oder Zehn-Liter-Boxen. Technologisch sind diese Gebinde nach dem neuesten Stand der Materialforschung hergestellt. Der Schlauch ist aus Polyvinylalkohol, einer völlig untoxischen Substanz, für deren Herstellung weder Lösungsmittel noch Weichmacher verwendet werden. Entsprechend leicht abbaubar ist das Material. Es kann im normalen Restmüll entsorgt werden. Der Wein ist in dem Schlauch luftdicht abgeschlossen. Er bleibt in der Regel bis zu zehn Monate frisch. Bei jedem Zapfvorgang zieht sich der Schlauch zusammen, sodass der Wein praktisch kaum mit Sauerstoff in Kontakt kommt. Nach Anbrechen des Schlauches bleibt der Wein noch bis zu acht Wochen lang frisch – wesentlich länger als in einer angebrochenen Flasche.

Hervorragende Umweltbilanz

Dazu kommt die hervorragende Umweltbilanz. Durch das leichtere Gewicht der Bag-in-Box sinken nicht nur die Transportkosten, sondern auch der Energieaufwand beim Transport. Die Folge sind geringere CO_2-Emissionen. Auch ist die Herstellung des Polyvinylalkohols wesentlich weniger energieaufwendig als die Herstellung von Flaschenglas. Insgesamt haben Experten ein um 55 Prozent verringertes Emissionsvolumen errechnet – unter dem Gesichtspunkt der Nachhaltigkeit ein klarer Vorteil gegenüber Flaschen. Noch deutlicher zu Buche schlägt die geringere Abfallmenge. Schlauch und Umkarton reduzieren das Abfallvolumen um 85 Prozent verglichen mit der entsprechenden Menge Flaschenwein. Am Ende schlagen die ökologischen Vorteile der Bag-in-Box in Kostenvorteile um: Sie liegen bei etwa 40 Prozent. Das bedeutet: Derselbe Wein wäre um knapp die Hälfte teurer, wenn er statt im Schlauch in Glasflaschen abgefüllt und mit einem Schraubverschluss versehen werden müsste. Inzwischen werden auch zunehmend Qualitätsweine in Schläuchen angeboten und zwar nicht nur solche, die so heißen, sondern auch solche, die qualitativ wirklich sehr gut sind. Der Kunde kann wählen.

WEIN VERKOSTEN

Lecker, super, cool – Versuche, über den Wein zu kommunizieren

Dass man sich bei einem Glas Wein gut unterhalten kann, ist bekannt. Schwieriger ist es, über Wein zu reden. Vielen Menschen fehlen die Worte, um einen Wein zu beschreiben oder den Eindruck wiederzugeben, den ein Wein bei ihnen hinterlässt. Das Vokabular der Weinexperten klingt faszinierend, ist aber nicht immer nachvollziehbar.

Eigenes Weinvokabular

Menschen, die fließend über ihren Beruf, ihre Hobbys, die Computerei und über Sport reden können, verstummen auf einmal, wenn sie einen Wein beschreiben sollen. Ihnen fehlen die Worte. Das ist normal. Um Geschmack, Duft und die Farbe eines Weins korrekt zu beschreiben, ist eine Spezialsprache erforderlich. Sie muss erlernt werden wie englische Vokabeln. Unter

Degustationsnotizen

Wein	Aussehen	Nase	Ges...
»Il Fresco« Prosecco Villa Sandi	glanzhell kräftige Perlage	feinblumig hefefrisch	frische Bir... schmeichbar...
2017 Lugana Ca'dei Frati	helles Strohgelb	Akazienblüten reifer Apfel	knackige Pf... feingliedrig
2017 Rheingau Riesling Robert Weil	wasserfarben mit grünen Reflexen	zart mineralisch Zitrus, Apfel	schmelzige... zende Frisch...
2015 Rioja »Corriente« Telmo Rodríguez	transparentes Granatrot	schwarze Johannisbeeren, Tee, Kaffee	packende... rustikales T...
2016 Château Figeac	dunkelrubinrot fast opak	Schattenmorellen, Stemanis, Tabak	dicht gewebte... seidiges Tan...

Geschmacksnoten wie Himbeere, Kirsche, Birne, Pfirsich und Quitte kann man sich als Laie ja noch etwas vorstellen. Schwieriger wird es schon, wenn im Wein Aromen wie Backpflaume, Zimt, Eukalyptus und schwarzer Pfeffer sein sollen, noch schwieriger, wenn von Wachs, Teer, Moos, Malz, Waldboden, Sattelleder die Rede ist. Und das soll lecker sein, fragt sich der normale Weintrinker. Durchaus, meinen die Experten. Manche Rotweine riechen sogar nach abgehangenem Fleisch und sind trotzdem ein großer Genuss – etwa ein guter Côte Rôtie von der Rhône.

Assoziative Sprache

Geschmacks- und Duftbeschreibungen sind stets assoziativ. Ein Merlot riecht nie genau wie abgehangenes Fleisch. Er kann dieser Duftassoziation aber nahekommen. Ein junger Bordeaux hat häufig eine kräftige Würze, die an schwarzen Pfeffer erinnert. Oder an getrocknete Tabakblätter. Oder an Zedernholz. Aber nie schmeckt er nur danach. Wein hat stets mehrere Geschmackskomponenten. Je mehr es sind und je harmonischer sie sich ineinanderfügen, desto besser ist er.

Cremig und elegant

Manchmal ist die Weinfachsprache so komisch, dass man über sie lachen muss. Über den »langen Abgang«, den man einem besonders guten Wein attestiert, ist ja schon häufig gewitzelt worden. Ein guter Tropfen hat oft einen »kräftigen Körper«. Er sollte »muskulös« sein und »Rückgrat« besitzen. Ist das eine hohle, nichtssagende Bildersprache? Nicht ganz. Bei einem Weißwein bildet in der Regel die Säure das Rückgrat. Der Ausdruck hat also seine Berechtigung. Das Rückgrat eines Rotweins ist das Tannin. Man spricht auch vom Tanninkorsett. Es hält den Wein zusammen, »strafft« ihn. Attestiert man einem Wein ein stabiles Rückgrat, ist das ein positives Urteil über ihn. So haben viele Ausdrücke nicht nur eine beschreibende, sondern auch bewertende Funktion. »Rassig« bedeutet, dass ein Weißwein von seiner Säure getragen wird. Champagner und viele im Holzfass vergorene Chardonnays sind »cremig«: Sie haben lange auf der Hefe gelegen. Ein Rotwein mit viel Tannin und von großer Fülle ist »dramatisch«, erzeugt »Spannung«. Von so einem Wein trinkt man mehr als nur ein Glas. Ist ein Wein geschmacklich komplex, lässt sich aber trotzdem leicht trinken, sagt man, er sei »elegant«. Bei Rotwein wird dieses Attribut benutzt, wenn der Wein nicht zu schwer und sein Tannin sehr fein ist. Die Weinsprache muss man erlernen wie englische Vokabeln. Mit »lecker«, »super«, »cool« oder »krass« kommt man nicht weit.

Was sagt man, wenn …

… der Wein einen befremdlichen Geschmack hat? Stinkig. Streng. Medizinisch. Apotheke. Kuhstall.

… der Wein irgendwie unharmonisch ist? Gespalten. Steht neben sich. Noch nicht im Gleichgewicht.

… der Wein völlig unzugänglich ist? Abweisend. Undefinierbar. Uninspirierend. Sperrig. Verschlossen.

… der Wein zu leicht und zu süffig ist? Belanglos. Banal. Harmlos. Unbedeutend. Langweilig. Kitschig.

… der Wein einem zu alt vorkommt? Müde. Spannungslos. Über den Höhepunkt hinaus. Unfrisch. Maderisiert. Kamillenoten.

… der Wein allzu unkompliziert ist? Drucklos. Kraftlos. Gefällig. Hört gleich hinter den Zähnen auf.

… der Wein hinter den Erwartungen zurückbleibt? Brav. Bieder. Rustikal. Ausdruckslos. Enttäuschend. Ohne bleibende Erinnerung.

Allgemein-wissen

Was man wissen muss, um mitzureden: wichtige Weinbegriffe, historische Daten und Definitionen

BESTANDTEILE DES WEINS

Der Stoff, aus dem die Träume sind

Bevor er wissenschaftlich in seine Bestandteile zerlegt wurde, war der Wein ein Gottesgeschenk. Er nährte die Menschen. Er heilte sie. Er tröstete. Er versetzte sie in einen Rausch. Und wenn es guter Wein war, befriedigte er ihre Sinne aufs Angenehmste. Viel von dem lässt sich heute noch von ihm sagen, vor allem was den Genuss angeht.

»Wer genießen kann, trinkt keinen Wein mehr, sondern kostet Geheimnisse.« (Salvador Dalí)

Weinaura

Freilich hat es der weltlichen Intelligenz nicht gefallen, dass der edle Rebensaft seine göttliche Aura behält. Die Menschen haben ihn, in der Absicht, das Göttliche an ihm zu verstehen, bis in seine letzten Moleküle zerlegt. Nichts Übernatürliches haben die Wissenschaftler dabei finden können, nur Bekanntes. Und trotzdem: Die Aura, die Wein hat, ist trotz aller Versuche, seine Geheimnisse zu ergründen, geblieben.

Was Wein ist

Wein ist, rein chemisch betrachtet, Äthylalkohol in einer wässrigen Lösung, bestehend aus Zucker, Säure, Estern, Laktaten. Nichts Besonderes also. Nur eines weiß auch heute noch niemand: Wie sich Hunderte von Düften und Aromen zu einem harmonischen Ganzen verbinden können. Es ist das Geheimnis eines jeden Weins.

Nicht kopierbar

Wahrscheinlich sind es diese Geheimnisse, von denen heute die Faszination des Weins ausgeht. Während die meisten vom Menschen geschaffenen Gegenstände das Resultat aufwendig geplanter Prozesse sind, wohnt dem Wein ein hoher Anteil von Unberechenbarkeit inne. Die gleiche Rebsorte, in einem anderen Anbaugebiet gepflanzt, ergibt gänzlich andere Weine, auch wenn derselbe Kellermeister die Trauben verarbeitet. Bei Kartoffeln, bei Rüben, bei Getreide wäre das

Resultat ziemlich gleich. Selbst bei Äpfeln, Birnen oder Pflaumen sind die Unterschiede nicht annähernd so groß wie beim Wein. Trauben spiegeln mehr als alle anderen Früchte die Unterschiede des Bodens und des Klimas wider. Versuche, den Boden berühmter Weinanbaugebiete abzutragen und in andere Länder mit gleichem Klima zu bringen, um dort ähnliche Weine zu erzeugen, sind kläglich gescheitert. Auch Lebensmittelforscher haben resigniert. Sie haben viele große Weine im Labor genau analysiert und kennen jeden ihrer Bestandteile. Es ist ihnen jedoch nie gelungen, eine Kopie dieser Weine herzustellen, schon gar nicht einen Wein, der besser ist.

Produkt der Natur

Aber auch im selben Anbaugebiet, sogar auf demselben Weingut, haben kleine Veränderungen große Auswirkungen. Tritt die Blüte einige Tage später ein als normal oder bleibt ein notwendiger Regenguss im Sommer aus – schon ist der Wein, der im Herbst geerntet wird, ein anderer. Steigt die Jahresdurchschnittstemperatur um ein halbes Grad, verschiebt sich das Verhältnis der verschiedenen Säuren im Wein zueinander. Für die Champagne kann das eine Katastrophe bedeuten, für Bordeaux ein Segen sein. »Ich habe in meinem Leben mehr als 40 Lesen mitgemacht«, hat der berühmte Önologieprofessor Émile Peynaud von der Universität Bordeaux einmal gesagt. »Aber ich konnte mich nie auf meiner Erfahrung ausruhen. Jedes Jahr waren neue Entscheidungen zu treffen.«

Wein ist einzigartig

Wie er sich im Mund anfühlt, wie er duftet, wie er schmeckt – nichts ist planbar. Sicher, man kann einem Wein Säure oder Tannin hinzufügen. Man kann ihn mit Süße abrunden. Aber von einem solchen Wein ginge keine Faszination aus. Er wäre ein Industrie-Halbprodukt.

Definition des Weins

Nach der europäischen Weinphilosophie ist Wein ein Naturprodukt – und das soll er auch in Zukunft bleiben. Daher wird er in den EU-Bestimmungen definiert als ein »alkoholisches Getränk, entstanden aus der Vergärung des Safts frisch gelesener Trauben in den jeweiligen Ursprungsgebieten in Übereinstimmung mit den dortigen Traditionen und Gepflogenheiten«. Der letzte Teil dieser Definition wurde angehängt, um auch Weine einzuschließen, die nicht aus frischen, sondern aus edelfaulen, gefrorenen oder getrockneten Trauben hergestellt wurden.

Was ist Tradition?

Allerdings herrschen zwischen den alten europäischen und einigen überseeischen Weinnationen Auffassungsunterschiede über »Traditionen und Gepflogenheiten«. Soll es erlaubt sein, weinfremde Substanzen wie künstliches Tannin oder naturidentische Aromastoffe zu benutzen? Müssen die Trauben für Eiswein am Stock vereisen oder dürfen sie auch in der Gefrierkammer tiefgefroren werden? Darf dem Wein künstlich Alkohol entzogen werden? Soll es statthaft sein, genetisch modifizierte Gärhefen einzusetzen? Vor allem die Weinindustrie möchte sich nicht durch Verbote einengen lassen. Das 21. Jahrhundert wird zeigen, ob sie oder das alte Europa die Oberhand gewinnt.

Ein durchgegorener Weißwein besteht aus:

80–85 %	Wasser
11–14 %	Alkohol
15–18 %	Inhaltsstoffe (Extrakt)

Die Inhaltsstoffe bestehen aus:

5–10 g/l	Glyzerin
4–9 g/l	Gesamtsäure (Wein-, Apfel-, Bernstein-, Milch- und andere Säuren)
3–4 g/l	Mineralstoffe (Phosphat, Magnesium, Kalium, Kalzium, Eisen u. a.)
0,4–0,5 g/l	Stickstoffverbindungen (Aminosäuren, Amine, Proteine)
0,03 g/l	gelöstes Kohlendioxid
0,1–2 g/l	Tannin (Gerbstoff)
0,01 g/l	Bouquet- und Aromastoffe (Ester, höhere Aldehyde, Laktone)
0,01 g/l	Vitamine
0,01–0,08 g/l	freie schweflige Säure

Ein durchgegorener Rotwein besteht aus:

70–85 %	Wasser
11–15 %	Alkohol
17–19 %	Inhaltsstoffe (Extrakt)

Die Inhaltsstoffe bestehen aus:

10–12 g/l	Glyzerin
3–3,5 g/l	Mineralstoffe (Salpeter, Kalzium, Eisen u. a.)
2–3,5 g/l	Tannin
2–2,5 g/l	Weinsäure
2–6 g/l	Gesamtsäure (Wein-, Apfel-, Bernstein-, Milch- und andere Säuren)
0,4–1,5 g/l	flüchtige Säuren
1–1,8 g/l	Anthocyane
0,6–0,8 g/l	Butylenglykol
0,4–0,5 g/l	Stickstoffverbindungen (Aminosäuren, Amine, Proteine)
0,2–0,3 g/l	gelöstes Kohlendioxid
0,005–0,03 g/l	freie schweflige Säure

KURZE GESCHICHTE DES WEINS I

Vom Rauschmittel zum Handelsgut

Wein verdankt seine Entstehung wahrscheinlich einem Zufall. Der Traubensaft, den die Nomadenvölker des Vorderen Orients in Ziegenlederschläuchen mit sich führten, begann zu gären. Es entstand ein berauschendes Getränk, um das herum sich im Laufe der Jahrtausende zahlreiche Kulte entwickelten. In der Antike war der Gott des Weins zum Beispiel mächtiger als die olympischen Götter zusammen.

Frühe Zeugnisse

Die ältesten Hinweise auf die Existenz des Weins stammen aus dem heutigen Syrien (alte Traubenpresse, 8000 v. Chr.) und den südlichen Ausläufern des Kaukasus, dem heutigen Georgien. Dort wurden tönerne Gefäße gefunden, die, in der Erde vergraben, bereits 6000 Jahre v. Chr. zur Konservierung von Wein benutzt wurden. Doch mit Sicherheit waren die Assyrer und Georgier nicht die Ersten, die Wein hergestellt haben. Traubenkerne, die nach radiologischen Untersuchungen aus der Zeit um 10000 bis 8000 v. Chr. stammen, wurden in der Türkei und in Persien gefunden. Vermutlich haben die Nomadenvölker auch vorher schon gewusst, dass der Traubensaft, den sie in ihren Ziegenlederbälgen mit sich führten, zu einem berauschenden Getränk fermentiert, wenn man diese der Sonne aussetzt. Die ersten bildlichen Darstellungen der Weinbereitung stammen aus Ägypten. Aber auch aus dem Jordantal, aus Armenien und von der Insel Kreta gibt es frühe Zeugnisse der Weinherstellung.

Gott des Weins

Über Ägypten gelangten die Reben nach Griechenland. Um das Jahr 2000 v. Chr. entwickelte sich dort ein regelrechter Weinkult. Die Menschen verehrten den Wein derart, dass sie ihn in einer Gottesgestalt verkörpert wissen wollten: Dionysos. Er wurde vom Gott der Pflanzen zum Gott des Weins. Dionysos feierte mit seinen Priesterinnen in dunklen Wäldern und auf blühenden Wiesen ausschweifende Feste, auf denen nicht nur viel getrunken, sondern auch ekstatisch getanzt wurde und man sich der Sinneslust hingab. Allerdings sahen die Griechen ihren Weingott nicht nur als Wohltäter, sondern auch als Bedroher, weil die Menschen durch den Wein in einen rauschhaften Zustand versetzt und mit Wahnsinn geschlagen wurden. Trotzdem vermochte Dionysos mehr Anhänger, insbesondere Frauen, für sich zu begeistern als die olympischen Götter zusammen. Zeitweise war er sogar mächtiger als Apoll.

Bacchuskult

Von Griechenland aus gelangten die Reben nach Sizilien. Nach der Eroberung Siziliens brachten die Römer dann Reben und Weinkultur nach Mittel- und Norditalien. Der berühmteste Wein der Antike war der Falerner, der aus dem Hinterland von Neapel stammte. Der Weingott der Römer hieß Bacchus. Im vorchristlichen Rom führte der

› **8000 v. Chr.**
Älteste Weinrebenfunde im Kaukasus

› **2000 v. Chr.**
Ausbreitung der Weinrebe nach Griechenland, Vorderasien, Nordafrika

› **600 v. Chr.**
Verbreitung des Weinbaus nach Mittel- und Norditalien durch die Römer

› **7000 v. Chr.**
Systematischer Anbau der Weinrebe in Armenien, Syrien, Mesopotamien, Ägypten

› **800 v. Chr.**
Erste Rebenimporte nach Sizilien durch die Griechen

Kurze Geschichte des Weins 1

Darstellung von Weinlese und Keltern im Grab des Nacht (Ägypten um 1390 v. Chr.)

Kult um Bacchus zu dekadenten Auswüchsen (Promiskuität, Betrug, Mord). Der Bacchuskult wurde erst verboten, dann unter dem Druck des Volkes von Julius Cäsar wieder zugelassen. Mit dem aufkommenden Christentum wurden die Bacchusanhänger erneut verfolgt und ihr Kult als heidnischer Aberglaube geächtet. Übrigens: Zu dieser Zeit wurde der Wein grundsätzlich aromatisiert – mit Kräutern, Harz und Gewürzen und sogar mit salzigem Seewasser.

Ausgangspunkt Rom

Mit dem wachsenden Handel und Verkehr, aber auch mit den Völkerwanderungen wurden die Reben von Händlern, Seefahrern, Söldnern und Siedlern in andere Länder gebracht. Von Rom aus breitete sich der Weinbau auf die Iberische Halbinsel, in die gallischen Provinzen (Frankreich) und in die Länder nördlich der Alpen aus. Auch an Rhein und Mosel tauchten erste Reben auf. Diese fanden in ihrer neuen Heimat ganz andere Wachstumsbedingungen vor als in ihrer alten Heimat: ein anderes Klima, andere Böden, andere Krankheiten. Viele Reben gingen ein, einige passten sich an und überlebten.

Erste Blüte

Ende des 4. Jahrhunderts n. Chr. erlebte der Weinbau in Europa seine erste Blüte. Das Holzfass wurde erfunden und verdrängte die Amphore als Aufbewahrungsgefäß für Wein. Durch die Einfälle der Vandalen kam der Weinbau in den darauffolgenden Jahrhunderten allerdings wieder zum Erliegen. Die Eroberung der Iberischen Halbinsel durch die Araber führte schließlich im 8. Jahrhundert zur Islamisierung Spaniens und zum Verbot der Weinerzeugung. Erst die Zisterzienser- und Benediktinermönche belebten die Weinkultur neu. Sie legten planvoll Weinberge an und erforschten die Grundlagen der Weinerzeugung. So entdeckten die Zisterziensermönche zum Beispiel die besondere Eignung Burgunds als Weinanbaugebiet. Die Epoche des aromatisierten Weins ging damit zu Ende.

Karl der Große

Schon vorher hatte der Frankenkaiser Karl der Große den Weinbau in seinem Riesenreich nach Kräften gefördert, etwa in Bordeaux und in der Champagne. Später breitete sich der Weinbau auch nach Osten aus. Bis nach Königsberg reichten die Rebkulturen. Die Kelter wurde erfunden und man begann, die verschiedenen Rebsorten voneinander zu unterscheiden. 817 n. Chr. werden die ersten Weinberge im Rheingau urkundlich erwähnt. Um 1000 herum beginnt schließlich der organisierte Handel mit Wein. Vor allem die Holländer erwarben sich den Ruf, »Fuhrleute zur See« zu sein. Mit ihrer Handelsflotte versorgten sie fortan das nördliche Europa mit Wein aus dem Süden.

› **0**
Die Römer bringen die Reben ins Rhônetal und an den Rhein

› **300 n. Chr.**
Das Holzfass verdrängt die Amphore

› **400 n. Chr.**
Niedergang des Weinbaus im Weströmischen Reich durch Barbareneinfälle

› **800 n. Chr.**
Niedergang des Weinbaus in Spanien und im Vorderen Orient durch die Islamisierung. Bordeaux und Champagne werden mit Reben bepflanzt

› **1000 n. Chr.**
Zisterziensermönche beginnen, planvoll Weinberge in Burgund, Benediktiner in der Toskana anzulegen

Mehr als nur flüssige Nahrung

Die heutige Weinbergfläche Europas ist klein im Vergleich zu der im 17. Jahrhundert. Pest, Kriege und eine »kleine Eiszeit« führten dazu, dass die Rebfläche schrumpfte. Dafür ist die Qualität des Weins kontinuierlich gestiegen. Lange Zeit war er nur flüssige Nahrung. Inzwischen ist er zum festen Bestandteil des Lebensgenusses geworden. Mehr noch: ein Kulturgut, das unsere Landschaft und unsere Zivilisation prägt.

Das Spätmittelalter

Ab dem späten Mittelalter breitete sich der Weinbau in Europa rapide aus. Die Gascogne (mit Bordeaux), Aquitanien (mit dem Périgueux), Languedoc und Burgund (mit dem Rhônetal) waren Großlieferanten. Süditalien war ein einziger großer Rebengarten. Auf der Iberischen Halbinsel reichte der Rebengürtel von Andalusien über Kastilien bis nach Katalonien. Und in Mitteleuropa war Weinbau nicht mehr nur auf Rhein und Mosel beschränkt, sondern hatte sich bis nach Thüringen und Schlesien ausgebreitet. Wein war Lebensmittel geworden. Wo keine Reben wuchsen, sorgten venezianische, englische, holländische sowie Hanse-Kaufleute dafür, dass niemand auf ihn verzichten musste. Besonders geschätzt waren damals die Süßweine Kretas und Malagas. Im 14. Jahrhundert begann der Aufstieg des Sherrys, im 16. Jahrhundert der des Madeiras.

Jean Antoine Belleteste, Der Herbst (1770)

Wein als Genussmittel

Zu Beginn der Neuzeit war die europäische Weinbaufläche dreimal so groß wie heute. Erst der Dreißigjährige Krieg von 1618 bis 1648 und die Pest beendeten diese Blütezeit. Doch die Weinberge wurden schnell wieder neu bestockt. Wein war ab jetzt mehr ein Genuss- als ein Lebensmittel, und er kam aus jenen Gebieten, die besonders für den Weinbau geeignet waren. Die »kleine Eiszeit«, die bereits seit 1250 die Temperaturen unmerklich sinken ließ, sorgte dafür, dass wieder Kartoffeln und Getreide angebaut wurden, wo die Trauben nicht ausreiften und der Wein deshalb sauer blieb. Nach dem Frostwinter 1739/1740 befahl der Preußenkönig Friedrich II. den Winzern der Mark Brandenburg zum Beispiel, die Weinproduktion einzustellen und stattdessen Getreide anzubauen. Nur im Garten seines Potsdamer Schlosses Sanssouci blieben die Reben stehen.

› **Ab 1100**
Venezianische Kaufleute importieren Wein aus Kreta, holländische Wein aus der Gascogne und aus Aquitanien, englische Kaufleute den Sherry

› **1152**
Bordeaux wird englisches Kronland. Weinbau und Weinhandel florieren

› **1300**
Die Florentiner Familie Frescobaldi tritt als Weinhändler in Erscheinung, etwas später auch Antinori

› **1402**
Heinrich III., König von Asturien, verbietet die Rodung von Reben in Spanien

› **1600**
Größte Ausdehnung der europäischen Weinbergfläche

› **1668**
Dom Pérignon wird Abt in Hautvillers und verfeinert den Champagner

› **Ab 1620**
Champagner wird Modegetränk in London

Kurze Geschichte des Weins 2

Bacchus von Caravaggio (Ölgemälde, 1593)

Epoche des modernen Weins

Ende des 16. Jahrhunderts wurde der Schwefel als Konservierungsmittel entdeckt. Damit begann die Epoche des modernen Weins. Englische Industrielle entwickelten eine stabile Glasflasche, was die Voraussetzung für den Champagner moderner Prägung war, der dringend ein druckfestes Gefäß für die Flaschengärung benötigte. Der französische Mönch Dom Pérignon, der seit 1668 der Abtei Hautvillers vorstand, perfektionierte die Herstellung des schäumenden Weins. Englische Kaufleute entdeckten den Portwein. In Italien legte der Großherzog der Toskana erstmals Grenzen für vier wichtige Weinanbaugebiete fest: Chianti, Carmignano, Pomino, Val d'Arno di Sopra. In Frankreich wiederum entstanden – nach der Trockenlegung der Sümpfe von Bordeaux – die ersten Châteaux. Ende des 18. Jahrhunderts verschließt man wertvolle Flaschen mit Korken. Wein ist zu einem Statussymbol für Reiche und Mächtige geworden. Bordeaux, Champagner, ungarischer Tokajer sowie deutscher »Hock« (Riesling) waren die Modeweine der Epoche. Anlässlich der Weltausstellung in Paris 1855 gab Napoleon III. die Order, eine Klassifikation der Châteaux von Bordeaux zu entwickeln. Wenig später entschlüsselte ein französischer Gelehrter namens Louis Pasteur das Rätsel der Gärung.

Der Weinbau in Übersee

In Südamerika waren es die christlichen Missionsstationen, die die ersten Weine kelterten: in Chile seit dem 16., in Mexiko dann seit dem 18. Jahrhundert. 1652 landete der holländische Seefahrer Jan van Riebeeck an der Südspitze Afrikas und pflanzte die ersten Reben. Zwei Jahrhunderte später sollte der süße Wein von Constantia eine auch in Europa hoch geschätzte Spezialität werden. 1790 waren erste Rebstöcke nach Australien gelangt und wurden im Garten des englischen Kommandeurs in Sydney gepflanzt. 1841 begannen schlesische Auswanderer im australischen Barossa Valley großflächig mit dem Weinbau. In Neuseeland hatte der Missionar Samuel Marsden schon 1819 den ersten Weinberg angelegt. Im 19. Jahrhundert erlebte Kalifornien, das seit 1849 nicht mehr zu Mexiko, sondern zu den Vereinigten Staaten gehörte, goldene Zeiten, die erst durch die Reblauskatastrophe beendet wurden.

Reblauskatastrophe

1863 tauchte in Frankreich erstmals die Reblaus auf, die durch zurückkehrende Amerikareisende eingeschleppt worden war. Sie vernichtete in den folgenden Jahren nicht nur alle Weingärten in Frankreich, sondern wütete zeitversetzt auch in Spanien, Italien und Deutschland. Erst gegen Ende des Jahrhunderts fanden Forscher ein wirksames Mittel gegen die schlimme Kalamität: amerikanische Wurzelstöcke. Doch da war es schon zu spät, denn Europas Weinwirtschaft lag bereits am Boden. Die folgenden zwei Weltkriege und die Wirtschaftskrisen dazwischen verzögerten die Wiederbepflanzung der Weinberge. Erst ab 1945 erholte sich der Weinbau langsam wieder.

› **1681**
In England wird der Korkenzieher erfunden

› **Ab 1700**
Entdeckung des Schwefels als Konservierungsmittel für Weinreben

› **Ab 1720**
Trockenlegung der Sümpfe des Médoc. Wohlhabende Bürger und Politiker gründen immer mehr Châteaux

› **1844**
Der Echte Mehltau (Oidium) verwüstet viele Weinberge in Bordeaux

› **1863**
Erstes Auftreten der Reblaus in Südfrankreich. In den folgenden 50 Jahren zerstört das Insekt fast den gesamten Rebbestand Europas

› **Ab 1883**
Beginn der Neubepflanzung der Weinberge mit veredelten, gegen die Reblaus resistenten Reben

› **1935**
Beginn der AOC-Gesetzgebung in Frankreich nach heutigem Vorbild

› **1971**
Neues deutsches Weingesetz: Abschaffung der Kleinlagen, Einführung der Prädikate

Auf der Suche nach kühlen Gefilden

Wenn Sonne der wichtigste Qualitätsfaktor wäre, würden die besten Weine am Äquator wachsen. Tatsächlich sind kühle Temperaturen für guten Wein mindestens genauso wichtig wie Wärme. Deshalb konzentriert sich der Weinbau auf zwei schmale Gürtel: einer auf der nördlichen, der andere auf der südlichen Hälfte der Erdkugel.

Zwei Rebengürtel

Weinbau findet aus klimatischen Gründen nur auf zwei schmalen Gürteln statt. Der größere befindet sich auf der nördlichen Erdhalbkugel und verläuft zwischen dem 50. und 40. Breitengrad. Auf ihm befinden sich die großen europäischen Weinanbaugebiete sowie die nordamerikanischen Anbauzonen. Der kleinere Gürtel zieht sich wie ein schmales Band zwischen dem 45. und 30. Breitengrad um die südliche Hälfte der Erde. Er umfasst Weinbauländer wie Chile, Argentinien, Südafrika, Australien und Neuseeland. Dazwischen ist Weinbau praktisch nicht möglich: Die Temperaturen sind zu hoch, um Reben anzubauen, die Niederschläge sind zu gering und zu unregelmäßig (Monsun). Den wenigen Weinen, die dort wachsen, fehlt es an Feinheit und Frische.

Grenzen des Weinbaus

Nördlich des 50. Breitengrades fehlt es meist an Licht und Wärme, um Reben gedeihen zu lassen. Es besteht die Gefahr, dass die Trauben nicht reif werden, dass der Wein sauer bleibt. Dort ist Weinbau nur noch in besonders begünstigten Hang- oder Tallagen möglich. Winzer sprechen von ökologischen Nischen. In Deutschland gibt es solche Nischen beispielsweise im Tal der Ahr, am Mittelrhein zwischen Bonn und Rüdesheim oder in den nördlichen Ausläufern des Steigerwaldes in Franken. 1300 Sonnenstunden im Jahr sind das Minimum, das nötig ist, damit Trauben reif werden. Das entspricht etwa einer Jahresdurchschnittstemperatur von 9 °C (Berlin zum Vergleich: 8,5 °C).

Risikofaktor Spätfrost

In der Vegetationsphase (März bis Juli) sind wenigstens 20 000 Lux vonnöten, damit die Rebe assimilieren kann. In der Nähe von Gewässern, die das Licht reflektieren, wird dieser Wert auch bei bedecktem Himmel erreicht. Die häufigen Spätfröste (etwa während der Eisheiligen im Mai) und die kalten Winter (europäische Reben halten Temperaturen bis minus 20 °C aus) stellen für den Weinbau nördlich des europäischen Rebengürtels ein zusätzliches Risiko dar. Durch die Züchtung frosthartier Sorten (zum Beispiel Kerner) sollte dieses Risiko gemindert werden. Die meisten dieser Sorten haben sich jedoch nicht durchgesetzt.

Vorteile der Peripherie

Bemerkenswert ist, dass gerade am Rand des Rebengürtels oftmals besonders interessante Weine wachsen. So verdankt der Champagner seine Feinheit nicht zuletzt der Tatsache, dass er nahe der Rebengrenze am 47. Breitengrad wächst. Dort ist es zwar tagsüber warm, nachts jedoch sinken die Temperaturen stark ab. Diese großen Temperatursprünge sorgen dafür, dass die Säure erhalten bleibt. Sie gibt dem Champagner das, was ihn gegenüber vielen anderen Schaumweinen auszeichnet: Finesse. Die Temperatur liegt in der Champagne bei nur 10 °C im Jahresdurchschnitt, gerade einmal ein Grad über dem nötigen Minimum. Die Leichtigkeit des deutschen Rieslings und seine hohe Säure sind ebenfalls eine Folge der Grenzlage von Mosel und Rhein (50. Breitengrad). Ähnlich

DER WELTREBENGÜRTEL

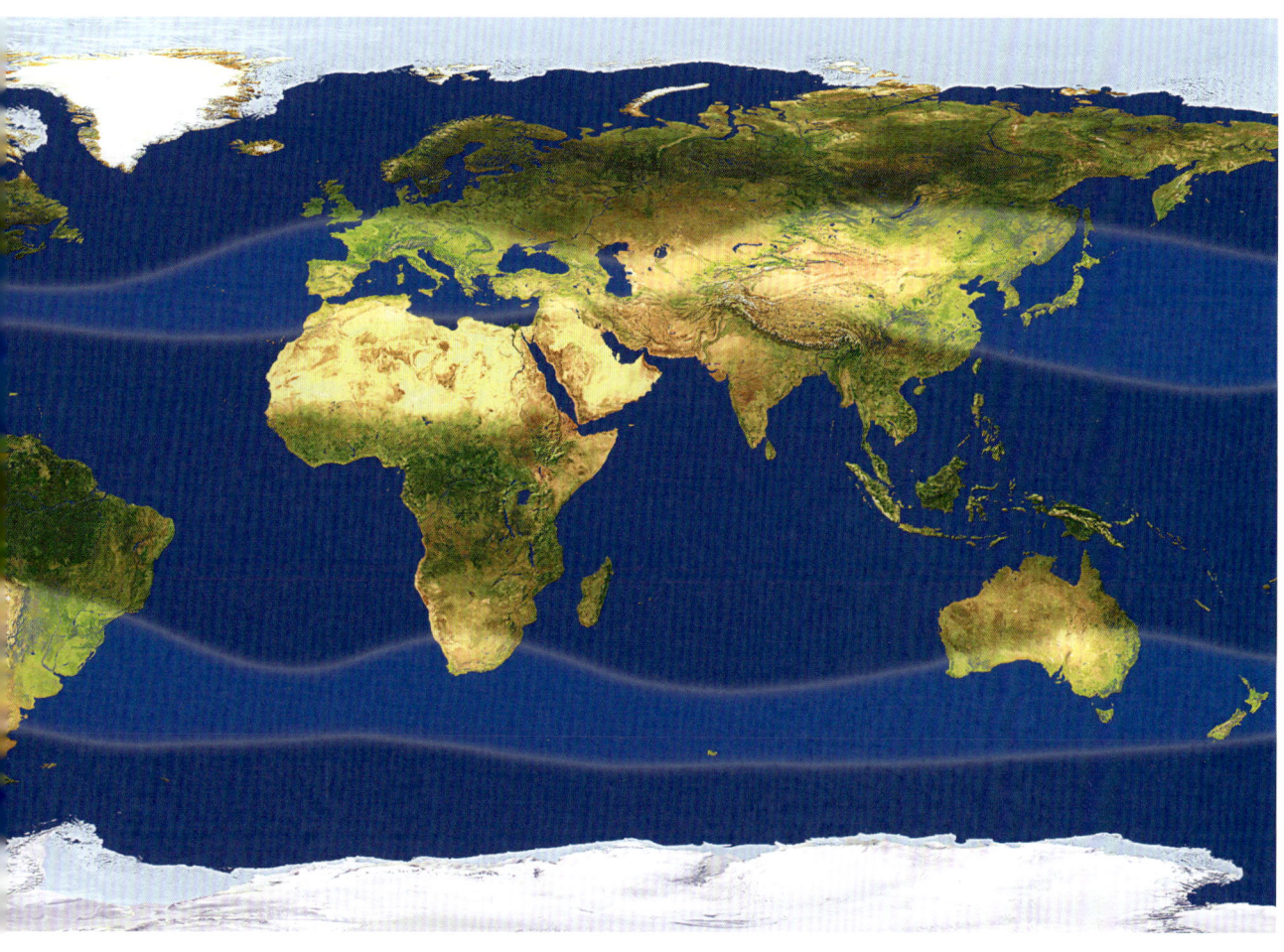

auf der südlichen Erdhalbkugel: In Australien verlagert sich der Weinbau zunehmend an den kühleren Rand des Rebengürtels nach Süden. In Neuseeland kommen die feinsten Weißweine von der kühleren Südinsel: aus den sogenannten cool climate areas.

Global Warming

Mit der Erderwärmung verschieben sich auch die Rebengürtel. Der Weinbau wandert zu den Polen hin – also zur Kühle. Ob in 50 Jahren in der Champagne noch der gleiche finessenreiche Schaumwein wie heute erzeugt werden wird, ist ungewiss. Und es gibt Szenarien, denen zufolge der beste Pinot Noir im Jahr 2050 aus dem südlichen Polen kommen wird. Doch auch die neuen politischen Realitäten haben ihren Einfluss auf die Landkarte des Weins. Mit dem Aufstieg der Weltmacht China und seiner Nachbarn etabliert sich der Weinbau zunehmend auch in subtropischen Gebieten außerhalb der Rebengürtel: Der Wein möchte dicht an den Märkten sein.

Die größten Wein produzierenden Nationen der Welt
(Anteil an der Weltproduktion*)

1.	Italien	17,0 %	11.	Portugal	2,6 %
2.	Frankreich	14,7 %	12.	Russland	1,9 %
3.	Spanien	12,8 %	13.	Rumänien	1,7 %
4.	USA	9,3 %	14.	Brasilien	1,3 %
5.	Australien	5,5 %	15.	Ungarn	1,2 %
6.	Argentinien	4,7 %	16.	Neuseeland	1,2 %
7.	China	4,3 %	17.	Griechenland	1,0 %
8.	Südafrika	4,3 %	18.	Österreich	0,9 %
9.	Chile	3,8 %	19.	Serbien	0,9 %
10.	Deutschland	3,1 %	20.	Moldawien	0,7 %

*Jahrgang 2017; Quelle: OIV

Wein, wie ihn der Gesetzgeber sieht

Wein existiert nicht im rechtsfreien Raum. Es gibt genaue Vorschriften, wie er deklariert und etikettiert werden muss. Die Vorschriften sind ein Versuch, ein wenig Ordnung in das Chaos zu bringen. Das ist auch bitter nötig, um Namen und Herkunft des Weins zu schützen. Leider sind auch die neuen gesetzlichen Bestimmungen so volksfern, dass sie mehr zur Verwirrung als zur Klarheit beitragen.

Die neue Hierarchie des Weins: je kleiner das Anbaugebiet, desto strenger die Qualitätskriterien

- geschützte Ursprungsbezeichnung (früher Qualitätswein)
- geschützte geografische Angabe (früher Landwein)
- ohne Ursprungsbezeichnung (früher Tafelwein)

Das alte Gesetz

Jedes Weinbauland braucht Gesetze, um den Verbrauchern mehr Sicherheit und Klarheit zu geben über Bezeichnungen, Herkunft, Typizität, Rebsorten – und möglichst auch über die Qualität des Weins. Die europäischen Weinbauländer haben sich bereits 1992 zusammengetan und gemeinsame Gesetze formuliert. Danach wurden die Weine in zwei große Kategorien eingeteilt: die einfachen Tafelweine und die besseren Qualitätsweine.

In der Praxis nicht bewährt

In der Praxis hat sich allerdings gezeigt, dass diese Einteilung bald nicht mehr der Realität in den einzelnen Weinbauländern entsprach. In Frankreich existierten beispielsweise nur 30 Prozent Qualitätsweine, in Deutschland dagegen 95 Prozent. Der Verbraucher musste also, wenn er die gesetzliche Nomenklatur ernst genommen hätte, daraus den Schluss ziehen, dass französische Weine im Durchschnitt schlechter sind als deutsche. Tatsächlich waren (und sind) die Mindestanforderungen an Qualitätsweine in Deutschland niedriger als bei seinem Nachbarn.

Verwirrung komplett

Auf Wunsch Frankreichs wurde daraufhin die Unterkategorie Landwein eingeführt. Landweine müssen nicht den hohen Anforderungen an Qualitätsweine (in Frankreich AOC-Weine) genügen, sind jedoch oberhalb der Tafelweine angesiedelt. Mit dieser Maßnahme sollten viele einfache Weine aufgewertet werden. Deutschland hat von der neuen Kategorie kaum Gebrauch gemacht. Im Gegenteil: Deutschland hat seine Qualitätsweine noch einmal unterteilt in Qualitätsweine bestimmter Anbaugebiete (QbA) und in Qualitätsweine mit Prädikat: also Kabinett, Spätlese, Auslese etc. Auch Italien, Spanien und Portugal haben ihre Qualitätsweine noch einmal differenziert in solche mit »kontrollierter Ursprungsbezeichnung« (DOC bzw. DO) und solche mit »kontrollierter und garantierter Ursprungsbezeichnung« (DOCG bzw. DOCa). Schließlich baute Frankreich in die enge Lücke zwischen Landweinen und AOC-Weinen noch den Vin Délimité de Qualité Supérieure (VDQS) ein – als den in der Praxis allerdings nur ganz wenige Erzeuger ihren Wein auf den Markt gebracht haben.

Die neuen Ursprungsbezeichnungen

Chaos für Verbraucher

Viele italienische Erzeuger gingen, weil die gesetzlichen Anforderungen an Tafelweine geringer als die für Qualitätsweine sind, sogar dazu über, ihre besten Weine bewusst als Tafelwein (vino da tavola) auf den Markt zu bringen. So konnten sie leichter mit neuen Rebsorten und alternativen Ausbaumethoden experimentieren. Das führte zu einem Chaos für Handel und Verbraucher, die nicht mehr sicher sein konnten, dass der Inhalt der Flasche auch der Kategorie entsprach, die das Etikett vorgaukelte.

Nur die Herkunft zählt

Im Jahr 2006 beschloss die Europäische Union dann endlich ein neues Gesetz, das nicht auf Qualität, sondern ausschließlich auf Herkunft basiert (es gilt übrigens für alle landwirtschaftlichen Produkte). Das bedeutet: Jedes Land unterscheidet seine Weine nur noch nach den verschiedenen Herkünften. Diesen entsprechend können dann die Rebsorten festgelegt werden, aus denen der Wein erzeugt werden darf, die Maximalerträge, der Mindestalkoholgehalt. Außerdem werden die Kriterien fixiert, denen der Wein sensorisch genügen muss. Dabei gilt dem Sinn nach die Formel: je kleiner das Herkunftsgebiet, desto strenger die Maßstäbe. Indirekt impliziert die neue Kategorisierung also auch gewisse Qualitätsmerkmale.

Neue Nomenklatur

Das neue Gesetz sieht konkret zwei Wein-Kategorien vor. Die oberste bilden Weine mit »geschützter Ursprungsbezeichnung« (g.U.). Gemeint sind damit Weine, die aus einem eher engen als weiten Bereich kommen. Die g.U.-Weine ersetzen die früheren Qualitätsweine. Allerdings ist es »in Ausnahmefällen« erlaubt, ein ganzes Land als g.U. anzuerkennen. Damit wird allerdings die Logik der neuen europäischen Gesetzgebung konterkariert, denn die Konsumenten können von der Herkunftsangabe auf dem Etikett keine Schlüsse mehr ziehen auf die Stellung des Weins in der Qualitätspyramide – und damit auch nicht mehr auf seine Qualität.

Unlogische Logik

Unterhalb der g.U.-Weine stehen die Weine mit »geschützter geografischer Angabe« (g.g.A.). Ihr Einzugsbereich sollte weiter gefasst sein als bei der g.U.-Kategorie – muss es aber nicht zwangsläufig. Der Unterschied zwischen beiden sollte nach Vorstellung des Gesetzgebers vielmehr in der Intensität der Beziehung zwischen Herkunft und Produkt bestehen – wie immer das gemessen wird.

Eher verwirrt als aufgeklärt

Inzwischen hat jedes europäische Weinerzeugerland eine Liste seiner verschiedenen Herkünfte erarbeitet, die Grenzen der jeweiligen Herkunftsgebiete genau festgelegt und die Produktionsstatuten definiert. In der E-Bacchus-Datenbank der Europäischen Kommission, die all die Namen und Daten verwaltet, befinden sich heute über 1300 g.U.-Weine und 460 g.g.A.-Weine. Klingt nach viel, ist auch viel. Die Verwaltung der Ursprungsbezeichnungen erfordert einen hohen bürokratischen Aufwand. Und vorher waren es fast genauso viele AOC-, DOC-, DO- und QbA-Bestimmungen. Geändert hat sich also nur die Nomenklatur. Zu befürchten ist, dass heute wie damals nur Weinjuristen das komplizierte Konstrukt verstehen, der Verbraucher jedoch durch die neue Etikettensprache eher verwirrt als aufgeklärt wird.

Unterscheidung nach Herkunft: Der Wein nach dem neuen Gesetz

Geschützte Ursprungsbezeichnung
Oberste Kategorie der Weinhierarchie. Die g.U. kann ein zusammenhängendes Anbaugebiet (z.B. Wachau), aber auch eine einzelne Lage sein (z.B. Chambertin), wobei die Trauben zu 100 Prozent aus dem Gebiet stammen müssen. Die Güte oder die Eigenschaften des Weins müssen einen engen Bezug zu seiner Herkunft haben.

Geschützte geografische Angabe
Weine mit der g.g.A. müssen zu 85 Prozent aus dem Anbaugebiet stammen, das eine Gegend (z.B. Piemont, aber auch ein Dorf), in Ausnahmefällen auch ein ganzes Land sein kann (z.B. Schweiz). Eigenschaften oder Ansehen des Weins müssen einen Bezug zur Herkunft haben.

Weine ohne Siegel
Ein Wein, der weder das g.U.-Siegel noch das g.g.A.-Siegel trägt, kommt einfach als »Deutscher Wein«, »Österreichischer Wein«, »Europäischer Gemeinschaftswein« oder ähnlich auf den Markt. Jahrgang und Rebsorte können auf dem Etikett angegeben werden. Der Wein darf aber auch ohne diese Spezifikation in Verkehr gebracht werden. Ein Herkunftssiegel trägt dieser Wein nicht.

Rebenkunde

Biologie eines ungewöhnlichen Gewächses:
Rebsorten, Rebstock, Anatomie der Traube

Beste Zuckersammler der Welt

Reben sind die besten Zuckersammler unter den Pflanzen. Aus diesem Grunde wird Wein seit 7000 Jahren vorzugsweise aus Trauben gewonnen und nicht aus Orangen, Kiwis, Bananen oder Rüben. Gleichzeitig sind Reben selbstgenügsam. Wo andere Pflanzen verhungern, holen sie mit ihren kräftigen Wurzeln tief aus dem Boden, was die Oberfläche nicht bietet: Wasser, Mineralien, Stickstoff.

1 Die Knospen
An den Trieben des letzten Jahres bilden sich im Frühjahr zwei Knospen. In der Winzersprache heißen sie »Augen«. Aus dem einen Auge entwickelt sich der Sommertrieb, an dem später die Traube hängt. Das andere Auge bleibt im Knospenstadium. Es überwintert und bildet im nächsten Jahr den Sommertrieb. »Winterauge« heißt es in der Winzersprache.

2 Die Gescheine
Die Rebe weist keine Einzelblüten auf, sondern Blütenstände. Diese werden Gescheine genannt. Aus jedem Geschein mit seinen 100 bis 150 Einzelblüten entwickelt sich später eine Traube mit entsprechend vielen Beeren – vorausgesetzt, alle Blüten werden befruchtet. Doch schlechte Witterung und Nährstoffmangel können die vollständige Befruchtung verhindern. In diesem Fall trägt die Traube später nur wenige Beeren. »Durchrieseln« sagt der Winzer dazu.

3 Die Blüten
Die europäischen Kulturreben sind zweigeschlechtig, das heißt, sie weisen männliche Staubgefäße und einen weiblichen Fruchtknoten auf. So sind sie in der Lage, sich selbst zu befruchten. Die alten, amerikanischen Reben sind im Gegensatz dazu eingeschlechtig. Sie brauchen Insekten oder den Wind zum Bestäuben.

4 Die Trauben
An jedem Sommertrieb wachsen bis zu vier Trauben. Ein guter Winzer reduziert sie durch Anschnitt auf durchschnittlich zwei Trauben. Die Trauben bestehen aus einem holzartigen Stielgerüst, den Rispen, und den Beeren. Die Beeren, auch die roten, bleiben bis in den Hochsommer hinein grün und hart. Erst in den letzten zwei Monaten vor der Lese färben sie sich und werden weicher.

5 Die Blätter
Sie sind das Atmungsorgan der Rebe, das auch der Ernährung dient. Das Blattgrün zieht das Kohlendioxid aus der Luft und wandelt es in Hexose um, eine Zuckerart, die für die Ernährung der Rebe unverzichtbar ist. Diese Fotosynthese vollzieht sich tagsüber unter dem Einfluss von Licht. Guter Laubwuchs ist daher ebenso wichtig wie ausreichende Helligkeit im Anbaugebiet. Nachts scheiden die Blätter Wasser aus – etwa 1,5 Liter pro 200 Blätter. Auf diese Weise wird das Mikroklima des Weinbergs reguliert und neues Wasser aus der Wurzel nach oben gezogen.

6 Die Ranken
Die Ranken sind die Greiforgane der Rebe. In der Wachstumsphase (März bis Juni) suchen sie mit kreisenden Bewegungen nach Halt. Dabei sind ihre Spitzen sehr reizempfindlich. Sie klammern sich an alles, was ihnen Halt bietet. Mit einer schraubenförmigen Drehbewegung umwickeln sie Drähte oder Baumäste, sodass sich die Rebe aufrichten kann.

7 Einjähriges Holz
Aus den Knospen gehen grüne Triebe hervor, die rasch verholzen. Sommertrieb oder einjähriges Holz heißen sie in der Winzersprache. Ihnen gilt das Hauptaugenmerk des Winzers. An ihnen wachsen nämlich Blätter, Ranken und die Blüten, aus denen sich später die Trauben entwickeln sollen.

8 Die Geiztriebe
An jedem Sommertrieb bilden sich auch mehrere Geiztriebe aus. Sie sind kürzer als die Sommertriebe und tragen keine oder ganz kleine Trauben. Solange sie nicht überhandnehmen, lässt der Winzer sie stehen: Ihre Blätter dienen der Zuckerbildung in der Rebe und fördern damit die Traubenreife.

9 Zweijähriges Holz
Nach der Lese werden 90 Prozent des einjährigen Holzes abgeschnitten. Der Winzer lässt nur eine Rute oder zwei Ruten stehen, und die kürzt er auch noch mehr oder minder stark ein (Anschnitt). Aus den Winterknospen, die sich an ihnen befinden, wächst im nächsten Frühjahr der neue Sommertrieb. Der alte wird anschließend zum zweijährigen Holz.

Not just beef!

Die Burger-Formel

LECKERBISSEN

3

Über 70
spektakuläre
Rezepte
kombiniert
mit genialer
Foodfotografie
ergeben
das Standwerk
für wahre
Burgerlieb-
haber*innen.

»Bun + Patty + Topping =
mega Geschmack!«

Martin Kintrup
Die Burger-Formel
39,99 Euro
ISBN: 9783965841024

Die Bibel der Barkultur

Schumann's Bar

500 Originalrezepte von Barlegende Charles Schumann. Das Buch, das den Bars ihre Seriosität zurückgab.

Charles Schumann
Schumann's Bar
38,00 Euro
ISBN: 9783898835022

LECKERBISSEN

Prosit!

Drinks für jede Lebenslage

Hinter jedem Drink steckt eine Geschichte.
Das Buch, das süchtig macht.

Drinks für jede Lebenslage
24,99 Euro
ISBN: 9783898839655

Geschmacksexplosion garantiert!

Die Kunst des Foodpairing

LECKERBISSEN

10.000 Geschmacks- und Aromakombinationen für mehr Genuss in der Küche. Wer Kochen verstehen will, sollte dieses Buch lesen.

»Dieses Buch wird Ihren Geschmack verändern.«

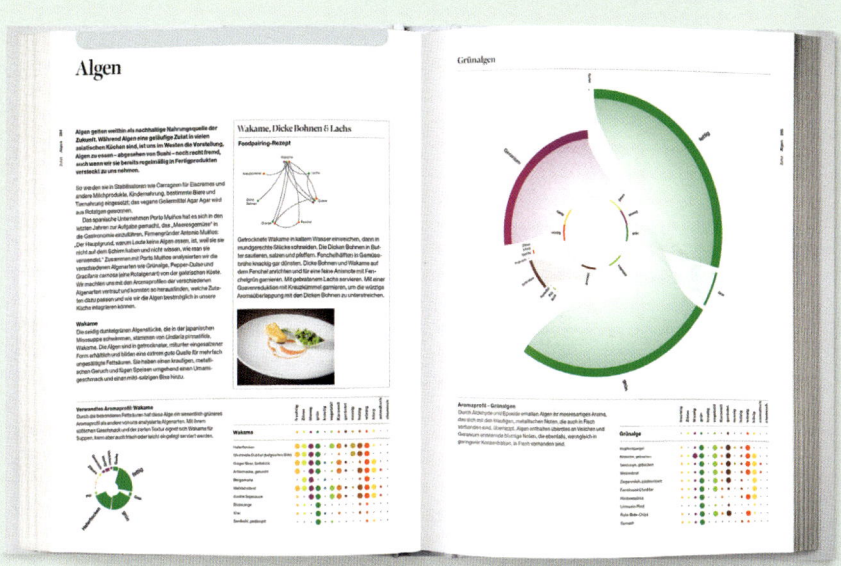

Peter Coucquyt, Bernard Lahousse, Johan Langenbick
Die Kunst des Foodpairing
49,00 Euro
ISBN: 9783965840720

Trettl rechnet ab.

Serviert

Roland Trettl nimmt kein Blatt vor den Mund. Das Buch für alle, die sich nicht alles vorsetzen lassen.

Roland Trettl
Serviert
22,99 Euro
ISBN: 9783898834933

LECKERBISSEN

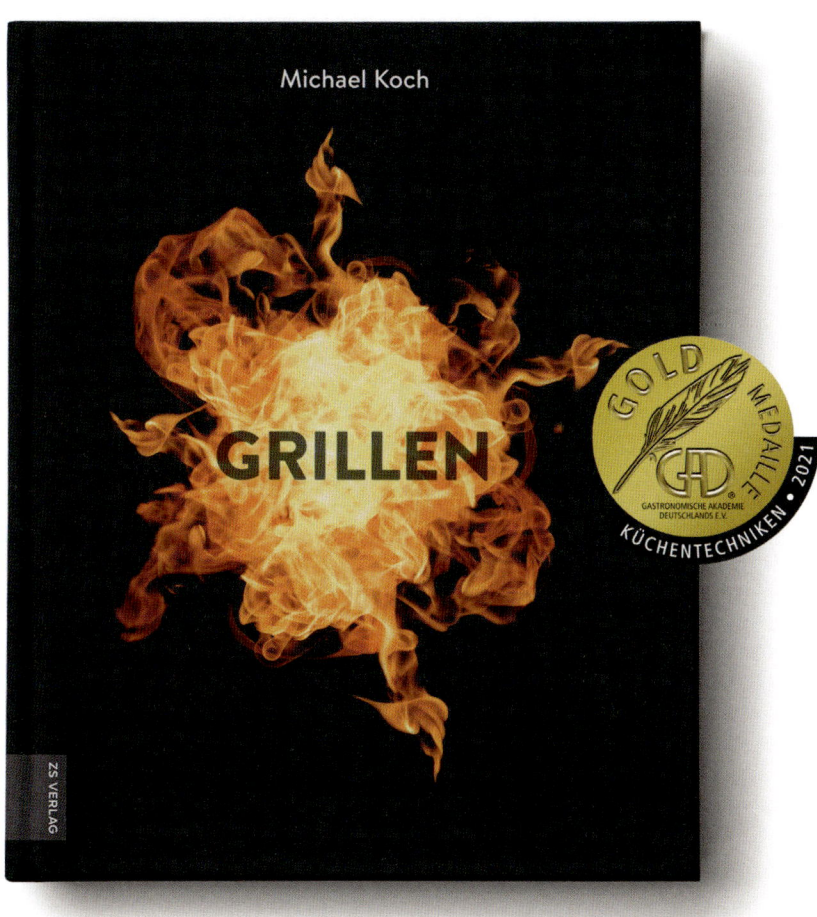

Ein Mann, ein Grill.

Grillen

Grillen ist Lifestyle. Lifestyle ist Grillen. Das Buch für die, die mehr wollen, als eine Wurst auf den Rost zu legen.

Michael Koch
Grillen
39,99 Euro
ISBN: 9783965841307

GIN —
der Kosmopolit!

Gin Atlas

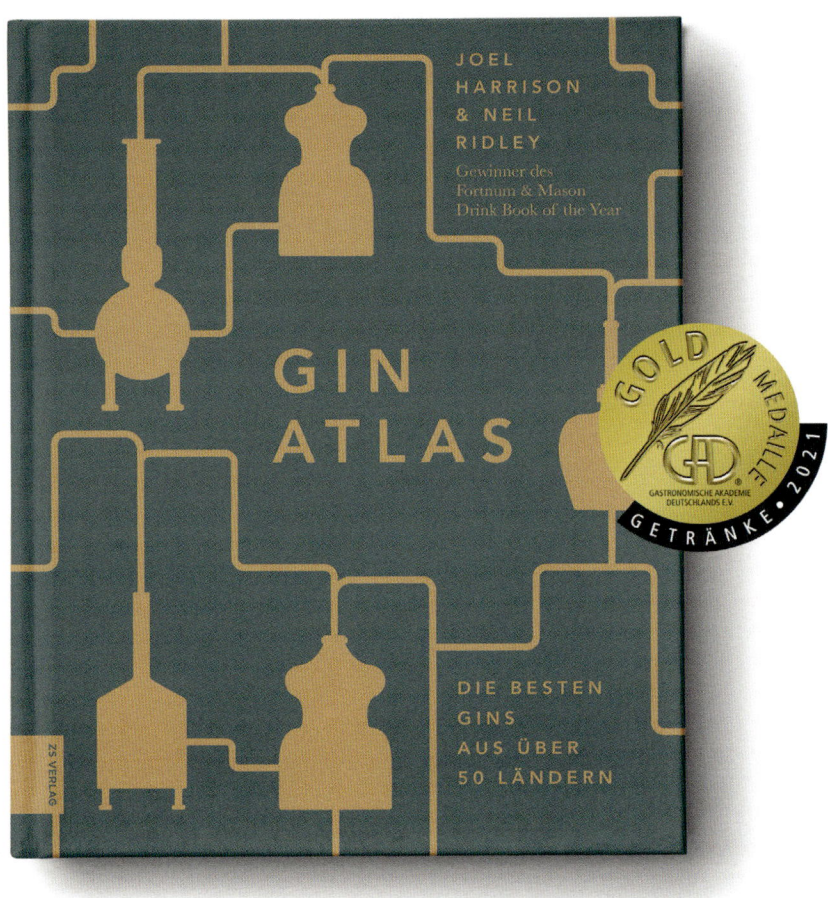

LECKERBISSEN

Befasst sich mit jedem Aspekt seiner Entstehung und stellt Gins aus über 50 Ländern und deren Eigenschaften vor!

»Das ist eine Ginvolle Idee!«

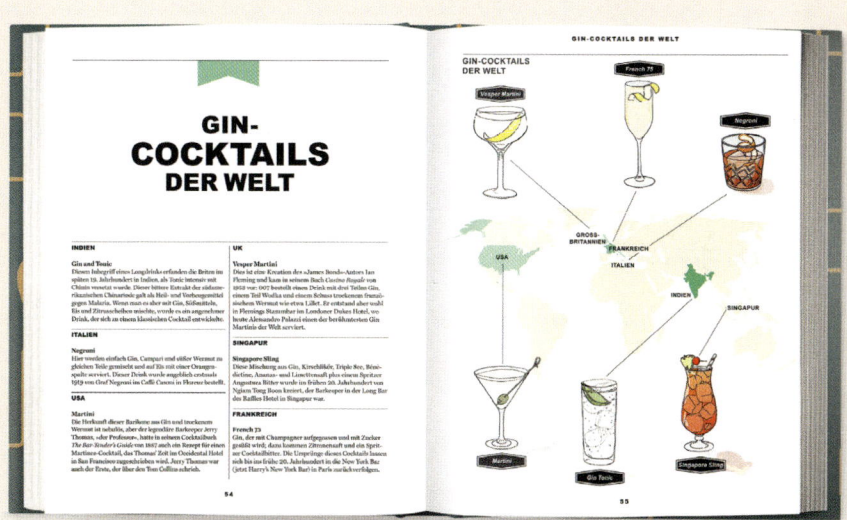

Joel Harrison, Neil Ridley
Gin Atlas
39,99 Euro
ISBN: 9783965840713

Time for Wine!

Grundkurs Wein

Alles, was man über Wein wissen sollte, wenn man ihn wirklich genießen möchte. Das Buch zum Einstieg in den wahren Weingenuss.

Jens Priewe
Grundkurs Wein
19,99 Euro
ISBN: 9783898839419

LECKERBISSEN

Von der Hand in den Mund

Garden — Ein Kochbuch

Vom Garten auf den Tisch – moderner, naturverbundener Lifestyle pur! Kulinarische Höhepunkte rund um Gemüse, Kräuter, Beeren und Früchte. Das Buch für jeden, der die Schönheit des Einfachen liebt.

Thorsten Südfels, Meike Stüber, Adam Koor
Garden — Ein Kochbuch
39,00 Euro
ISBN: 9783898838702

DIE REBE

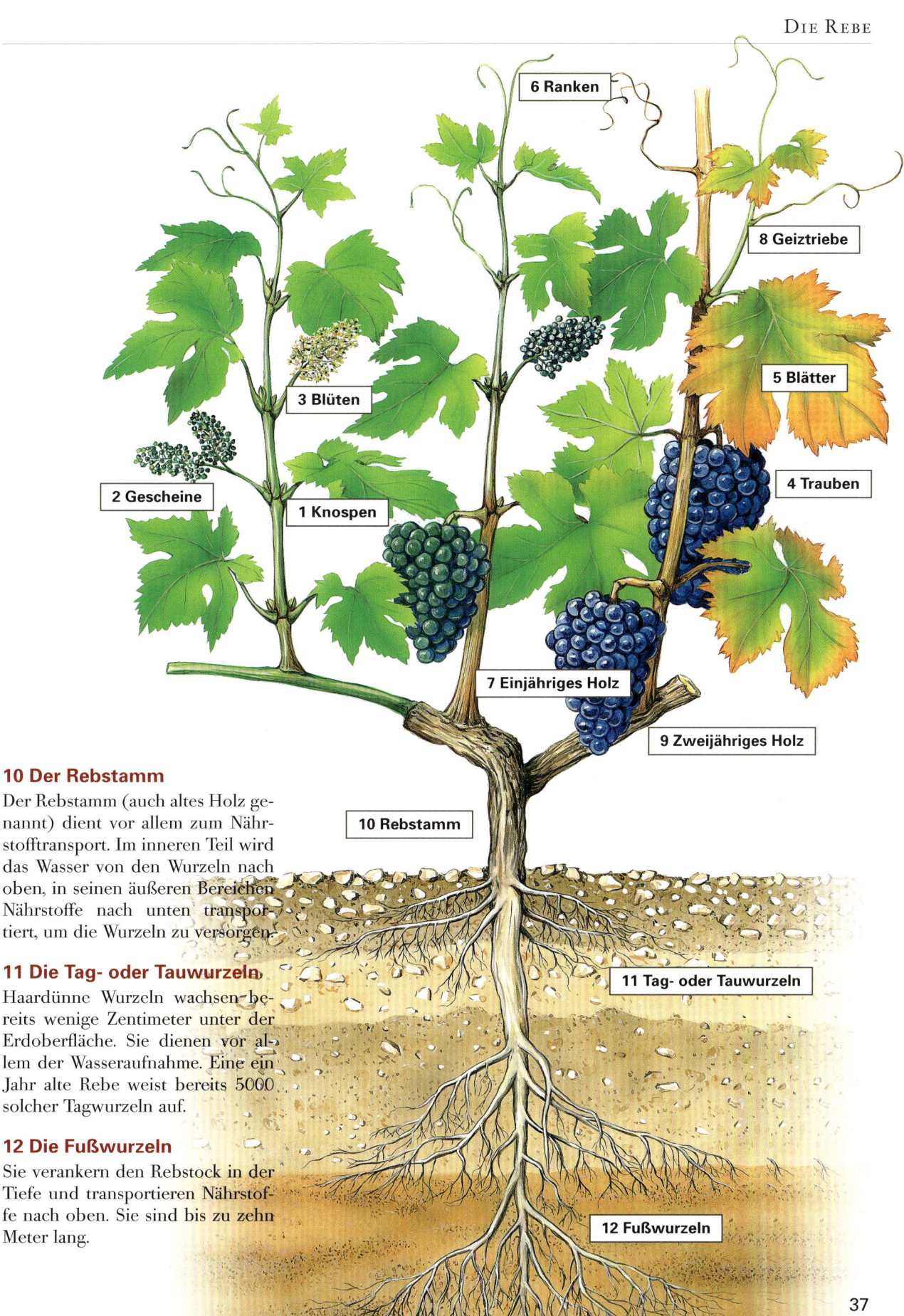

10 Der Rebstamm

Der Rebstamm (auch altes Holz genannt) dient vor allem zum Nährstofftransport. Im inneren Teil wird das Wasser von den Wurzeln nach oben, in seinen äußeren Bereichen Nährstoffe nach unten transportiert, um die Wurzeln zu versorgen.

11 Die Tag- oder Tauwurzeln

Haardünne Wurzeln wachsen bereits wenige Zentimeter unter der Erdoberfläche. Sie dienen vor allem der Wasseraufnahme. Eine ein Jahr alte Rebe weist bereits 5000 solcher Tagwurzeln auf.

12 Die Fußwurzeln

Sie verankern den Rebstock in der Tiefe und transportieren Nährstoffe nach oben. Sie sind bis zu zehn Meter lang.

Dicke Schale, weicher Kern

Wein wird aus Trauben gemacht. Aber für die Qualität des Weins sind eigentlich nur die Beeren wichtig. Genauer gesagt: die Schalen, die das Fruchtfleisch umhüllen. In den Schalen befinden sich jene Aromaverbindungen, die den späteren Geschmack des Weins bestimmen. Die besten Weine kommen fast immer von Beeren mit dicker Schale. Deshalb bezeichnen sich gute Winzer oft als »Schalenproduzenten«.

Der frisch gepresste Saft der weißen und der roten Trauben hat die gleiche Farbe. Er ist hell und trüb. Rot färbt sich der Wein nur dann, wenn die Schalen mitvergoren werden. Deshalb spricht man bei Rotweinen von der Maischegärung. In den Schalen sitzen nämlich die Farbstoffe. Wird der Most roter Beeren ohne Schalen vergoren, entsteht Weißwein.

Die Beeren

An jeder Traube hängen zwischen 50 und 150 Beeren – je nach Sorte. Doch nicht ihre Anzahl bestimmt die Qualität des Weins, sondern die Beschaffenheit der Beeren selbst. Viel Schale, wenig Saft – das ist die Erfolgsformel für hochwertige Weine. Trauben mit großen Beeren eignen sich dagegen eher zum Essen als zur Weinbereitung. Die Schale schützt das Fruchtfleisch so lange, bis die Beeren reif sind. Anschließend wird sie dünn und porös. Durch das dünner werdende Gewebe kann Luft in das Innere der Beere eintreten. Die Folge: Der Saft beginnt langsam zu verdunsten. Die Beeren werden weich und schrumpeln – Zeit für die Lese.

Die Schale

In der Schale sitzen vor allem die Phenole. Das sind die Farbstoffe, das Tannin und ein großer Teil der Geschmacksstoffe, vor allem Terpene. Sie reichern sich mit zunehmender Reife in der Schale an. Auf der Schale befinden sich zudem Millionen von kleinen Pilzsporen, die Hefen. Sie gehen, wenn die Trauben abgepresst werden, in den Most über und wandeln den Zucker in Alkohol um. Sie heißen des-

Die Beeren

Ein Querschnitt durch die Beere

Butzen: Verbindung zwischen Stiel und Fruchtfleisch

Traubenmark: der saftreichste Teil des Gewebes

Gewebe um die Kerne: Hier sitzen 30% des Zuckers und 52% der Säure

Stiel: Er enthält 22% aller Polyphenole

Inneres Mark: Es enthält 37% des Zuckers und 31% der Säure

Schale: Hier befinden sich 13% der Polyphenole

Schale: Sie ist mit einer Wachsschicht überzogen, dem sogenannten Duft

Kerne: Die Samen der Beeren sind in einem festen, saftarmen Gewebe eingebettet

Äußeres Mark: Hier befinden sich 33% des Zuckers und 17% der Säure

Kerne: Sie enthalten 65% aller Polyphenole

halb auch Gärhefen. Außerdem ist die Schale von einer Wachsschicht umgeben. Dieser »Duft« sieht wie Bereifung aus, schützt die Schale jedoch vor dem Eindringen von schädlichen Pilzsporen und enthält wichtige Nährstoffe.

Das Innere der Beere

Es besteht aus den Kernen, dem um die Kerne liegenden Mark (Butzen) und dem äußeren Fruchtfleisch. Dort, zwischen Kernen und Schalen, ist der Saft eingelagert. Er enthält Zucker, Säuren, Salze und Spurenelemente. Wenn die Trauben auf der Kelter sind, müssen sie nur schwach angepresst werden, damit der Saft abläuft. Vorlaufmost nennt man diesen besten Teil des Saftes.

Die Farbe

Der Saft einer Weinbeere ist immer strohgelb bis glanzhell – auch der der roten Beeren. Die blauroten Farbpigmente sitzen ausschließlich in den Schalen. Erst beim Kontakt von Schale und Most färbt sich dieser rot. Weiße Trauben werden sofort nach Anlieferung im Keller gepresst und der ablaufende Most ohne Schalen vergoren. Der Wein behält daher die helle Farbe des Mostes. Rotweine werden dagegen mit den Schalen vergoren. Schon nach einer Stunde Schalenkontakt beginnt sich der Most rot zu färben. Am Ende der mehrtägigen Gärung ist der Saft rot, während die Schalen fast farblos sind. Alle Farbpigmente sind ausgelaugt.

Das Tannin

Tannin (auch Gerbstoff genannt) ist die zweite wichtige Substanz, die sich in der Schale befindet. Es ist eine geruchlose phenolische Verbindung, die leicht bitter schmeckt und die Zunge zusammenzieht. »Adstringierend« sagen Fachleute. Tannin ist in allen Beeren enthalten. Im Vergleich zu weißen Beeren besitzen die roten ein Vielfaches an Tannin. Rotwein ist daher mehr als ein rot gefärbter Weißwein. Seine Güte hängt ganz entscheidend von der Menge und der Qualität des Tannins ab.

Roséwein

Er ist keine Mischung aus Weiß und Rotwein, sondern wird ausschließlich (oder überwiegend) aus roten Trauben hergestellt. Der Kellermeister lässt den Most nur wenige Stunden auf der Maische stehen. In dieser Zeit färbt sich der Most hellrot. Danach werden Schalen und Most getrennt. Der Most gärt ohne Schalen weiter – wie ein Weißwein. Oder man zieht Saft von einem gerade angärenden Rotwein ab

Die Seele des Rotweins

Tannin ist jenes Element, das den Rotwein vom Weißwein unterscheidet. Es sitzt in der Schale der Beeren und geht während der Gärung in den Wein über. Tannin ist das Rückgrat eines jeden Rotweins. Es sorgt dafür, dass der Wein aromentiefer, komplexer, manchmal auch etwas rauer wird. Und es schützt den Rotwein vor Oxidation. Tanninreiche Weine sind daher haltbarer als tanninarme Weine.

granatrot

ziegelrot

Das Tannin

Tannin ist ein pflanzlicher Gerbstoff. Er kommt in Blättern, Baumrinden, im Holz und in vielen Früchten mit dicker Schale vor. Der Gerbstoff ist geruchsneutral, schmeckt aber bitter. Außerdem hat er die Eigenschaft, den Mund trocken und stumpf zu machen. Ein pelziges Gefühl stellt sich ein. Auch in Weintrauben ist Tannin enthalten, besonders viel in roten Trauben. Dieses Tannin geht während der Gärung in den Rotwein über. Es ist eines der wichtigsten qualitätsbildenden Elemente des Weins. Manche behaupten, Tannin sei der wichtigste Bestandteil des Rotweins überhaupt: Er gäbe den Weinen »Rückgrat«. Auch Weißweine enthalten übrigens Tannin. Aber dessen Menge beträgt nur etwa zehn Prozent der des Rotweins.

Das Schalentannin

Tannin findet man in mehreren Teilen der Weinbeere: in der Schale, in den Kernen, im Stiel. Das für die Qualität des Rotweins beste Tannin kommt aus der Schale. Sie ist das verhärtete Abschlussgewebe der Beere. Die Zellstruktur der Schale stellt, biologisch gesehen, eine Zwischenform dar: nicht mehr weiches, saftiges Fruchtfleisch, aber auch noch nicht trockenes, holziges Gewebe wie zum Beispiel die Stiele. Das Schalentannin macht ungefähr 20 bis 30 Prozent des insgesamt vorhandenen Tannins aus. Durch den Alkohol, der während der Gärung entsteht, wird es aus der Schale extrahiert und geht in den Wein über.

Die Tanninreife

Die Qualität der Tannine – und damit die des Rotweins – hängt von ihrem Reifezustand ab. Die Tanninreife ist unabhängig vom Mostgewicht der Trauben. So kann es also passieren, dass der Zuckergehalt der Trauben hoch ist, während die Tannine noch unreif sind. Würden die Trauben in diesem Zustand gelesen, blieben sie hart und gäben dem Wein einen unreifen, »grünen« Geschmack. Den Reifezustand der Tannine prüft der Winzer durch Probieren der Trauben. Sind die Schalen dünn und weich und krachen die Kerne unter dem Druck der Zähne, ist das Tannin reif. Sind dagegen die Schalen noch dick und die Kerne hart und grün, müssen die Trauben weiter reifen. Äußerlich erkennt man die Reife auch daran, dass die Stiele sich braun zu färben beginnen.

Die Qualität des Tannins

Das Schalentannin ist der hochwertigste Gerbstoff. Er schmeckt, wenn das Tannin reif ist, nicht bitter, sondern eher süß. Deshalb ist es so erwünscht im Rotwein. Das Tannin aus den Stielen und Kernen ist dagegen eher hart und bitter. In der Regel werden die Trauben deshalb vor der Maischegärung entrappt, also die Beeren von den Stielen getrennt. Die Kerne hingegen bleiben in der Maische und werden mitvergoren. Wer deren Tannin nicht im Wein haben möchte, muss die Maische später vorsichtig abpressen, damit die Kerne nicht zerdrückt werden und das harte Tannin nicht in den Wein gelangt. In tanninschwachen Jahren kann es jedoch passieren, dass der tanninreiche Presswein dem Hauptwein zugegeben wird. Manche Rotweinwinzer vergären die Trauben sogar mit den Stielen, um tanninreichere Weine zu bekommen.

Die Funktion des Tannins

Gerbstoff ist eine reaktionsfreudige Substanz. Sie verbindet sich schnell mit den anderen Inhaltsstoffen des Weins. Konkret heißt das: Tannin bindet auch Duft- und Geschmacksstoffe, die sich sonst leicht verflüchtigen würden. Deshalb sprechen Winzer auch davon, dass das Tannin den Rotwein zusammenhält. Vor allem bindet es Sauerstoff. Tannin hat somit eine Schutzwirkung für den Wein, durchaus vergleichbar mit dem Schwefel. Tanninreiche Weine sind daher besser gegen Alterung geschützt als tanninarme Weine.

Polyphenole

Tannin ist, chemisch gesprochen, eine phenolische Verbindung. Zu den Polyphenolen zählen auch die Farbstoffe. Sie sind für die dunkle Farbe des Rotweins verantwortlich. Die Farbstoffe sitzen, wie das Tannin, in der Schale der Beeren und werden während der Gärung extrahiert. Allerdings enthalten nicht alle roten Trauben gleich viel Farbstoff und gleich viel Tannin. Die Pinot-Noir-Traube (Spätburgunder) etwa ist relativ farb- und tanninarm. Die Nebbiolo-Traube, aus der Barolo und Barbaresco gewonnen werden, ist zwar tanninreich, aber farbarm. Cabernet Sauvignon, Merlot, Syrah sowie die spanische Tempranillo-Traube wiederum besitzen eine dicke Schale mit einem hohen Anteil an Polyphenolen. Bordeaux- und Riojaweine sind darum meist dunkelrubinrot, sehr tanninreich und lagerfähig.

Das Holztannin

Rotweine reifen meist in Holzfässern. Auch diese geben Tannin an den Wein ab: große, alte Holzfässer weniger Tannin, neue, kleine Holzfässer, die sogenannten Barriques, mehr Tannin. Genauer gesagt: Bis zu 20 Prozent des Tannins eines Rotweins kommt aus dem Holz des Fasses. Diese Tanninzufuhr von außen ist erwünscht, denn das Holztannin verbindet sich mit dem Schalentannin zu höher-molekularen Verbindungen: Sie bewirken, dass das Schalentannin seine Härte und Pelzigkeit verliert und weicher wird. Allerdings ist das Holztannin nicht geschmacksneutral. Es verleiht dem Wein einen süßen und vanilligen Geschmack, der eigentlich nicht gewollt ist. Im ungünstigsten Fall überlagert das Holztannin den Eigengeschmack.

purpurrot

rubinrot

schwarzrot

Die Farbe eines Rotweins lässt Rückschlüsse auf Rebsorte, Vinifikation und Alter eines Weins zu. Über die Qualität sagt sie wenig aus.

Warten auf die Vollreife

Die Festlegung des Lesezeitpunkts ist die wichtigste Entscheidung im Jahr eines Winzers. Wann die Trauben geerntet werden, hängt nämlich nicht nur vom Klima ab, sondern von der Definition der Traubenreife. Soll gelesen werden, wenn die Trauben genügend Zucker gebildet haben? Oder ist es besser, auf die Geschmacksreife zu warten?

glanzhell

strohgelb

Reifezeitpunkt

September und Oktober sind die wichtigsten Monate für den Winzer. Holz und Blätter der Rebe sind ausgewachsen, die Pflanze kann ihre ganze Kraft in die Trauben stecken. Wann die Trauben reif sind, hängt zunächst vom Zuckergehalt ab – und damit von der Wärme und von der Lichtmenge in den Wochen vor der Lese. Aber es kommt nicht nur auf den Zucker an. Viel wichtiger ist die sogenannte phenolische Reife: die Reife der geschmacksbildenden Substanzen. Bei Rotweinen ist das insbesondere das Tannin (der Gerbstoff), bei Weißweinen sind es Hunderte von Flavonoiden, Terpenen und Estern, die das Aroma ausmachen. Und nur durch Probieren der Trauben beziehungsweise Beeren kann der Winzer feststellen, ob sie reif sind.

Vollreife

Normalerweise werden die Trauben gelesen, wenn sie vollreif sind. Vollreife ist, wenn Zucker und Säure in den Beeren im Gleichgewicht sind und sich möglichst viel reife, weiche Weinsäure im Saft befindet. Durch Probieren einzelner Beeren aus verschiedenen Teilen seines Weinbergs stellt der Winzer fest, ob dieser Zustand erreicht ist oder ob er noch warten muss. Äußerlich ist die Vollreife auch zu fühlen: Die Schalen der Beeren werden immer weicher. Auch mit dem bloßen Auge ist die Vollreife zu erkennen: Die Grüntöne verschwinden, die Farbe der Schale tendiert ins Gelbliche. Diese Farbe wird später auch der Wein annehmen, obwohl Weißweine ohne Schalen vergoren werden. Die Farbstoffe gehen nämlich bereits während des Reifeprozesses am Rebstock in den Saft über. Ein Wein hat deshalb eine strohgelbe oder zitronengelbe Farbe, je nach dem Grad der Vollreife der Trauben. Trauben, die vor der Vollreife gelesen werden, ergeben sogar einen glanzhellen Wein.

Überreife

Viele Winzer lassen jedoch einen Teil der Trauben auch nach der Vollreife weiter am Rebstock hängen. Zwar verlangsamt sich dann die Zuckerproduktion der Trauben (oder sie stagniert sogar), da aber das Wasser in den Beeren durch die immer dünner werdenden Schalen noch schneller verdunstet, nimmt die Zuckerkonzentration in Wirklichkeit zu. Auf diese Weise entstehen überreife Trauben. Die Mostausbeute ist zwar nach dem Pressen geringer als bei vollreifen Trauben, aber dieser Most ist konzentrierter. Auf diese Weise entstehen die hochwertigen Spätlesen und Auslesen. Auch die Farbe der Beeren und des späteren Weins ändert sich: Sie tendiert ins Goldgelbe.

Edelfäule

Mancher Winzer lässt die Trauben sogar noch länger am Rebstock hängen. Dann beginnen diese zu schrumpeln. Kommt zu dem mild warmen Herbstklima noch Feuchtigkeit dazu (etwa durch Frühnebel), werden die Trauben von einem Pilz befallen, der lateinisch Botrytis cinerea heißt. Dieser Pilz löst eine Trockenfäule aus, die bei den Winzern hochwillkommen ist. Denn es ist eine edle Fäule, die die Voraussetzungen für edelsüße Weine wie Beeren- und Trockenbeerenauslesen schafft. Die Sporen des Pilzes durchdringen die Schalen und perforieren sie wie ein Haarsieb: Der Saft in den Beeren verdunstet noch schneller. Die Beeren schrumpeln zu Rosinen. Die Konzentration steigt weiter an – sowohl die der Säure als auch die des Zuckers, wobei Glukose stärker abgebaut und gleichzeitig mehr süßere Fruktose gebildet wird. Der spätere Wein ist von beinahe öliger Konsistenz und zeigt einen mehr oder minder ausgeprägten, bitter-süßen Botrytis-Ton. Außerdem entstehen durch die höhere Reife Flavonoide wie das Resveratrol und Catechine oder Flavonole wie das Quercetin – gesundheitlich wertvolle Inhaltsstoffe. Altgolden leuchten solche Beeren- und Trockenbeerenauslesen dann, ähnlich wie alte, lang gelagerte Weißweine.

Der Einfluss des Wetters

Ob es überreife oder auch edelfaule Trauben gibt, hängt natürlich vom Wetter ab. Ist der Herbst kühl und regnerisch, bleibt die erhoffte Reife aus. Vor allem Regen schadet. Die Trauben saugen sich voll mit Wasser, werden prall – und platzen. Die auf der Beerenhaut befindlichen Hefen wandeln den Zucker spontan in Wein um, der seinerseits sofort zu Essig wird. Trauben mit einem Essigstich müssen aussortiert werden. Noch größer aber ist die Gefahr, dass die Beeren faulen. Diese Fäule ist jedoch nicht von der edlen Art. Im Gegenteil: Es entsteht eine Nassfäule, die, wenn es weiterhin regnet, die Beeren regelrecht auswäscht. Die Folge: Totalverlust der Ernte.

Entscheidung mit Risiko

Natürlich muss der Winzer erst einmal die Entscheidung treffen, die Trauben über die Vollreife hinaus am Stock zu belassen. Wer dieses Risiko scheut, hat keine Chance, höhere Qualitätsstufen, gar edelsüße Weine zu bekommen. In manchen Jahren haben Winzer sogar Schwierigkeiten, vollreife Trauben zu ernten. Wer keine Toplagen besitzt, wird in solchen Jahren nur bescheidene Qualitäten erhalten. Und wer zu viele Trauben am Stock hängen hat, wird sie in kühlen Jahren ebenfalls nicht zur Vollreife bringen können.

Frühe Reife

In den meisten Weinanbaugebieten der Welt beklagen sich die Winzer jedoch nicht über mangelnde Reife. Vor allem auf der südlichen Erdhalbkugel haben sie eher das gegenteilige Problem, nämlich eine zu frühe Zuckerreife der Trauben. Diese Winzer stehen vor der Entscheidung, die Trauben früh zu ernten, um die Säure zu erhalten. Oder sie länger hängen zu lassen, um volle Geschmacksreife abzuwarten – mit der Konsequenz, dass die Weine später alkoholisch werden, weil in den Trauben ja weiter Zucker gebildet wird, die Öchslewerte also steigen. Oft wählen die Winzer die erste Option. Sie fürchten, dass sich die Säure zu stark absenkt. Heraus kommen dann Weine, die einerseits frisch und knackig sind, andererseits von unreifer Säure durchzogen werden.

Je dunkler das Gelb eines Weins, desto reifer waren die Trauben. Auch mit zunehmendem Alter des Weins wird die Farbe tiefer.

zitronengelb

goldgelb

altgolden

Die Rebenwelt ist bunt und divers

Wie viele Rebsorten es gibt, kann kein Mensch genau angeben. Wissenschaftler schätzen ihre Zahl auf über 5000. Sie sind in grauer Vorzeit durch spontane Kreuzungen von Wildreben entstanden. Die meisten existieren lediglich in Samenbanken. Nur 220 Sorten haben überhaupt eine wirtschaftliche Bedeutung. Die 20 häufigsten Sorten machen über 80 Prozent der Weltweinproduktion aus.

Cabernet Sauvignon

Cabernet Sauvignon

Viele halten Cabernet Sauvignon für die edelste Rotweinsorte der Welt. Sie ist aus einer spontanen Kreuzung von Cabernet Franc und Sauvignon Blanc hervorgegangen und wird praktisch von Chile bis China angebaut. In Bordeaux, ihrer Heimat, ergibt sie muskulöse, tanninbetonte Weine mit Cassis- und Zedernholznoten, in Kalifornien komplexe Weine mit weichem Tannin, im mediterranen Italien solche mit würziger Frucht, in Südafrika leichtere, delikate und früher trinkbare Weine. In Chile werden aus ihr konzentrierte Weine gewonnen, die manchmal eine Eukalyptusnote aufweisen. In Australien hat Cabernet Sauvignon oft einen Minzton. Die Grundcharakteristik aller Cabernet-Sauvignon-Weine ist jedoch ähnlich: späte Reife, kräftiges Tannin, dunkle Farbe, langlebig.

Cabernet Franc

Alte, wuchskräftige Sorte, die eine Woche früher als die Cabernet Sauvignon reift und dem Wein einen würzigen Geschmack verleiht, allerdings selten dessen Noblesse erreicht. Sie wächst in Bordeaux (besonders in St-Émilion), im toskanischen Bolgheri, in Südafrika, Chile, Kalifornien. Fast immer ist sie in Cuvées mit Cabernet Sauvignon und Merlot enthalten. Reinsortig wird sie nur an der unteren Loire gekeltert.

Merlot

Die internationale Erfolgsrebe wird weltweit angebaut – von Kalifornien, wo sie eine Modesorte geworden ist, über Spanien (Navarra), Bordeaux (insbesondere St-Émilion und Pomerol), Nord- und Mittelitalien bis ins Tessin. Größter Beliebtheit erfreut sie sich in nahe-

Cabernet Franc

Merlot

Nebbiolo

Sangiovese

Rote Rebsorten

Syrah

Blaufränkisch/Lemberger

Tempranillo

Blauer Zweigelt

zu allen überseeischen Weinbauländern. Dort wird sie oft reinsortig gekeltert, ansonsten eher zum Verschneiden benutzt. Sie liefert tanninreiche, fleischig fruchtige Weine mit typischen Noten von Schwarzen Johannisbeeren.

Nebbiolo

Die spät reifende, autochthone Spitzensorte aus dem Piemont zählt zu den nobelsten italienischen Gewächsen überhaupt. In ihrer Heimat, den Hügeln rund um die Stadt Alba, bringt sie drei bedeutende Weine hervor, die tanninreich sind und ein großes Reifepotenzial besitzen: Barolo, Barbaresco, Roero. Und im Norden des Piemont (man nennt die Sorte dort Spanna) werden aus ihr der Ghemme, der Boca, der Lessona und der Gattinara gewonnen. Typische Aromen: Waldboden, Trüffel, verblühte Rosen.

Sangiovese

Die häufigste rote Rebsorte Italiens ist vor allem in der Toskana beheimatet. Aus ihr werden der Chianti Classico, der Brunello di Montalcino und der Vino Nobile di Montepulciano gewonnen, teils auch reinsortig. In Umbrien (Torgiano) und in der Emilia-Romagna ist sie ebenfalls weit verbreitet. In den Marken (Rosso Conero und Rosso Piceno) ist sie Cuvée-Partner der Montepulciano-Traube. Typische Merkmale: ein Bouquet von dunklen Waldbeeren, kräftiges, bisweilen etwas rustikales Tannin, lagerfähig.

Syrah

Sie ist die klassische Rebsorte der Nördlichen Rhône, die in den Anbaugebieten Hermitage, St-Joseph, Cornas, Côte Rôtie die Basis darstellt. Im gesamten Süden Frankreichs ist sie weit verbreitet. Sie gilt als hitzebeständig und ergibt tanninreiche Weine mit würzig strengen Beerenaroma. In Australien heißt sie Shiraz und ist die häufigste rote Sorte in Down Under. Inzwischen wird sie aber fast überall auf der Welt angebaut, besonders häufig in Südafrika, Chile, Griechenland, zunehmend in der Toskana und auf Sizilien, neuerdings auch in Deutschland.

Blaufränkisch/Lemberger

Die vermutlich aus Ungarn stammende Sorte (dort Kékfrankos genannt) ist heute in Österreich (vor allem im Burgenland), in Osteuropa und in Württemberg (wo sie Lemberger heißt) weit verbreitet ist. Sie ergibt kirschfruchtige, säurebetonte, teils samtige Weine mit feinwürzigem Aroma und einer zarten Tanninstruktur. In ihren besten Qualitäten liefert sie hochklassige, langlebige Weine.

Tempranillo

Die häufigste und hochwertigste spanische Rotweinsorte findet ihren höchsten Ausdruck im Rioja. In ihm ist sie allein oder (meist) im Verschnitt mit Garnacha, Cariñena, Monastrell, Graciano und Mazuelo vertreten. Der Ribeira del Duero (dort wird die Traube Tinta del País oder Tinto Fino genannt) und der Toro (Tinta di Toro) werden meistens reinsortig aus ihr gekeltert. Ansonsten trifft man sie in den Weinen ganz Nord- und Zentralspaniens an. In Portugal heißt die Sorte Tinta Roriz beziehungsweise Aragonez.

Blauer Zweigelt

Häufigste österreichische Rotweintraube, die vor allem im Burgenland, in Carnuntum und im Weinviertel angebaut wird und dichte, dunkle, kirschfruchtige Weine mit moderater Säure und mäßiger Tanninstruktur hervorbringt. Auch in Tschechien und in der Slowakei ist sie anzutreffen. Sie wurde 1922 von Friedrich Zweigelt aus St. Laurent und Blaufränkisch gekreuzt. Derzeit wird diskutiert, ob sie wieder ihren ursprünglichen Namen Rotling erhalten soll.

Zwischen edel und rustikal

Ob es mehr rote oder mehr weiße Rebsorten gibt, ist unbekannt. Gewiss ist nur, dass derzeit mehr Weinberge mit roten als mit weißen Trauben bepflanzt sind – es also mehr Rotwein als Weißwein gibt. Nur eine Handvoll roter Rebsorten ist international weit verbreitet, die meisten sind regional verwurzelt. Die Diversität der Rotweine ist folglich groß. Dabei reicht das Spektrum von edel bis rustikal.

Pinot Noir

Anspruchsvolle, eher kühles Klima liebende Rebsorte, die zwar häufig angebaut wird, aber nur an wenigen Stellen der Welt edle Weine liefert. Die besten kommen von den Kalk- und Lehmböden Burgunds (Côte de Beaune, Côte de Nuits). Dort ist die Pinot Noir seit dem 14. Jahrhundert nachgewiesen. In der Champagne ist sie ebenfalls stark vertreten. Hochklassige Weine ergibt Pinot Noir auch in Oregon, in Teilen Kaliforniens (Carneros, Russian River, Santa Barbara County) und in Neuseeland. In Deutschland heißt die Sorte Spätburgunder und wächst in fast allen Anbaugebieten, vor allem aber in Südbaden, in der Südpfalz und an der Ahr. In Österreich, Südtirol und in der Schweiz heißt sie Blauburgunder. Sie wird fast immer reinsortig gekeltert.

Malbec

Ende des 19. Jahrhunderts in Bordeaux noch weit verbreitete, mittlerweile dort fast verschwundene Sorte. Dafür triumphiert sie heute umso mehr in Argentinien, besonders im heißen Mendoza am Fuße der Anden. Dort liefert sie dichte, fruchtig ledrige, tanninstarke Rotweine, die als die besten des Landes gelten. In Frankreich wird sie nur noch in Cahors angebaut. Dort nennt man sie Côt und verschneidet sie meist mit Merlot.

Gamay

Früher im gesamten Burgund, heute nur im südlichen Teil, speziell im Beaujolais angebaute Sorte, die expressiv fruchtige Weine mit geringer oder mittlerer Tanninstruktur hervorbringt. Sie werden zumeist reinsortig gekeltert. Der größte Teil der Gamay-Weine ist kirsch- und himbeerfruchtig und von eher einfachem Zuschnitt. Gelitten hat das Image des Weins durch den einst überaus populären, aber schlichten Beaujolais Nouveau. In ihren besten Qualitäten bringt die Rebsorte jedoch gehaltvolle, anspruchsvolle Weine hervor.

Garnacha/Grenache

In Spanien ist Garnacha die zweitwichtigste Sorte und eine der wichtigsten in Frankreich. Dort heißt sie Grenache. Sie ergibt relativ hellfarbene Weine, die nur mäßig viel Tannin haben, aber dafür sehr würzig sind. Zimt, Kardamom, Weihrauch sind ihre typischen Aromen. Sie ist eine klassische Verschnittsorte und bildet die Basis für Côtes-du-Rhône- und Châteauneuf-du-Pape-Weine. Im Rioja und im Priorato ist sie die wichtigste Cuvéepartnerin für Tempranillo beziehungsweise Cari-

Pinot Noir

Malbec

Gamay

Garnacha/Grenache

ñena. Auf Sardinien nennt man die Sorte Cannonau.

Touriga Nacional

Wichtigste portugiesische Rotweinrebe, bekannt vor allem als Basissorte für den Portwein. Der Wein aus ihr ist dunkel violettrot, konzentriert, tannin- und alkoholreich. Sie liefert auch für die ungespriteten Douro-Weine den Körper und das Rückgrat. Die Verbreitung der hochwertigen, dickschaligen Sorte reicht von Barraida im Norden Portugals über Douro, Dão, Alentejo bis zur Algarve.

Zinfandel

Populäre Sorte in Kalifornien, aus der schlichte Konsumweine (Zinfandel Rosé), aber auch hochwertige Rotweine erzeugt werden. Letztere sind tief rubinrot in der Farbe, zumeist sehr konzentriert mit weichem, süßen Tannin und erhöhtem Alkoholgehalt. Ihre typischen Aromen: Maulbeeren, Pflaumen, Weihnachtsgebäck, Schokolade. Die Sorte stammt ab von der Crljenak in Dalmatien und ist eng verwandt mit der Primitivo aus Italien.

Touriga Nacional

Zinfandel

Andere wichtige Rotweinsorten

Barbera: Im Piemont weit verbreitete, autochthone Rebsorte, die dunkle, dichte Weine mit hoher Säure und wenig Tannin hervorbringt.

Cariñena: Die aus Nordspanien stammende, aromenarme, aber säure- und tanninhaltige Sorte wird fast immer für Verschnitte benutzt: im spanischen Priorato und Rioja (wo sie Mazuelo heißt) mit Garnacha, in Südfrankreich (Carignan) mit Cinsaut und Syrah.

Carmenère: Eine alte Bordeaux-Sorte (Grand Vidure), die heute in Chile reiche, schwere Rotweine ergibt, die zu den besten des Landes gehören. Oft mit Cabernet Franc verwechselt.

Dornfelder: 1979 zugelassene Kreuzungsrebe (Helfensteiner x Heroldsrebe), die vor allem in Rheinhessen verbreitet ist. Bescheidene Qualitäten.

Fetească Neagră: Die beste rote Sorte Rumäniens wird auch Schwarze Mädchentraube genannt. Sie ist heute in ganz Osteuropa weit verbreitet, wird jedoch mangels Ansehen zunehmend durch internationale Sorten verdrängt.

Mencía: Die wenig bekannte spanische Sorte wird insbesondere in Bierzo und Valdeorras angebaut und ergibt feine, elegante Rotweine.

Montepulciano: In den mittelitalienischen Regionen Marken und Abruzzen sowie in Molise und Nordapulien anzutreffende autochthone Sorte, die üppige, charakterstarke Weine hervorbringen kann.

Nero d'Avola: Die häufigste und typische rote Sorte Siziliens ergibt opulente, dunkelfarbene Weine mit Konfitüre-, Lakritz- mit Portweinnoten.

Pinotage: 1925 in Stellenbosch gekreuzte Rebsorte (Pinot Noir x Cinsaut), die ausschließlich in Südafrika angebaut wird.

Portugieser: Eher nicht aus Portugal, sondern aus Slowenien und der Steiermark stammende rote Rebsorte, die hellrote, tanninarme Weine ergibt. Stark rückläufig.

Primitivo: Uralte, fast nur in Süditalien angebaute Sorte, die dunkle, nach Schokolade und Beeren schmeckende Weine ergibt. Hoch im Alkohol, oft restsüß. Ist verwandt mit Zinfandel.

Xinomavro: Charakterstarke Rebsorte aus Griechenland, die vor allem im Norden (Naoussa, Amyndeon, Rapsani, Goumenissa) anzutreffen ist; erbringt tanninstarke, säurebetonte Weine mit typischem Rosen- und Lakritzduft.

Ihr größter Feind ist die Hitze

Während guter Rotwein an vielen Stellen der Erde wächst, findet man gute Weißweine nur an wenigen. Weiße Trauben brauchen zwar auch Licht und Wärme, um reif zu werden, aber noch mehr brauchen sie Kühle, damit die Säure in den Beeren erhalten bleibt. Das gelingt am besten in den Grenzregionen des Weltrebengürtels, wo es zwar tagsüber warm, nachts aber so kühl ist, dass die Säure nicht veratmet wird.

Chardonnay

Chardonnay

Die noble Rebsorte aus dem Burgund hat ihren Siegeszug rund um die Welt angetreten. Von allen weißen Rebsorten verzeichnete sie in den letzten Jahrzehnten die größten Zuwächse. Dabei bringt sie ebenso feine wie gewöhnliche Weine hervor. Die besten Qualitäten finden sich auf den Kalkböden ihrer Heimat Burgund (die wichtigsten Weine sind Puligny-Montrachet, Corton-Charlemagne, Chablis und Meursault), und in der Champagne wird die Chardonnay zur Herstellung des Champagners verwendet. Inzwischen gibt es kein europäisches Land, in dem sie nicht angebaut wird. Die größten Chardonnay-Rebflächen findet man heute in den überseeischen Ländern wie Kalifornien, Chile, Brasilien, Südafrika, Australien und Neuseeland. Meistens wird der Wein im »burgundischen Stil« im kleinen Holzfass vergoren und anschließend auf der Hefe ausgebaut.

Pinot Gris

Zwittriger Abkömmling der Pinot Noir mit kupferfarbenen Beeren. Ergibt im Elsass stoffige, körperreiche Weine von höchster Qualität. In Deutschland heißt die Sorte Grauburgunder. Aus ihr entstehen kräftige, eher säurebetonte Weine. In Baden wird die Sorte oft als Ruländer bezeichnet und mit Restsüße ausgebaut. Die Italiener keltern sie zu einem leichten, spritzigen Weißwein, der als Pinot Grigio ein internationaler Bestseller ist. Auch im US-Bundesstaat Oregon gibt es viel Pinot Gris.

Pinot Blanc

Mutation der Pinot Noir mit hellen Beeren, die früher mit Chardonnay

Pinot Gris

Pinot Blanc

Chenin Blanc

Viognier

Weisse Rebsorten

Sauvignon Blanc

Sémillon

Gewürztraminer

Albariño/Alvarinho

verwechselt wurde, jedoch eine eigenständige Sorte darstellt. In Südtirol ist sie hoch angesehen und bringt sehr gute, apfel- und birnenfruchtige Weine hervor. Wird auch im Elsass viel angebaut, hat aber keinen Grand-Cru-Status. In Österreich und insbesondere in Deutschland, wo man sie Weißburgunder nennt, ergibt sie teilweise Spitzenqualitäten.

Chenin Blanc

Die aus Frankreich stammende Sorte wird mittlerweile weltweit angebaut, ist aber dennoch nicht sonderlich bekannt. In Vouvray an der unteren Loire werden aus ihr feine trockene und halbtrockene Weine gewonnen, in Saumur vor allem Schaumweine, in Anjou süße, und in den Coteaux du Layon edelsüße Weine. Aus Südafrika, wo sie die am häufigsten kultivierte weiße Rebsorte ist, kommen ebenfalls gute Chenin-Blanc-Weine.

Viognier

Noble Rebsorte, die heute fast in der ganzen Welt auftaucht, allerdings nur in geringen Mengen. Die Weine aus ihr sind kräftig, alkoholstark, leicht würzig. Sie eignen sich für den Ausbau in kleinen Holzfässern. In Kalifornien wird Viognier vielfach als Ersatz für die Chardonnay kultiviert. Ihre Heimat ist die Nördliche Rhône, und hier speziell Condrieu. Der dortige Weißwein ist reinsortig aus ihr gekeltert.

Sauvignon Blanc

Halbaromatische Sorte, an ihrem pikantem Stachelbeer- und grünem Paprika-Aroma leicht zu erkennen. Aus ihr werden die besten Loire-Weine (Sancerre und Pouilly-Fumé) sowie in Bordeaux die trockenen Graves-Weine (mit Sémillon und Muscadelle verschnitten) gewonnen. Auch in den edelsüßen Sauternes ist sie vertreten. Große Qualitäten kommen aus der Steiermark in Österreich. Auf der südlichen Erdhalbkugel findet man insbesondere im neuseeländischen Marlborough exzellente Qualitäten, aber auch in Südafrika, Chile und Teilen Kaliforniens.

Sémillon

Aus Bordeaux stammende Sorte, die die Basis aller edelsüßen Sauternes-Weine bildet. Obwohl sie mit der Sauvignon Blanc verwandt ist, ist sie geschmacklich relativ neutral und wird daher nur selten reinsortig verarbeitet. Sie besitzt aber eine dicke Schale und bietet sich deshalb für die Entwicklung der Edelfäule an. In den trockenen Weinen des Bordeaux (Graves, Entre Deux Mers) und Südfrankreichs insgesamt wird sie in der Regel mit Sauvignon Blanc und Muscadelle verschnitten.

Gewürztraminer

Hochqualitative Sorte mit rostrot schimmernden Beeren, die wegen ihrer überbordenden Aromenfülle bei Verbrauchern etwas in Ungnade gefallen ist. Im Elsass wird sie gern restsüß gekeltert, in Tramin in Südtirol dagegen eher halbtrocken. In Deutschland ist die Sorte rückläufig. Die Weine sind säurearm und haben einen erhöhten Alkoholgehalt. Die besten sind langlebig. Typische Aromen sind Rosenblüten und Lychee.

Albariño/Alvarinho

Oft als beste Weißweinsorte Spaniens bezeichnet, wird die Albariño vor allem in Galicien, speziell in Rias Baixas, kultiviert. Dort wird sie reinsortig gekeltert und ergibt einen leicht würzigen, blumig fruchtigen Wein. Im restlichen Spanien trifft man die Sorte selten an. Im nördlichen Portugal, wo ein ähnlich feuchtes, kühles Klima herrscht, gehört sie zu den Trauben, die für den Vinho Verde zugelassen sind. Dort heißt sie Alvarinho. Mit dem Riesling hat sie genetisch und geschmacklich nichts gemeinsam.

Wanted: Säure und Aroma

Die Klimaerwärmung setzt zahlreichen weißen Rebsorten zu. An vielen ihrer traditionellen Standorte ist es mittlerweile zu warm. Die Winzer wandern mit ihnen entweder in höher gelegene, kühlere Lagen ab und suchen sich neue Standorte, an denen die Sorten Aroma und Frische behalten. Oder sie ersetzen sie gleich durch rote Sorten – ein schleichender Prozess, durch den sich die Weinlandkarte der Welt kolossal ändert.

Riesling

Eine der weltweit besten weißen Rebsorten, die in fast allen Anbaugebieten Deutschlands anzutreffen ist, speziell an Mosel und Rhein. Von dort stammt die Rebe auch. Ihr offizieller Name lautet Weißer Riesling. Die Sorte ist kleinbeerig, reift spät und bringt leicht aromatische Weine mit erhöhtem Säuregehalt hervor. Um das Gleichgewicht zu wahren, sind Riesling-Weine oft restsüß. Berühmt sind die edelsüßen Varianten bis hin zu Trockenbeerenauslesen und Eisweinen. Im Elsass und in Teilen von Österreich (Wachau, Kremstal, Kamptal) ergibt die Sorte ebenfalls Spitzenqualitäten. In Übersee wird die Riesling-Traube dagegen nur in speziellen Nischen angebaut: in Kanada in Ontario, in den USA an den Finger Lakes und in Australien im Clare Valley zum Beispiel.

Silvaner/Sylvaner

Aus Österreich stammende, heute vor allem im Elsass und in Deutschland angebaute Sorte. Sie ergibt stoffige, charaktervolle Weine, vor allem in Franken, teilweise auch in Rheinhessen, wo sie einst die häufigste Rebsorte war. Ihr wird ein erdig-fruchtiger Geschmack zugeschrieben mit teilweise vegetabilen Noten. Kleinere Bestände gibt es im Südtiroler Eisacktal und im Wallis (unter dem Namen Johannisberg).

Grüner Veltliner

Diese alte Sorte ist der Stolz Österreichs. Sie bedeckt etwa ein Drittel der Gesamtrebfläche und bringt charaktervolle Weine mit pfeffriger Würze hervor. Früher wurden sie gern jung mit einem Schuss Wasser (G'spritzter) getrunken. Heute trifft man sie in allen Varianten an. Ihr Hauptanbaugebiet ist das Weinviertel. Berühmt sind die wuchtigen Weine aus Krems und dem Kamptal sowie die Smaragd-Weine aus der Wachau.

Müller-Thurgau

Die am zweithäufigsten in Deutschland angebaute weiße Sorte wurde 1882 an der Weinbauschule Geisenheim von dem Schweizer Rebenforscher Hermann Müller aus der Kreuzung Riesling x Madeleine Royale gezüchtet. Sie stellt keine großen Ansprüche an die Lage, ergibt meist aber auch nur einfache, nie wirklich große Weine mit oftmals recht kräftigem Muskatton. In Österreich und Italien wird sie Riesling x Silvaner genannt.

Gutedel/Chasselas

Im Rückgang befindliche Sorte, die heute nur noch im Markgräflerland (Baden) und in der Westschweiz

Riesling

Silvaner/Sylvaner

Grüner Veltliner

Müller-Thurgau

Weisse Rebsorten

gepflegt wird, vor allem um den Genfer See, wo man sie Chasselas nennt, und im westlichen Wallis. Dort heißt der aus ihr gekelterte Wein Fendant. Die Sorte ist ertragreich, der Wein aus ihr von einfachem Zuschnitt, aber regional sehr populär. Einige Winzer – deutsche wie schweizerische – sehen mehr Potenzial in ihr und erzeugen respektable Weine.

Assyrtiko

Die beste griechische Weißweinsorte wird vor allem auf der Halbinsel Chalkidiki und auf Santorin angebaut. Dort bringt sie stoffige, zuweilen recht fette Weine mit hohem Alkoholgehalt hervor. Wegen ihres unvergleichlichen Aromas werden die Weine aus ihr hoch geschätzt: salzig-mineralisch mit einem rauchigen Unterton und Zitrusnoten. In anderen Gegenden Griechenlands wird Assyrtiko zumeist verschnitten.

Gutedel/Chasselas

Assyrtiko

Marsanne

Alte Sorte aus dem Rhônetal, aus der körper- und nicht selten alkoholreiche, aber immer großartige Weine wie zum Beispiel der Hermitage Blanc und der Crozes-Hermitage (zusammen mit der Roussanne und/oder Viognier) gewonnen werden. Wird als Ermitage auch im Wallis in der Schweiz angebaut.

Andere weiße Rebsorten

Aligoté: Aus dem Burgund stammend und nach dem Chardonnay dort die zweitwichtigste weiße Traubensorte. Ergibt delikate, aber einfache Weine. In den vergangenen Jahrzehnten auch in Osteuropa weit verbreitet.

Arinto: Die aus Portugal stammende Sorte ergibt frische, zitrusfruchtige Weine mit kräftiger Säure. Typisch für das Bucelas nördlich von Lissabon.

Arneis: Autochthone piemontesische Rebsorte, die im Roero beheimatet ist und herzhaft fruchtige Weine mit Obst-Aromen hervorbringt.

Gelber Muskateller: In Österreich, vor allem in der Steiermark, hoch geschätzte Sorte, die leichte, sehr säurebetonte Weine mit pikanten Zitronengras-Aromen erbringt. Am häufigsten wird die Rebsorte in Frankreich angebaut, wo sie Muscat Blanc à Petits Grains heißt und gerne aufgespritet oder auch zu Süßweinen verarbeitet wird.

Furmint: Hochwertige, stark säurebetonte Rebsorte aus Ungarn, die die Basis für den edelsüßen Tokajer bildet. In Österreich oft im Ruster Ausbruch enthalten, versuchsweise auch trocken ausgebaut.

Glera: Spät reifende Sorte mit kräftiger Säure, aus der der schäumende Prosecco gewonnen wird. Praktisch nur in Venetien und Friaul präsent.

Petit Manseng: Im südwestlichen Frankreichs weit verbreitete Rebsorte, die wegen ihrer dicken Schale oft getrocknet und zu Süßweinen verarbeitet wird.

Rkatsiteli: Sehr alte, in Georgien beheimatete Sorte, die auch in Moldawien, der Ukraine und in Bulgarien weit verbreitet ist. Ergibt leicht säurebetonte, herzhaft fruchtige Weine, die meist einfachen Zuschnitts sind.

Roussanne: Seltene, aber wertvolle Sorte, vor allem im Rhônetal verbreitet (Crozes-Hermitage), auch in der Provence, im Languedoc, in Savoyen und im Schweizer Wallis anzutreffen.

Savatiano: Die häufigste griechische Rebsorte ist Basis für viele trockene Weißweine einschließlich des geharzten Retsinas.

Turbiana: Traubensorte, aus der der Lugana vom Gardasee gekeltert wird. Gehört zur großen italienischen Trebbiano-Familie (Verdicchio, Frascati, Greco u. a.)

Welschriesling: In Österreich und Ost- bzw. Südosteuropa viel angebaute Sorte, die saftige, einfache Weine ergibt. Auch Graševina, Olaszrizling und Rizling Vlašský genannt.

Der Weinberg

Die Mutter der Qualität: der Weinberg und wie darin gearbeitet wird

Der Untergrund des Weins

Der Boden besitzt eine große Bedeutung für den Wein. Er sorgt für die richtige Ernährung der Rebe und regelt teilweise auch den Stoffwechsel. Von ihm hängt die Vitalität der Pflanze ab. Die Vitalität beeinflusst wiederum maßgeblich die Qualität der Trauben. Wenn die Rebe auch grundsätzlich auf nahezu allen Böden gedeiht, so wachsen doch nur auf wenigen wirklich gute Weine.

Fette Böden, schlechte Weine

Auf schwerem, feuchtem Untergrund bringt die Rebe Massenerträge. Der Wein wird flach, und es mangelt ihm an Charakter. Auf humushaltigen, stickstoffreichen Böden steckt die Rebe einen großen Teil ihrer Energie in das Holz und das Blattwerk statt in die Frucht. Dem Wein fehlt es an Tiefe und Gehalt. Deshalb wachsen alle bedeutenden Weine auf trockenen Böden mit nicht zu großem Nährstoffangebot – anders als Mais, Weizen oder Kartoffeln.

Felsige und sandige Böden

Mal sind diese Böden grobsteinig, mal feinsandig. Mal bestehen sie aus blauem Schiefer, mal aus rotem Porphyr. Anderswo können sie zudem aus durchlässigen Kreidebö-

Kiesschicht, mit Sand durchmischt

Sand

Sandschicht, mit Kies durchmischt (alle Schwemmlandböden der Gironde)

mineralhaltige Sandschicht, Wasser speichernd

Pauillac (Bordeaux): Das linke Ufer der Gironde besteht aus mehreren Metern dicken Kies- und Sandschichten.

Lössboden, mit Kies durchmischt

Belemnitkreide, vor 64 Millionen Jahren durch Ablagerung von Algen entstanden

Einlagerung von Braunkohle

Reims (Champagne): Die Kreide verleiht dem Champagner seinen unvergleichlichen Geschmack.

DER BODEN

Humusschicht, mit Sand durchmischt

kalkhaltiger Sandstein (Galestro), teils felsig, teils feinsteinig

grauer, tonhaltiger Mergel

älterer Galestro marinen Ursprungs

kalkhaltiger Lehm

Galestro

Chianti Classico (Toskana): Galestro und Alberese sind der beste Untergrund für die tanninreichen Sangiovese-Weine.

Humus, vermischt mit kleinschotterigem Verwitterungsgestein

grobsteiniger, teilweise felsiger Quarzit aus dem Taunusgebirge

Rüdesheim (Rheingau): Urgestein mit Schiefer und sandigem Lehm ergeben kristallinklare Weißweine.

den oder aus hartem Sandstein bestehen. Entscheidend ist: Die Böden sind trocken – dann muss sich die Rebe das Wasser in tieferen Bodenschichten suchen. In dieser Mangelsituation steckt sie ihre ganze Kraft zuerst in die Trauben, nicht in das Holz oder in das Blattwerk. Dabei ist die physikalische Beschaffenheit des Bodens (Partikelgröße, Steingehalt) oft wichtiger als die chemische Struktur (mineralische Zusammensetzung). Denn der Boden prägt nicht den Geschmack (zum Beispiel die Frucht), sondern den Charakter des Weins (körperreich oder leicht, feingliedrig oder plump).

Boden oder Klima?

Anfang der 1980er-Jahre entbrannte ein erbitterter Streit zwischen kalifornischen Weinmachern und Wissenschaftlern der Universität Bordeaux über die Rolle, die der Boden für die Qualität des Weins spielt. Die Amerikaner waren überzeugt, dass dem Klima die entscheidende Bedeutung für die Qualität zukomme. Beide hatten recht, aber jeder nur für sein eigenes Anbaugebiet: Innerhalb des Bordeaux sind die klimatischen Schwankungen relativ gering, die Bodenunterschiede hingegen groß. In Kalifornien herrschen dagegen gewaltige Temperaturunterschiede zwischen dem heißen Central Valley und den Küstenregionen. Die Bodenunterschiede fallen dort allerdings nicht so stark ins Gewicht. Da der Stoffwechsel der Rebe sowohl über die Wurzeln als auch über die Blätter gesteuert wird, sind die Temperatur und das Licht (also das Klima) ebenso wichtig für die Bildung von Zucker wie die Nahrung aus dem Boden. Inzwischen hat sich das Qualitätsempfinden der Amerikaner verfeinert. Allein im kalifornischen Napa Valley wurden 33 Bodentypen festgestellt.

Die Bestockung

Die »Architektur« des Weinbergs

Weinbauern haben bei der Wahl ihrer Weinberge von jeher die natürliche Gestalt der Landschaft ausgenutzt. Der Luftdurchzug und die Drainage müssen ebenso stimmen wie die Ausrichtung zur Sonne. Außerdem muss ein Weinberg rationell zu bewirtschaften sein, sonst explodieren die Kosten für seine Bearbeitung. Erst das Zusammenspiel aller Faktoren führt dazu, dass ein Weinberg »eine gute Lage« ist.

In Spanien sind noch viele Weinberge im traditionellen Weitstand bepflanzt wie hier im Anbaugebiet Zamora in Kastilien-Léon.

Wärme ausnutzen

In den kühlen und moderat warmen Weinanbaugebieten Europas befinden sich die Rebflächen meist am Hang. Am besten in Südwestausrichtung: Dort haben die Reben am längsten Sonne, denn durch die Hangneigung wird die Sonnenkraft optimal ausgenutzt – ähnlich wie bei Sonnenkollektoren auf dem Dach. »Bacchus amat colles«, hieß es schon im alten Rom. Zu Deutsch: Bacchus liebt die Hügel. In den warmen Anbaugebieten Südeuropas und in Übersee ist die Sonnenausrichtung nicht so wichtig. Die Trauben werden auch so reif. Deshalb findet man Weinbau dort oft in Flachlagen. Sie sind kostengünstiger, weil leichter mit Maschinen zu bewirtschaften.

Hang- und Flachlagen

Weinberge von fünf bis zu 30 Prozent Neigung gelten in Deutschland als Hanglagen. Bei einem höheren Neigungswinkel spricht man von Steillagen. In Österreich beginnen die Steillagen schon bei 27 Prozent Neigung. Als Flachlage gilt dagegen alles, was einen Neigungswinkel von unter 16 Prozent aufweist. Andere Länder definieren ihre guten Lagen nicht über die Hangneigung, sondern über die Bodenzusammensetzung, das heißt über das Terroir. Weinbergböden sollten trocken und mineralisch sein. Granit, Urgestein, Schiefer, Kalk, Porphyr oder andere eisen- und mineralhaltige Böden eignen sich gut für den Weinbau – unabhängig davon, ob sie als Sand, Lehm oder Verwitterungsgestein auftreten.

Moderne Weinbergarchitektur

In den meisten Hanglagen laufen die Rebzeilen vertikal zum Hang: also von oben nach unten. Dadurch ist es möglich, sie mit Traktoren oder Raupenfahrzeugen zu bearbeiten, in Steillagen mit Seilzügen. Nachteil ist, dass es durch Wind und Starkregen zu Erosionen kommen kann: Wertvoller Weinbergboden wird zu Tal geschwemmt oder verweht. Früher waren viele Hänge aus diesem Grunde terrassiert. Dadurch war es möglich, Reben quer zum Hang zu pflanzen. Die Quer-Terrassierung ist ökologisch verträglicher (Trockenmauern festigen den Hang und bilden ein Habitat für viele Kleinlebewesen). Durch die Flurbereinigung sind allerdings die meisten Terrassen verschwunden. Der Erhaltungsaufwand ist vielen Winzern zu hoch.

Enge Bestockung

Um die Qualität des Weins zu garantieren, ist es nötig, die Menge der Trauben pro Stock durch entsprechenden Beschnitt der Rebe im Winter zu reduzieren. Allerdings reicht der Winterschnitt oft nicht aus, um den Ertrag auf das gewünschte Niveau zu senken. Deshalb entfernt der Winzer im Sommer oftmals noch überzählige Trauben von Hand (Grünlese). Nach Erkenntnissen der modernen Weinbaukunde steigt die Qualität eines Weins (vor allem eines Rotweins) nämlich nicht mit sinkenden Hektarerträgen, sondern mit sinkender Traubenzahl pro Rebstock. Wegen der größeren Nahrungskonkurrenz wird die Rebe gezwungen, darum zu kämpfen, die wenigen Trauben, die an ihr hängen, reif zu bekommen. Um ohne Grünlese auf diesen Wert zu kommen, werden moderne Weinberge heute im Dichtstand angelegt. Statt 2500 Stöcke werden 6000 oder sogar 10 000 Stöcke pro Hektar gepflanzt. Durch die größere Nahrungskonkurrenz der Reben untereinander ist der Behang entsprechend geringer.

Vorteil Dichtstand: viele Reben, wenig Trauben

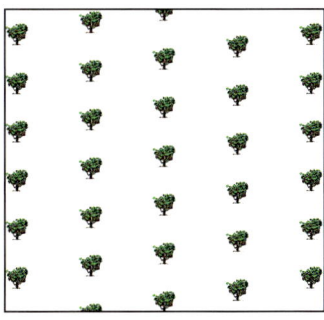

1100 Reben pro Hektar
Viele spanische Weinberge sind noch im traditionellen Weitstand angelegt. Der Abstand von Rebe zu Rebe beträgt dabei 2,5 Meter, die Breite des Zwischenraums zwischen den Rebzeilen 3,5 Meter. Das bedeutet: wenige Reben pro Hektar Land, aber jede Rebe trägt viele Trauben. Das mag gut für Tafel- und Landweine sein, Spitzenweine werden dagegen kaum aus solchen Weinbergen kommen.

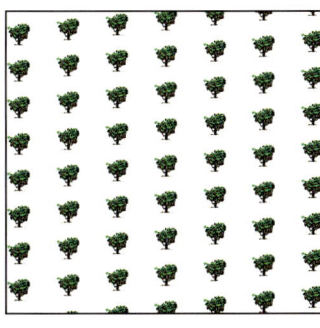

3500 Reben pro Hektar
Die Weinberge in vielen Qualitätswein-Anbaugebieten der Welt sind so angelegt, dass sie mit herkömmlichen Maschinen bearbeitbar sind. Die Anzahl der Rebstöcke schwankt zwischen 2300 und 3500. Das heißt: Die Reben stehen in einem Abstand von 1,5 Metern, die Wegbreite beträgt 1,9 Meter. In solchen Weinbergen werden gute bis sehr gute Weine erzeugt.

10 000 Reben pro Hektar
Ein typischer Dichtstand-Weinberg: Der Abstand der Reben zueinander beträgt nur 1 Meter, die Breite der Wege zwischen den Zeilen ebenfalls nur 1 Meter. Der Dichtstand zwingt die Reben, tief zu wurzeln und ihre Trauben dicht am Stamm zu bilden, damit die Transportwege für die Nahrung kurz bleiben. Für die Bearbeitung solcher Weinberge werden schmalspurige, hochrädrige Traktoren (»enjambeurs«) benutzt.

Die Rebenerziehung

Wachstum nach Vorschrift

Der Winzer muss schon im Winter dafür sorgen, dass im Herbst nicht zu viele Trauben am Rebstock hängen. Sonst schmeckt der Wein später dünn und unreif. Deshalb beschneidet er die Rebe so, dass sie im Frühjahr nicht mehr Triebe entwickelt als gewünscht. Wenn der Wein gut werden soll, dürfen an jedem Trieb nur eine Traube oder zwei wachsen. Der Rebschnitt ist darum das A und O der Qualitätsweinproduktion.

Menge-Güte-Relation

Es gibt nur wenige Gesetze im Weinbau, die überall auf der Welt gelten. Die Menge-Güte-Relation gehört dazu. Sie besagt: Wer guten Wein produzieren will, muss dafür sorgen, dass die Rebe wenig Trauben trägt. Dies geschieht, indem der Winzer sie beschneidet. Das alte Triebholz, an dem die Trauben gegangen haben, wird im Winter mit der Rebschere abgeschnitten und entfernt. Nur der Stamm bleibt stehen sowie ein oder zwei seitliche Rebarme. Aus deren Knospen (in der Weinfachsprache »Augen« genannt) entstehen dann im Frühjahr die neuen Triebe. Der Wir-

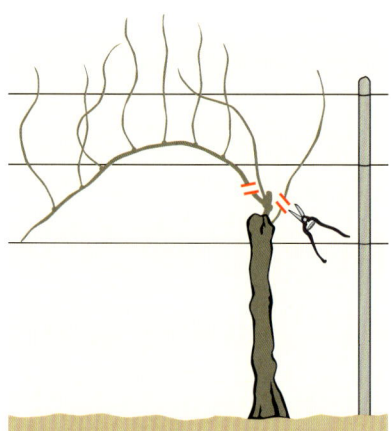

Guyot-Erziehung I: der Winterschnitt

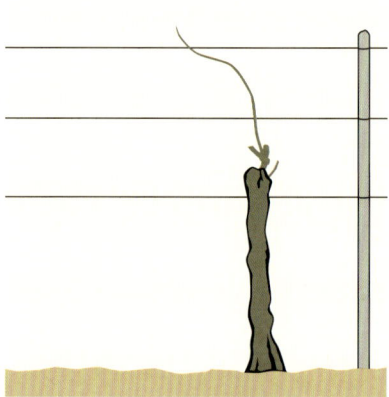

Guyot-Erziehung II: die Rebe im Winter

Guyot-Erziehung III: eine Traube pro Trieb

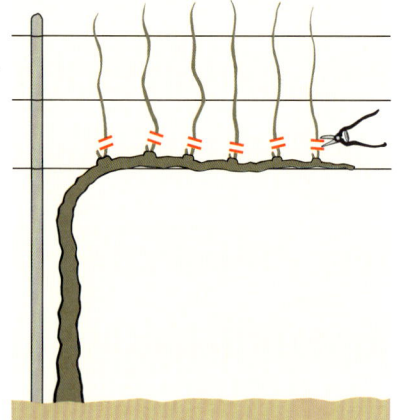

Cordon-Erziehung I: der Winterschnitt

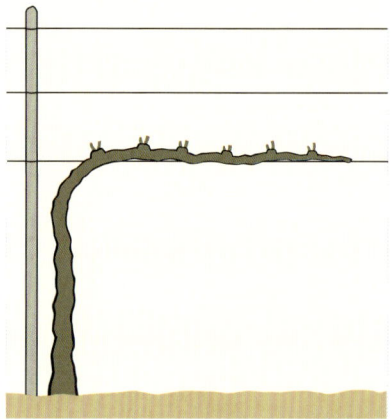

Cordon-Erziehung II: die Rebe im Winter

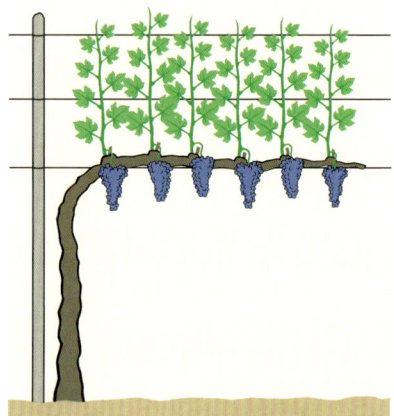

Cordon-Erziehung III: eine Traube pro Trieb

Die Rebenerziehung

Die Grünlese

Die Menge der Trauben, die ein Rebstock im Herbst trägt, hängt nicht nur vom winterlichen Rebschnitt ab, sondern auch von den Launen der Natur. Durch Spätfröste im April und Mai können junge Triebe erfrieren. Folge: Ertragsausfall. Regen während der Blütezeit erschwert die Bestäubung, sodass nur wenige Blüten befruchtet und nur kleinere Trauben gebildet werden. Ertragsdezimierung ist auch hier die Folge. Schließlich kann die Erntemenge im Sommer durch Hagelschlag oder Trockenheit reduziert werden. Doch auch wenn alles regulär verläuft, legen qualitätsbewusste Winzer ihre Hände nicht etwa in den Schoß.

Für den Fall, dass sie sicherheitshalber zwei Fruchtruten stehen gelassen haben, entfernen sie nach Ende der Frostgefahr eine und halbieren so die potenzielle Erntemenge. Andere gehen Ende Juli beziehungsweise Anfang August noch einmal durch die Rebzeilen und dünnen die Trauben aus: Sie brechen dabei jede zweite oder dritte der noch grünen Trauben heraus, die an einem Trieb hängen. Grünlese heißt diese Maßnahme. Grünlese ist unverzichtbar, um hochklassige Weine zu bekommen.

Grünlese: Im Juli und August wird ein Teil der noch grünen Trauben herausgebrochen.

kungsmechanismus des Beschnitts ist einfach: Statt viele Triebe mit Nährstoffen zu versehen, kann die Rebe ihre ganze Kraft in wenige Triebe, später in wenige Trauben stecken. Das Resultat: Die Mostgewichte sind höher. Die Weinsäure (bei den Weißweinen) und die Gerbstoffe (in den Schalen roter Trauben) sind reifer. Der einzige Nachteil ist, dass die Winzer im nächsten Jahr weniger ernten. Die Quantität leidet, aber die bessere Qualität ermöglicht es, höhere Preise zu erzielen. So können Mengeneinbußen wettgemacht werden.

Kalter Job

Der Rebschnitt findet in der Regel im Januar und Februar statt, wenn die Rebe »schläft«. Einige Winzer beginnen aber auch schon im Dezember mit dem Beschneiden der Reben. Es ist eine anstrengende Arbeit, weil es zu dieser Jahreszeit im Weinberg sehr kalt ist. Die Weinbergarbeiter tragen dicke, wattierte Jacken und warme Handschuhe. Früher benutzten sie ein Rebmesser, um die Triebe von der Rebe zu trennen, heute haben sie oft pneumatische Scheren. Bei bestimmten Rebenerziehungssystemen erfolgt der Rebschnitt zudem mit Spezialtraktoren, die das alte Holz automatisch abschneiden. Die abgeschnittenen Triebe werden dann entweder gleich im Weinberg verbrannt oder gebündelt und als Feuerholz für Kamin oder Küche verwendet. Umwelt- und qualitätsbewusste Weingüter häckseln das Holz und silieren es danach, um es im Frühjahr als organischen Dünger auszubringen. Auf diese Weise werden die weinbergeigenen Hefe- und Bakterienkulturen erhalten.

Erziehungssysteme

Die Art des Rebschnitts richtet sich nach dem gewählten Rebenerziehungssystem. Das heißt: wie die Reben am Draht ranken. Jede Region hat diesbezüglich ihre Präferenzen. Die weltweit am meisten verbreiteten Rebenerziehungssysteme sind Guyot und Cordon. Bei beiden ranken die Reben an Drähten. Beim Guyot-System, das es in zahlreichen Varianten gibt, bleibt im Winter nur ein einziger alter Trieb stehen (eventuell ein zweiter als »Reserve«). Er wird gekürzt (in der Fachsprache heißt das »angeschnitten«) und horizontal (oder halbbogenförmig) auf den Draht gebunden. Aus den Augen dieses alten Triebs, der jetzt Fruchtrute genannt wird, entwickeln sich später die neuen Triebe – je nach Anschnitt acht, zehn oder zwölf. Jeder Trieb bringt in der Regel zwei, manchmal sogar vier Trauben hervor. Wer Menge produzieren will, lässt die sich im Juni bildenden Gescheine stehen. Wer auf Qualität setzt, bricht sie im Juli oder August von Hand heraus. Grünlese heißt diese Maßnahme. Die Guyot-Erziehung findet man zum Beispiel in Bordeaux und – in modifizierter Form – in Deutschland. Das Cordon-Erziehungssystem, das in den Mittelmeerländern und in Übersee weit verbreitet ist, besteht dagegen aus einem festen Rebarm mit acht bis 15 Zapfen, die jeweils mehrere Triebe bilden würden, wenn sie nicht beschnitten werden. Auf diese Weise können auch beim Cordon die Erträge reduziert werden.

Das Jahr im Weinberg

Vollzeitpflege für die Rebe

Winzer leben von und mit der Natur wie kaum ein anderer Berufsstand. Von den zwölf Monaten, die ein Jahr zählt, braucht die Rebe mindestens zehn Monate intensive Pflege und Beobachtung. Selbst im Winter, wenn die Rebe »schläft«, muss der Winzer in die Kälte hinaus und die alten, verholzten Triebe entfernen. Daneben wartet die Arbeit im Keller auf ihn. Auch der Wein im Keller braucht ständige Pflege.

Vegetationszyklus: Im Frühjahr treiben die Reben aus. Schon nach vier Wochen sind die ersten Blätter voll entwickelt. Nach weiteren 60 Tagen beginnt die Blüte.

Frühling

Ab März, in Südeuropa teilweise bereits ab Ende Februar, fließt wieder Saft in den Reben. Die ersten Knospen brechen auf. Die Arbeit im Weinberg beginnt. Im April und Mai hat der Winzer jede Menge zu tun. Und im Keller ruht die Arbeit nie: Abstich von der Hefe, Zusammenstellung der Cuvées, Flaschenfüllung.

- Durchpflügen der Rebzeilen
- Aufbinden der neuen Triebe
- Düngung des Bodens und erste Schädlingsbekämpfung (wenn nötig)
- Abfüllen des jungen Weins
- Umziehen und Auffüllen der Fässer für die Rotweine

Sommer

Der Sommer ist eine ruhige Zeit für den Winzer. Ende Mai/Anfang Juni blühen die Reben. Erste Minibeeren entwickeln sich. Im Juli werden die Triebspitzen gekappt und überzählige Trauben herausgebrochen. Im August gehen die meisten Winzer in Urlaub.

- Herausbrechen überzähliger Gescheine
- Toppen der Triebspitzen
- Schädlingsbekämpfung (wenn nötig)
- Mähen und Mulchen zwischen den Rebzeilen
- Abfüllen der ersten Rotweine und der letzten Weißweine
- Grünlese

Reifezyklus: Der Reifezyklus beginnt im Sommer mit dem langsamen Gelbwerden der Weißweintrauben und der Färbung der Rotweintrauben.

Das Jahr im Weinberg

Die Natur bestimmt den Rhythmus des Weinjahres. Nach ihr muss sich der Winzer richten. Allerdings ist die Natur nicht immer leicht berechenbar. Mal hat sie es eilig und lässt die Reben früh ausreifen oder früh blühen. Mal lässt sie sich Zeit – mit der Folge, dass sich der gesamte Vegetations- und Reifezyklus nach hinten verschiebt. Ein ganzes Jahr im Voraus zu planen ist für einen Winzer nur schwer möglich. Jedes Jahr hat seinen eigenen Verlauf. Kein Jahr gleicht dem anderen. Permanente Beobachtung des Wachstumsverlaufs und des Wetters sowie Intuition sind unerlässlich. Altgediente Winzer mit der Erfahrung von 30 bis 40 Lesen bekennen am Ende, dass jede Lese anders war. Der wahre Chef ist und bleibt die Natur.

Herbst

Der Herbst ist die arbeitsreichste Zeit des Winzers. Die Lese beginnt je nach Region und Rebsorte Ende August/Anfang September, und sie kann sich bis in den November hinein ziehen.

- Abfüllen des letzten Weins, Reinigen der Holzfässer, Säubern der Stahltanks
- Vorbereitung der Lese: Geräte reinigen, Lesemannschaft zusammenstellen, permanente Kontrolle des Reifezustands der Trauben
- Lese: Kontrolle und Verarbeitung des Leseguts, täglich Wettermeldungen abhören

Winter

Im Winter ruht zwar die Rebe, aber nicht der Winzer. Bis die Gärung des Weins beendet ist, muss er täglich im Keller stehen, umpumpen, die Maische auspressen, Proben ziehen und analysieren. Der November und Dezember sind die Monate, in denen die Weine des Vorjahres (oder des Vorvorjahres) präsentiert und verkauft werden müssen. Erst im Januar kehrt für ihn Ruhe ein. Doch spätestens im Februar muss der Winzer wieder hinaus in den Weinberg.

- Zusammenstellung erster Cuvées
- Umziehen des Jungweins in Fässer
- Schönung des Vorjahres-Rotweins
- Erster Rebschnitt im November
- Ende des Rebschnitts im Februar

Lesezeit: Wenn die Haut der Beeren dünn wird, die Stiele der Trauben langsam verholzen und das Laub sich zu färben beginnt, ist der Zeitpunkt der Lese gekommen.

Winterruhe: Wenn die Blätter abgefallen sind und die Temperaturen sich dem Gefrierpunkt nähern, versinkt die Rebe in den Winterschlaf.

Die Weinlese

Der Tag X im Jahr des Winzers: die Weinlese

Die Ernte der Weintrauben wird Lese genannt. Im warmen Südeuropa beginnt sie bereits im August, in den mitteleuropäischen Anbaugebieten kann sie sich bis in den November hinein ziehen. In Argentinien, Chile, Südafrika, Australien und Neuseeland wird dagegen von Ende Januar bis in den April hinein gelesen. Dann ist Herbst auf der südlichen Erdhalbkugel.

Goldener Oktober im Weinberg: Die Sonne ist noch kraftvoll, aber die Nächte werden kühler, das Reblaub färbt sich gelb. Die Trauben haben nun ihre optimale Reife erreicht. Die Lese ist für Winzer der Höhepunkt des Jahres.

Zeitpunkt der Lese

Der genaue Zeitpunkt der Lese ist abhängig davon, wann die Trauben reif sind. Er variiert zunächst einmal von Rebsorte zu Rebsorte. Bei früh reifenden Sorten tritt er eher ein als bei spät reifenden. Entscheidender aber hängt der Zeitpunkt der Lese von der Witterung ab. Bei kühlen Temperaturen oder Regen stellt sich die Vollreife häufig erst 14 Tage später als geplant (oder auch gar nicht) ein. Am liebsten ist den Reben eine lange, langsame Reifezeit ohne die Gefahr vorzeitiger Regenfälle.

Was ist Vollreife?

Wärme und Licht führen zu einer ständig steigenden Ansammlung von Zucker in den Beeren. Nachts wird ein Teil dieses Zuckers von der Rebe wieder abgebaut. Dieser Verlust muss tagsüber wieder ausgeglichen werden. Wenn der Punkt erreicht ist, an dem die tägliche Neuproduktion an Zucker geringer ist als die nächtlichen Verluste, spricht man von Vollreife. Sie allein aber bestimmt nicht den Lesezeitpunkt. Ebenso wichtig beziehungsweise wichtiger ist die physiologische Reife. Der Winzer zupft eine

Beere aus der Traube, nimmt sie in den Mund und prüft, ob die Schale dünn ist, die Kerne verholzt sind, wie der Geschmack ist. Man spricht auch von Aromareife. Dieser Vorgang erfordert Können und Erfahrung. Erst dann erfolgt der Startschuss für die Lese.

Die Handlese

Traditionell wird von Hand gelesen. Die reifen Trauben werden mit einer Rebschere vom Stiel geschnitten, in Körben (oder Bütten) gesammelt und schnellstmöglich zum Keller gebracht. Dort werden sie gekeltert. Handlese ist kostspielig, ermöglicht aber ein genaues Verlesen der Trauben am Stock.

Die Maschinenlese

Die Alternative heißt Maschinenlese. Sie ist schneller. Der Weinberg wird zehnmal schneller abgeerntet als bei manueller Lese. Und sie ist billiger: Pro Hektar werden ca. 300 Arbeitsstunden gespart. Der Nachteil ist, dass die Lesemaschine unterschiedslos alle Trauben erntet: die vollreifen und die unreifen, die gesunden und die faulen (allerdings können die Trauben vor der Kelterung auf dem Leseband von Hand sortiert werden). Dabei fährt der Vollernter – so heißt die Lesemaschine – auf hohen Rädern über die Rebzeilen. Rotierende Nylontaue, die an senkrechten Walzen befestigt sind, schlagen in einem genau festgelegten Rhythmus gegen die Laubwand. Die Beeren werden förmlich vom Stiel »abgestrippt« und aufgefangen. Vollernter lassen sich nur in flachem oder hängigem Gelände einsetzen.

Organisation der Lese

Nicht nur schlechte Witterung, sondern auch eine schlechte Organisation der Lese mindert die Qualität des Weins. Die Trauben müssen schnell in den Keller kommen und dürfen nicht stundenlang in der Sonne auf den Abtransport warten. Es besteht sonst die Gefahr, dass der Saft vor dem Pressen zu gären beginnt. Qualitätsorientierte Winzer lassen deshalb in kleinen Körben lesen, damit die Trauben nicht durch ihr Eigengewicht zerdrückt werden. Außerdem lesen sie nicht zur heißesten Tageszeit. Hitze fördert die spontane Gärung. In Kalifornien und Australien wird sogar nachts bei Flutlicht gelesen, damit die Trauben kühl am Keller angeliefert werden. Manchmal werden die Trauben vor der Verarbeitung in Kältekammern oder mit Trockeneis gekühlt.

Das Leseband: Faule oder unreife Trauben werden von Hand ausgelesen.

Das Verlesen

Die wichtigste Qualitätsmaßnahme ist das Verlesen der Trauben. Es sollten nur gesunde und reife Trauben auf die Kelter kommen, faule oder unreife Trauben werden zuvor manuell auf einem Leseband (oder Lesebrett) ausgesondert. Qualitätsorientierte Weingüter halten ihre Lesehelfer dazu an, unreife Trauben hängen zu lassen in der Hoffnung, dass sie am Rebstock nachreifen. Nach einer Woche oder zwei findet dann ein zweiter, manchmal sogar noch ein dritter Lesegang statt. Gestaffelte Lese lautet dafür der Fachausdruck.

Der Reifegrad der Trauben

Vollreife Trauben: Die Beeren haben ein Maximum an Zucker gebildet. Die Weine, die aus ihnen gekeltert werden, gären durch, wenn der Winzer nicht eingreift und die Gärung stoppt, bevor aller Zucker vergoren ist.

Edelfaule Trauben: Trauben mit rosinenartigen Beeren, die schon so trocken sind, dass nur noch wenig Most abfließt, wenn man sie mit der Hand ausdrückt. Aus ihnen werden edelsüße Beerenauslesen gewonnen.

Trockenbeeren: Damit Saft abläuft, ist ein Druck von 4 bar nötig. Die rosinierten Beeren werden einzeln aus der Traube gezupft oder mit der Rebschere herausgeschnitten und ergeben den höchstmöglich konzentrierten Most.

Zurück zur Natur: Bio-Wein boomt

Immer mehr Menschen greifen zu Weinen, die ein Bio-Siegel tragen. Dabei gibt es streng genommen nur »Wein aus ökologisch angebauten Trauben«. Was im Keller passiert, regeln nur die Zertifizierungsverbände. Bio-Wein ist in der Regel weder gesünder noch schmeckt er besser als vergleichbare Weine aus konventionellem Anbau. Trotzdem wiegt das Argument eines naturverträglichen Weinbaus schwer.

Eines der wichtigen Ziele ökologischer Bewegungen im Weinbau ist es, die Biodiversität des Weinbergs zu erhöhen.

Reben-Monokultur

Wenn ganze Landstriche mit Reben-Monokulturen überzogen sind, ist das natürliche Gleichgewicht der Natur bedroht. Die Artenvielfalt nimmt ab, Nützlinge verschwinden aus dem Weinberg. Um das Gleichgewicht zu erhalten, muss der Mensch intervenieren. Er ist gezwungen, die Rebe vor ihren Feinden zu schützen: vor Pilzen, tierischen Schädlingen, Viren. Er muss die Schädlinge also »vernichten«. Doch diese Art von Pflanzenschutz ist nicht nur teuer, sie ist auch nicht besonders nachhaltig. Denn mit jeder Intervention wird die Eigenabwehr der Rebe geschwächt. Deshalb sind viele Winzer dazu übergegangen, das Ökosystem des Weinbergs zu überdenken und nach Auswegen aus der Spirale der Interventionen zu suchen.

Integrierter Weinbau

Er beruht auf der freiwilligen Bereitschaft des Winzers, nicht die kurzfristige Produktivität, sondern die nachhaltige Sicherung der Bodenfruchtbarkeit in den Vordergrund zu stellen. Seine Interventionen in das System »Weinberg« sollen auf ein Minimum begrenzt werden. Die Insektizide (Insektenbekämpfungsmittel) werden nicht mehr vorbeugend gespritzt, sondern nur im Schadensfall ausgebracht. Die Schadensschwelle wird hoch gehalten. Ein wichtiges Ziel ist die Schadensvermeidung. Sie beginnt bereits bei der Anlage des Weinbergs und der Planung alternativer Kulturen, um die Biodiversität zu erhöhen. Für gute Winzer ist integrierter Weinbau der Mindeststandard, weil er von der Intention her naturschonender ist als konventioneller Weinbau. Aber zertifiziert werden kann er nicht, und Bio-Weinbau im Wortsinn ist er auch nicht. Mineraldünger etwa ist nicht verboten, und chemisch-synthetische Fungizide (also Pilzbekämpfungsmittel) dürfen im Schadensfall eingesetzt werden.

Biologisch-ökologischer Weinbau

Seit 2001 EU-weit zertifizierter Standard, bei dem die Betriebe sich verpflichten, ihre Weinberge nach den Richtlinien des biologisch-ökologischen Weinbaus zu bewirtschaften. Das bedeutet: keine mineralischen Düngemittel und keine chemisch-synthetischen Fungizide einzusetzen sowie auf Insektizide und Herbizide (Unkrautvertilgungsmittel) praktisch völlig zu verzichten. 95 Prozent des Weins von einem mit dem Bio-Siegel zertifizierten Bio-Weingut muss unter Respektierung dieser Richtlinien hergestellt sein. Seit 2012 schließt die EU-Verordnung auch Regeln für die Vinifikation ein. Sie zielen vor allem auf eine Begrenzung der Schwefelzugabe. Insgesamt garantiert das Bio-Siegel der EU Mindeststandards, lässt aber aus pragmatischen Gründen die eine oder andere Hintertür offen.

Weitergehende Öko-Regelungen

In jedem Land der Europäischen Union (und auch außerhalb der EU) gibt es Verbände, die den biologisch-ökologischen Weinbau nach strengeren Kriterien zertifizieren, als die EU es tut. Jeder Winzer ist frei, sich diesen Verbänden anzuschließen. Tut er es, erhalten seine Weine deren Verbandssiegel. Die wichtigste deutsche Zertifizierungsorganisation heißt Ecovin. Der Verband regelt nicht nur die Methoden schonender Bodenbearbeitung und den Gebrauch von Pflanzenbehandlungsmitteln, er strebt auch geschlossene Produktionskreisläufe, nachhaltiges Wirtschaften und eine Reduktion des Energieverbrauchs an. Genmanipulierte Reben sind verboten. Auch in der Kellerwirtschaft gibt es klare Vorgaben. Das Ecovin-Siegel steht für eine umfassend nachhaltige Produktion und damit für echte Bio-Weine. Außerdem gibt es eine Zertifizierung für vegane Weine.

Biodynamischer Weinbau

Eine weitere Variante des Öko-Weinbaus ist der biodynamische Weinbau, repräsentiert durch den Demeter-Verband. Seine Kriterien sind punktuell noch etwas strenger als die des biologisch-ökologischen Weinbaus (zum Beispiel die Begrünung des Weinbergs mindestens zehn Monate im Jahr). Allerdings fließen ideologische und esoterische Vorstellungen in die Biodynamie ein. Die Biodynamiker konzentrieren sich auf die Entwicklung einer gesunden Bodenfauna. Dabei berufen sie sich auf die Lehren Rudolf Steiners (1861–1925), der im gestörten Gleichgewicht der Natur die Ursache für alle Pflanzenkrankheiten sah. Steiner entwickelte jeweils die Rezeptur für acht biodynamische Präparate, mit denen der Boden gesunden und die Rebe vitalisiert werden kann. Eines dieser Präparate ist der sogenannte Hornmist. Seine Verwendung ist vorgeschrieben. Dafür wird fein gemahlener Bergkristall in ein Kuhhorn gefüllt und im Frühherbst im Boden vergraben. Im folgenden Frühjahr wird er dann wieder ausgegraben und mit Wasser dynamisiert. Im Weinberg ausgebracht, verbessert er die Fotosynthese-Aktivität der Pflanzen und die Aktivität der Kleinstlebewesen im Boden. Nicht alle Steinerschen Theorien halten einer wissenschaftlichen Überprüfung stand, decken sich aber häufig mit alten Bauernregeln. So leitete Rudolf Steiner beispielsweise aus Mondphasen und Planetenkonstellationen ab, wann die Reben am besten zu beschneiden sind und wann der Wein abgefüllt werden sollte. Man muss nicht jeden Gedanken Steiners gutheißen, um biodynamisch zu arbeiten.

Das Problem mit dem Kupfer

Schwierig ist die Einhaltung der ökologischen Prinzipien vor allem in Gebieten mit einem erhöhten Risiko von Pilzbefall, speziell von Peronospora: Der Falsche Mehltau legt sich wie ein grauer Teppich über die Blätter und Gescheine und trocknet sie aus. Die einzige Maßnahme, die einem Bio-Weinbauern zur Bekämpfung des Befalls zur Verfügung steht, sind Kupferspritzungen. Aber Kupfer ist ein Schwermetall, reichert sich im Boden an und gelangt langfristig in die Nahrungskette. Durch die Umstellung vieler Betriebe (nicht nur im Weinbau) auf ökologisches Wirtschaften hat die Kupferkonzentration in den Böden stark zugenommen. Auch für Demeter- und Ecovin-Betriebe ist Kupfer mangels Alternativen erlaubt (allerdings streng limitiert: nur halb so viel pro Jahr wie nach der EU-Ökoverordnung). Trotzdem: Manches Weingut, das ansonsten ökologisch arbeitet, hält systemische Spritzmittel für weniger gefährlich als das Schwermetall.

Die Kellerarbeit

Wie aus Saft Wein wird: von Hefen, Bakterien, Stahltanks und Holzfässern zu Schönungsmitteln und Schwefel

Was lange gärt, wird endlich gut

Unter Weinbereitung, auch Vinifikation genannt, versteht man die Umwandlung der Trauben zu Most und die Transformation des Mostes zu Wein. Physikalisch betrachtet heißt das: das Abpressen der Trauben und die Vergärung des Traubensaftes. Chemisch gesehen geht es um die Verwandlung des Traubenzuckers in Alkohol. Dabei unterscheidet sich die Weißweinbereitung deutlich von der Bereitung des Rotweins.

1 Die Kelterung

Rotweintrauben werden nicht gepresst, sondern gemahlen. Das bedeutet: Sie werden nur leicht angequetscht, sodass die Beerenhaut aufspringt und ein Teil des Saftes austritt. Meist werden die Trauben dabei gleich entrappt (die Stiele entfernt). Saft, Fruchtfleisch, Schalen und Traubenkerne – Maische genannt – kommen zusammen in große Stahltanks oder Holzbottiche, wo sie vergoren werden.

2 Die Maischegärung

Bei Temperaturen um 10 °C beginnen sich die Gärhefen zu vermehren. Ihre Aufgabe ist es, den Zucker in Alkohol umzusetzen. Der Alkohol löst die Farbpigmente aus den Schalen. Der Wein färbt sich langsam rot. Leichte Rotweine gären drei Tage auf der Maische, schwere 15 oder sogar 30 Tage.

3 Die Temperaturkontrolle

Im Verlauf der Gärung steigt die Temperatur im Gärbehälter stark an. Sie erreicht 30 °C und kann sogar bis 37 °C gehen. Normalerweise verträgt ein Wein derart hohe Temperaturen nicht, ohne an Aroma sowie Duft zu verlieren. Aus diesem Grund werden die Behälter, in denen die Maische gärt, gekühlt. Mit Wärmefühlern wird permanent die Gärtemperatur gemessen. Ein Computer sorgt dafür, dass die sich erwärmende Maische immer wieder heruntergekühlt wird.

4 Das Umwälzen

Ein- oder zweimal am Tag wird der gärende Wein unten im Behälter abgezogen und mit einem Schlauch nach oben auf den sogenannten Tresterkuchen gepumpt, sodass dieser wieder nach unten gedrückt wird. Dadurch wird die Extraktion verbessert.

5 Das Abziehen von der Maische

Wenn genug Tannin und Farbstoff aus den Schalen extrahiert ist, lässt man den Wein ablaufen und pumpt ihn in ein anderes Fass. Der Zeitpunkt des Abziehens (der Fachausdruck ist Abstich) richtet sich nach dem Tanningehalt der Schalen, aber auch nach den Vorstellungen des Winzers.

6 Der Presswein

Die im Gärbehälter zurückbleibenden Schalen und das Fruchtfleisch werden ausgepresst. Der Wein, der dabei abläuft, heißt Presswein. Er ist ein Wein zweiter Qualität. In ihm finden sich zahlreiche harte Tannine, weshalb er dem Hauptwein in der Regel nur in geringen Mengen oder gar nicht zugeführt wird. Viele Winzer verkaufen ihren Presswein offen.

7 Die malolaktische Gärung

Der bereits durchgegorene Wein kann im Frühjahr erneut zu gären beginnen. Auslöser für diese sogenannte malolaktische Gärung sind Bakterien. Diese transformieren die harte Apfelsäure in die weichere Milchsäure. Bei Rotweinen ist die »Malo« (auch biologischer Säureabbau oder kurz BSA genannt) unverzichtbar. Während der Wein zuvor kaum trinkbar war, verliert er nun seine Härte, wird weich, rund und geschmeidig. Viele Kellermeister warten mit dieser zweiten Gärung nicht erst bis zum Frühjahr. Sie erwärmen ihre Keller nach dem Ende der alkoholischen Gärung (also im Dezember) und leiten die malolaktische Gärung bereits zu diesem frühen Zeitpunkt gezielt ein.

8 Die Schwefelung

Der Wein wird nach dem Abstich von der Maische leicht geschwefelt. Der Schwefel bindet und neutralisiert das Acetaldehyd, ein Gärungsnebenprodukt, das dazu führt, dass auch junge Weine alt und müde schmecken.

9 Die Reifung

Durch die Poren des Fassholzes gelangt Sauerstoff an den Wein. Die Kunst des Kellermeisters ist es, den Sauerstoffzutritt zu dosieren. Das geschieht durch die Wahl des Fasses. Kleine Fässer bieten mehr Fläche für den Sauerstoff, große weniger Fläche.

10 Der Ausbau

Wegen des erhöhten Tanningehalts kommt der Reifung beim Rotwein eine besondere Bedeutung zu. Sie

Die Rotweinbereitung

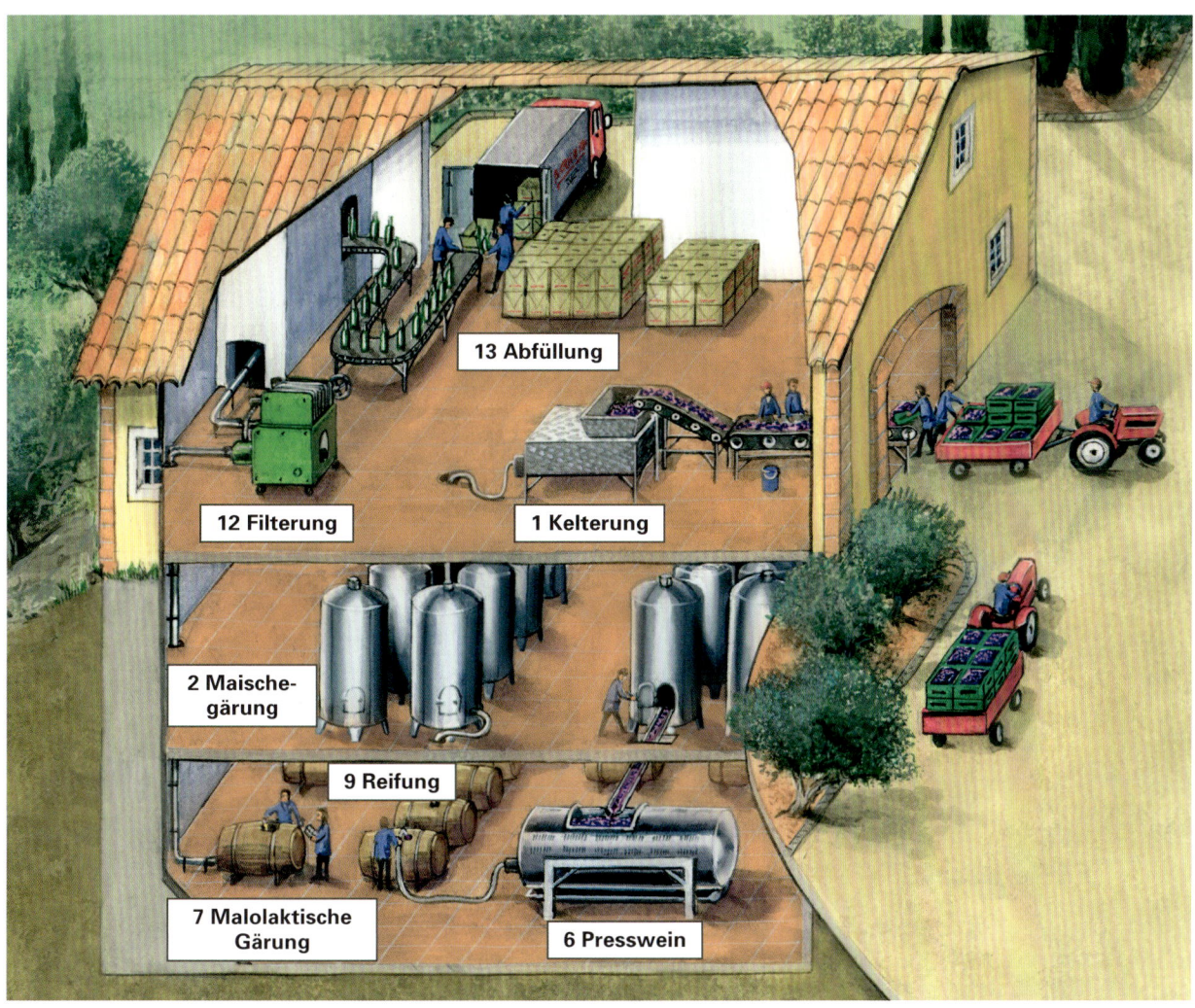

wird Ausbau genannt. Insbesondere körperreiche, kräftige Rotweine brauchen Zeit, um sich zu harmonisieren. Der Ausbau der meisten Rotweine findet im Holzfass statt.

11 Die Stabilisierung

Damit ein Rotwein nach dem Ausbau klar bleibt, wird er normalerweise stabilisiert beziehungsweise geschönt (Schönen heißt nicht, dass er geschmacklich verändert wird). Als Schönungsmittel dienen je nach Weintyp entweder Bentonit (Tonerde), Gelatine oder Eiweiß von frisch aufgeschlagenen Hühnereiern. Diese Substanzen binden die eventuell vorhandenen Schwebeteilchen und Proteine, die den Wein sonst trüben würden.

12 Die Filterung

Die meisten Rotweinwinzer filtrieren den Wein vor der Flaschenfüllung, um ihn von letzten Schwebeteilchen zu befreien. Beim Filtrieren gehen jedoch immer auch wichtige Geschmackspartikel verloren. Spitzenwinzer filtern nur grob oder verzichten ganz auf eine Filterung, zumindest bei Weinen, die lange im Fass gelegen haben und dort bereits durch mehrmaliges Umziehen »klar gemacht« wurden.

13 Die Abfüllung

Nach dem Filtrieren wird der Wein abgefüllt. In modernen Abfüllanlagen werden die Flaschen von innen erst einmal mit warmem, destilliertem Wasser gewaschen. Dann wird Stickstoffgas in die Flaschen geblasen. Erst danach wird der Wein eingefüllt. Er drückt das Stickstoffgas aus der Flasche. Nur im Flaschenhals bleibt ein kleiner Rest Stickstoff zurück, der dafür sorgt, dass der Wein vor Sauerstoff geschützt ist. Nach dem »Füllschock« ruht der Wein anschließend noch ein paar Wochen im Keller, bevor er in den Verkauf kommt.

Die Weissweinbereitung

So langsam wie möglich

Weißwein ist empfindlicher als Rotwein. Er besitzt wenig Tannin und ist auch im Moststadium sehr oxidationsanfällig. Er muss daher sorgfältig und langsam vergoren werden. Um ihn während der Weinbereitung möglichst schonend zu behandeln, sind moderne Weißweinkeller ebenso wie moderne Rotweinkeller vertikal konstruiert. Der Wein »fällt« durch die Schwerkraft in den Gärtank und muss nicht durch Pumpen bewegt werden.

1 Die Traubenannahme
Der Traktor bringt die Trauben zur Kelterhalle. Meist wird die Ladung mit einem Kippanhänger in eine große Aluminiumwanne geschüttet. Von dort werden die Trauben dann zum Rebler transportiert, in dem sie entrappt werden. Besser ist es, die Trauben bei der Ernte in kleinen Kisten anzuliefern, damit sie nicht gequetscht werden. Die kleinen Kisten werden dann auf ein Lesebrett (oder Leseband) entleert, wo sie noch einmal von Hand aussortiert werden.

2 Das Entrappen
Die Trauben kommen in den Rebler, der die Beeren mechanisch von den Stielen löst. Die Stiele werden auf der einen Seite entsorgt, die oft noch intakten Beeren auf der anderen Seite in die Presse befördert.

3 Das Pressen
Im Gegensatz zu Rotweintrauben werden weiße Trauben schonend gepresst. Die modernen pneumatischen Pressen bestehen aus einer Trommel, in der sich die entrappten Beeren befinden (bei der Ganztraubenpressung die Trauben mit Stielen). In der Trommel ist ein Luftsack installiert, der sich aufbläst und die Beeren sanft an die perforierte Wand der Trommel drückt. Der daraufhin auslaufende Saft wird in einer Wanne unter der Presse aufgefangen und von dort in die Gärtanks befördert.

4 Die Klärung des Mosts
Bevor er vergoren wird, wird der Most in der Regel vorgeklärt. Das geschieht durch einen sogenannten Separator (Zentrifuge). Er sondert die festen Bestandteile des Mostes aus (Stielreste, Blätter, Erdkrumen usw.). Schonender ist es, den Most im Tank auf 0°C herunterzukühlen. Die groben Bestandteile setzen sich dann automatisch am Boden des Tanks ab. Der geklärte Most wird in einen anderen Tank gepumpt, in dem er vergoren werden kann.

5 Die Vergärung
Ab einer Temperatur von ca. 15°C beginnt der Most zu gären. Das heißt, dass die im Most befindlichen Hefen aktiv werden und den Zucker in Alkohol umwandeln. Dabei entsteht Wärme. Je höher die Temperatur steigt, desto schneller vermehren sich die Hefen. Um seine Aromen nicht zu verlieren, sollte Weißwein schön langsam vergoren werden. Deshalb kühlt der Kellermeister den Wein ab 20 oder 22°C herunter, um die Gärung zu zügeln. Wenn er die Gärung nicht stoppt (zum Beispiel durch Zugabe von Schwefel oder durch vorzeitiges Wegfiltern der Hefen), gärt der Wein durch, bis kein Zucker mehr vorhanden ist.

6 Das Abziehen
Ist die Gärung beendet, sterben die Hefen ab und fallen auf den Boden des Tanks. Der durchgegorene Wein wird von der Grobhefe abgestochen und in einen anderen Tank »umgezogen«, in dem er noch eine Zeitlang reifen kann.

7 Das Hefelager
Wird der durchgegorene Weißwein nicht gefiltert, bleibt er trüb. Die Trübung machen feinste Hefepartikel aus, die sich noch in ihm befinden. Gute Winzer lassen ihren Weißwein gern noch ein paar Wochen (oder Monate) auf der Feinhefe liegen. Sie hält ihn frisch und gibt ihm zusätzliche Geschmacksnuancen. Filtriert wird erst vor der Abfüllung.

8 Vergärung im Holzfass
Statt im Stahltank kann der Weißweinmost auch in Holzfässern vergoren werden. Der Ablauf ist der gleiche. Allerdings ist die Temperaturkontrolle in Holzfässern schwierig. Am besten ist deshalb ein naturkühler Keller.

9 Ausbau in Barriques
Einige hochklassige Weißweine, vor allem aus der Sorte Chardonnay, werden gern in kleinen Fässern aus Eichenholz vergoren beziehungsweise ausgebaut. Durch den größeren Sauerstoffkontakt erhält der Wein in diesen Barriques eine komplexere Reife. Sind die Barriquefässer neu, nimmt der Wein den Geschmack des Eichenholzes an (nach mehrmaligem Gebrauch der Fässer

Die Weissweinbereitung

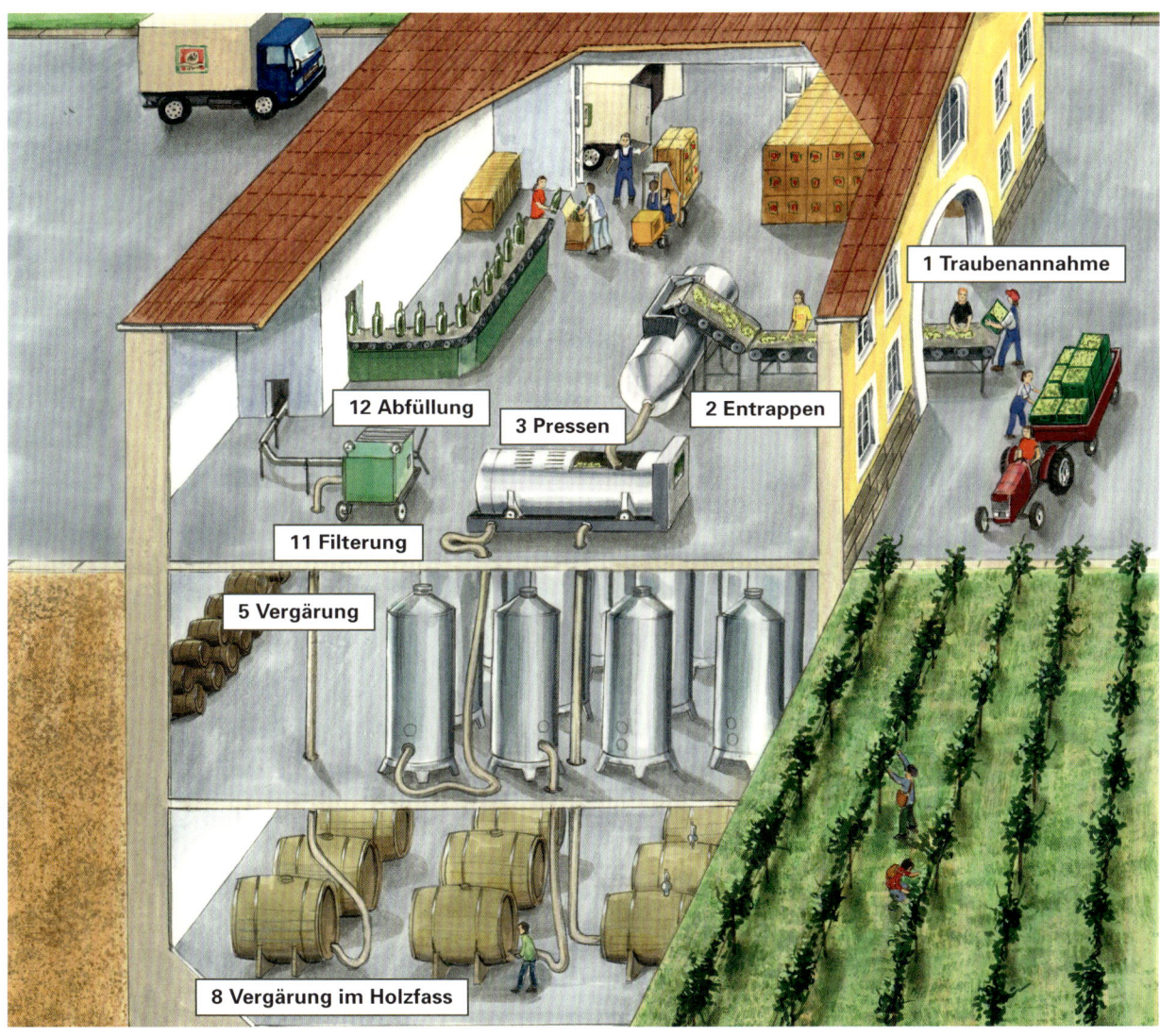

sind sie allerdings wieder neutral). Wegen mangelnder Kühlmöglichkeiten macht der Wein außerdem leicht einen biologischen Säureabbau durch. Beides kann gewollt sein oder nicht.

10 Die Stabilisierung
Als Stabilisierung bezeichnet man alle Maßnahmen der physischen, biologischen und chemischen Behandlung des Weins nach der alkoholischen Gärung. Ist der Wein schon weitgehend klar, muss er nur noch säurestabil gemacht und haltbar werden. Durch die Zugabe von Metaweinsäure (beziehungsweise durch Kühlung des Weins im Tank) wird überschüssige Säure in Form von kleinen Salzkristallen (Weinstein) ausgeschieden, durch Zugabe von schwefliger Säure wird der Wein anschließend haltbar und stabil gemacht.

11 Schwefelung und Filterung
Der Ausbau im Stahltank oder in den Holzfässern kann wenige Wochen, aber auch viele Monate dauern. Je kräftiger der Wein ist, desto mehr Ausbauzeit braucht er. Gegen Ende der Reifephase wird der Wein geschwefelt (mit schwefliger Säure) und anschließend gefiltert, um ihn vom letzten Trub zu befreien. Trübungen gelten bei Weißweinen als Fehler.

12 Die Abfüllung
Gleich nach der Filterung wird der Wein auf die Flasche gefüllt und mit Korken, Synthetikstopfen oder Schraubdeckeln verschlossen. Danach wird der Wein nur noch verpackt. Die Auslieferung beginnt.

Pink ist Trumpf

In den letzten Jahren ist die Nachfrage nach Roséwein überall auf der Welt stark gestiegen. Weintrinker mögen die leuchtende, zum Trinken animierende Farbe dieses Weins. Sie lieben seine Frische und seine unkomplizierte Art. Aber geht es bei Roséwein nur ums Aussehen? Natürlich nicht. Für Roséwein braucht man zwar rote Trauben, er ist aber, technisch gesehen, ein Weißwein – mit eigenem Duft und eigenem Geschmack.

kupferrot

zwiebelrot

Ursprung Frankreich

Roséfarbenen Wein soll es schon vor der Zeitrechnung bei den Griechen gegeben haben. Wenn das stimmt, war er ein Zufallsprodukt. Der Roséwein der Gegenwart hingegen ist ein gewolltes Produkt. Wahrscheinlich waren es die Franzosen, die erstmals die Idee zu diesem Wein hatten. Jedenfalls tauchten nach dem Zweiten Weltkrieg im Süden des Landes immer häufiger Weine auf, die weder eindeutig rot noch eindeutig weiß waren, sondern farblich irgendwo dazwischen lagen – speziell an der Südlichen Rhône und in der Provence. In beiden Gegenden dominieren rote Trauben in den Weinbergen. Allerdings haben es, von wenigen Ausnahmen abgesehen, die Rotweine der Provence nie zu großer Berühmtheit gebracht. Und an der Südlichen Rhône gab (und gibt) es so viel Rotwein, dass die Winzer um jede Alternative froh waren.

Alternative zu Rotweinen

Roséweine waren eine Alternative, und in vielen Fällen war die Alternative erfolgreicher als der rote Wein, von dem sie abstammte. Die Farbe hat für den Erfolg eine große Rolle gespielt – und tut es noch immer. Lachsrot, Pink, Rosa sind Modefarben. Sie signalisieren Leichtigkeit und Frische. Ein guter Rosé verfügt über diese Eigenschaften. Mehr noch, er duftet eher nach roten Früchten als nach weißen Blüten und ist kräftiger, intensiver im Geschmack, als es Weißweine normalerweise sind.

Aus roten Trauben

Roséweine werden aus roten Trauben erzeugt – zumindest in Europa. Sonst dürften sie sich nicht Roséwein nennen. Geeignet sind grundsätzlich alle roten Traubensorten. Besonders gute Gegenden für Roséwein gibt es nicht. Es gibt nur Gegenden, in denen der Roséwein mehr Tradition hat als anderswo. In Frankreich gehören dazu, neben der Südlichen Rhône und der Provence die Loire (Rosé d'Anjou), in Spanien das Anbaugebiet Navarra (Rosado), in Italien das Salento (Rosato), in Österreich die Weststeiermark (Schilcher), in der Schweiz die Kantone Neuenburg, Genf und Wallis (Œil de Perdrix). Doch Roséweine aus Bordeaux, aus dem Süden Spaniens, aus der Toskana, aus Ungarn, Südafrika, Kalifornien und anderen Weinbauländern können ebenso gut sein. Auch in Deutschland werden in praktisch allen Anbaugebieten, in denen rote Trauben wachsen, auch roséfarbene Weine gewonnen. In Deutschland heißen sie beispielsweise »Weißherbst« (wenn sie aus einer einzigen Rebsorte gewonnen sind, zum Beispiel Portugieser oder Spätburgunder). Sie können auf unterschiedliche Weise hergestellt werden, ohne dass dies auf dem Etikett angegeben werden muss.

Die Kurzmaischung

Bei dieser klassischen Methode werden die Rotweintrauben entrappt, gemahlen und etwa sechs bis acht Stunden eingemaischt. In dieser Zeit geht die Farbe der Schalen in den Most über. Danach werden Most und Maische getrennt und der hellrote Most wird anschließend wie ein Weißwein vergoren. Die Trauben werden in diesem Fall speziell für Roséwein gelesen, also früher als für Rotweine. Es gilt, die Säure zu erhalten, damit die spätere Frische gewährleistet ist. So entstehen »genuine« Rosés. Nach dieser »südfranzösischen Schule« wird ein großer Teil der Rosés auch in anderen Teilen Europas hergestellt.

Die Saignée-Methode

Ein Rosé, der nach der Saignée-Methode hergestellt wird, ist ein Nebenprodukt der Rotweinerzeugung. Dabei wird ein kleiner Teil des Saftes, der die Rotweinmaische umgibt, abgelassen, bevor die Gärung begonnen hat – also schon nach wenigen Stunden. Der Saft ist dann roséfarben und kann separat vergoren werden. Da Trauben, die eigentlich für Rotweine bestimmt sind, in der Regel erst spät gelesen werden, sind Rosés nach der Saignée-Methode oft voller, alkoholreicher und säureärmer als Rosés nach der klassischen Methode der Kurzmaischung.

Der Traubenverschnitt

Rote und weiße Trauben werden zusammen gekeltert und eingemaischt. Aus diesem Traubenverschnitt, der auch Gemischter Satz genannt wird, entsteht eine deutsche Spezialität, die viele gar nicht als Rosé bezeichnet wissen wollen und die sich offiziell auch nicht Rosé nennen darf: der Rotling. Er schmeckt völlig anders als Rosés und hat nur deren Farbe (wobei diese stärker ins Rötliche tendiert). Ein Rotling wird meist halbtrocken oder süß ausgebaut (durch nachträgliches Süßen mit rotem oder weißen Traubenmost). In Sachsen hat dieser Wein eine lange Tradition als »Schieler«. In Württemberg nennt er sich »Schillerwein«, in Baden »Badisch-Rotgold« (wenn er aus Grauburgunder- und Spätburgunder-Trauben gemacht ist).

Der Weinverschnitt

Die einfachste Methode, einen roséfarbenen Wein herzustellen, besteht darin, einem Weißwein ein wenig Rotwein hinzuzufügen: Das können 25 Prozent oder auch nur zehn Prozent sein, je nachdem, wie intensiv die Farbe sein soll. Diese Methode ist die billigste und wird vor allem von der internationalen Weinindustrie praktiziert, die Millionen und Abermillionen Flaschen Rosé produzieren muss, um die Supermärkte beliefern zu können. In diesem Fall ist es praktisch nur die Farbe, die den Rosé von einem Weißwein unterscheidet. In der EU darf ein solcher Verschnittwein allerdings nicht als Rosé in den Handel gebracht werden.

> **Ausnahmeregelung für Rosé-Schaumweine**
>
> Rosé-Champagner und alle anderen roséfarbenen Schaumweine müssen nicht zwingend aus roten Trauben erzeugt werden. Sie dürfen auf einem Verschnitt von Weißwein und Rotwein beruhen. Das heißt: Chardonnay (oder einem anderen weißen Basiswein) werden 15–25 Prozent Pinot Meunier und/oder Pinot Noir beigemischt, bei hochwertigen Prestige-Cuvées auch schon mal bis zu 50 Prozent. So entsteht die mehr oder minder rosafarbene Tönung.

lachsrot

pink

himbeerrot

Die Farbe Orange

Natural Wine oder Raw Wine – das sind die Oberbegriffe für Bio-Weine, die ohne moderne Kellertechnik und möglichst ohne die üblichen Weinbehandlungsmittel erzeugt werden: Weine im Retro-Stil, ungeschönt, ungefiltert, ungeschwefelt, oft in Tonamphoren vergoren und ausgebaut. Sie sind der Gegenentwurf zu den High Tech-Weinen der modernen Önologie. Einige dieser Natural Wines sind genial, viele dilettantisch und ungenießbar.

Die Entstehung

Die Natural-Wine-Bewegung nahm ihren Anfang in den Nullerjahren. Sie entstand durch beseelte Bio-Winzer, die nicht nur im Weinberg, sondern auch im Keller ohne Chemie arbeiten, den Wein weitgehend sich selbst überlassen und auf Eingriffe von außen verzichten wollten, um am Ende ein genuin natürliches Produkt zu erhalten. Die moderne Önologie, wie sie an den Weinhochschulen gelehrt wird, war und ist den Natural-Wine-Winzern obsolet. Sie beklagen die Uniformität vieler moderner Weine und fordern eine Rückbesinnung auf traditionelle Methoden der Weinbereitung. Die Bewegung entstand im Nordosten Italiens und in Kroatien und breitete sich schnell nach Frankreich, Spanien, Österreich sowie Kalifornien aus. Heute nimmt die Zahl der Naturweinwinzer auf der ganzen Welt zu. Viele von ihnen sind jung, experimentierfreudig und möchten den Weinen ihrer Väter einen eigenen Stempel aufdrücken. Allerdings tummeln sich auch viele in diesem Bereich, die ihre handwerklichen Unzulänglichkeiten hinter einem trendigen Etikett verbergen.

Spontanvergärung

Most oder Maische werden spontan, also ohne Zugabe von Zuchthefen vergoren. Die handelsüblichen Zuchthefen haben zwar den Vorteil, dass sie zuverlässig angären und den Wein (in der Regel) auch durchgären lassen, aber sie standardisieren ihn und betonen, je nach Wahl der Hefe, die Entwicklung bestimmter Fruchtaromen. Die weinbergeigenen Hefen, die sich auf den Schalen der Beeren befinden, ergeben hingegen individuellere Weine. Man erkennt diese oft an ihrem eigenwilligen, schweflig-hefigen Bouquet. Allerdings machen manche zuweilen schlapp, bevor der letzte Zuckerrest vergoren ist (was zu restsüßen Weinen führt).

Goldgelb bis Orangegelb: die Farbe der Natural Wines

> ### Veganer Wein
> Vegane Weine haben nichts mit Naturweinen zu tun. Es sind konventionelle Weine, die auf Behandlungsmittel tierischen Ursprungs verzichten. Statt Gelatine benutzen sie zur Klärung des Weins Bentonit (Tonerde), statt Hühnereiweiß synthetisches Albuminium.

Maischestandzeit

Insbesondere die Vinifikation der Weißweine unterscheidet sich von der der konventionell erzeugten Weine. Die Trauben werden nach dem Entrappen nicht gepresst, sondern nur gequetscht, sodass der Saft ausläuft. Sie stehen dann für ein paar Stunden auf den Schalen, wobei Aromastoffe in die Flüssigkeit übergehen und Tannin extrahiert wird. Erst danach wird die Weißweinmaische gepresst und der ablaufende Saft vergoren. Die Weine haben später dann eine ganz leicht pelzige (phenolische) Note, die für herkömmliche Weißweine unüblich und in der Regel auch unerwünscht ist. Sie macht Naturweine aber haltbarer und damit langlebiger.

Maischegärung

Wer noch weitergeht, vergärt seine Weine auf der Maische – also wie Rotweine. Manchmal werden die Trauben noch nicht einmal entrappt oder gequetscht, sondern wandern als Ganzes in das Gärgefaß. Darin bleiben sie bis zu drei Monate. Wegen des langen Stiel- und Schalenkontakts sind die Weine dann tanninhart und brauchen viel Zeit, um genießbar zu werden.

Holz oder Ton

Als Gär- und Ausbaugefäß kommen für Natural-Wine-Winzer nur offene Holzbottiche oder Tonamphoren infrage, nicht aber Stahltanks. Ton und Holz sind natürliche Materialien. Der Wein, der in ihnen lagert, hat Kontakt mit Sauerstoff. Er oxidiert schnell, verliert seine Frische und schmeckt schal. Die Winzer setzen darauf, dass die Phenole (Tannin) und die abgestorbenen Hefen den Wein vor Verderb schützen.

Schönen, Filtern, Schwefeln

Gemäß der Überzeugung, dass der Wein so natürlich wie möglich bleiben soll, wird er auch nach dem Abstich von der Hefe nicht weiter behandelt. Keine Schönung, kein Filtern vor der Abfüllung, nur minimal oder gar kein Schwefel. Das gilt für Rot- wie für Weißweine. Die Weine, auch die weißen, können Trübungen enthalten und ein feines Hefedepot haben: Für den Handel ist das ein Fehler und ein Grund zum Boykott, für die Winzer ist es ein Erkennungsmerkmal. Der Konsument erkennt, dass er einen Naturwein vor sich hat.

Orange Wine

Dies ist kein Wein aus Orangen, sondern ein ganz normal aus Trauben gewonnener Weißwein der Kategorie Natural Wine, aber mit einer auffälligen gelbrosa Tönung. Die dunklere Farbe rührt einerseits von der Maischegärung her, andererseits von der Oxidation durch den intensiven Sauerstoffkontakt während beziehungsweise nach der Gärung sowie von dem Verzicht auf Schwefel.

Vater der Natural Wines: Josko Gravner aus dem Friaul mit seinen Amphoren

Der Geschmack

Natural Wines schmecken anders als konventionell erzeugte Weine. Die Rotweine sind aufgrund der langen Maischegärung tanninhärter. Sie öffnen sich langsamer, sind dafür aber tendenziell langlebiger. Orange Wines warten mit Aromen auf, die für Weißweine eher ungewöhnlich sind. Sie reichen von Quitte, Humus, Safran über Maggikraut bis zu bizarren Aromen wie nasse Wolle oder Pferdeschweiß. Die Rebsortentypizität fehlt, und die Frische ist durch den oxidativen Ausbau meist verloren gegangen. Gleichwohl gibt es meisterhafte Naturweine, und nicht jeder herkömmliche Weinfehler macht, dass der Wein gleich ungenießbar ist. Qualität wird bei Natural-Wine-Winzern anders definiert.

Die moderne Önologie zieht nach

Auch wenn der größte Teil der Naturweinerzeuger über das Dilettantenstadium nicht hinauskommt, so sind viele ihrer Ideen durchaus aktuell. Die moderne Önologie ist dabei, sie zu adaptieren. Der Gärung eine kurze Maischestandzeit vorzuschalten, gehört inzwischen beinahe schon zur Routine jedes ambitionierten Weißweinerzeugers. Das Ziel, die Schwefeldosen zu minimieren, galt schon vor dem Naturweintrend, und auf Reinzuchthefen verzichten Spitzenwinzer schon seit Langem. Das Holzfass erlebt auch bei der herkömmlichen Weißweinbereitung inzwischen eine Renaissance. Selbst die Amphore wird von Rotweinerzeugern gelegentlich zum Ausbau eingesetzt.

Eiförmige Gärbehälter

Neben Holzfässern und Tonamphoren benutzen die Naturweinerzeuger hin und wieder auch eiförmige Gärbehälter aus Beton oder Holz. Dabei entspricht das Ei seiner Form nach dem Goldenen Schnitt, wie er in der Mathematik von der Antike bis zur Neuzeit definiert wurde. Der Wein entwickelt im Ei eine eigene Dynamik, die ihn harmonischer machen soll als im Holzfass. Wissenschaftlich erwiesen ist diese Wirkung aber nicht.

Das Holzfass: wo Wein sich wohlfühlt

Traditionell werden Weiß- und Rotweine im Holzfass gelagert. Notgedrungen, denn es gab früher keine Edelstahltanks. Heute wird, wenn Holz zum Einsatz kommt, das Fass bewusst gewählt, um den Wein darin auszubauen, teilweise auch darin zu vergären. Doch Fass ist nicht gleich Fass. Es gibt große und kleine, alte und neue, behandelte und unbehandelte.

Hölzerne Gärständer (»cuves«) für die Fermentation des Rotweins und kleine Barriques für den Ausbau des Weins in einem Bordeauxkeller

Beste Eiche

Während man früher für den Fassbau das Holz verwendete, das gerade an dem Ort wuchs, an dem der Keller stand, wird heute fast ausschließlich Eiche verwendet. Die Eiche ist ein besonders langsam wachsender Baum. Entsprechend fest und feinporig ist ihr Holz. Ein Eichenfass ist nicht nur sehr stabil, in ihm reift der Wein auch am besten. Es verleiht ihm eine würzig süße Note. Die Verdunstungsrate ist niedrig, die Mikrooxidation (wie die Önologen den Sauerstoffzutritt durch das Fassholz nennen) gering. Allerdings gibt es große Unterschiede zwischen Eichenhölzern – je nachdem, auf welchen Böden und in welchem Klima die Eiche wächst. Und beim Fassbau kommt es auf viele Details an, die beachtet werden müssen, damit das hölzerne Behältnis am Ende seine segensreiche Wirkung auf den Wein ausüben kann.

FASSKUNDE

Bevor der Küfer die Barriquefässer verschließt, toastet er sie über offenem Feuer. Das Holz bräunt, die Dauben lassen sich leichter biegen.

Herkunft der Eiche

Schon vor hundert Jahren benötigten die Châteaux in Bordeaux eine riesige Anzahl von Fässern für die Reifung ihrer Weine. Sie hatten das Geld, sich das beste Holz zu kaufen und von weither kommen zu lassen. Das beste Fassholz liefern die Stieleiche (*Quercus robur*) und die Traubeneiche (*Quercus petraea*). Sie wuchsen damals vor allem in Russland, Estland, Lettland und Litauen. Nach der Machtübernahme durch die Kommunisten schlief der Handel mit dem Eichenholz jedoch ein. Frankreich begann selbst, große Forste anzulegen, vor allem im Zentralmassiv, aber auch an der Loire, in den Vogesen und im Jura. Heute ist Eiche aus den Staatsforsten im Tronçais, Nevers und Allier das teuerste Fassbaumaterial. Dort wird das Eichenholz plantagenmäßig produziert. Allerdings kommt nur ein kleiner Teil der Eiche von dort. Andere Herkünfte sind Kroatien, Rumänien, Ungarn und neuerdings wieder die Länder der ehemaligen Sowjetunion. Aber auch Österreich und Deutschland steuern kleinere Mengen bei.

Spezialfässer

Jedes Weinanbaugebiet hat seine eigene Fasstradition. In Italien sind große Holzfässer mit 25 und mehr Hektoliter Inhalt weit verbreitet. Deutschland benutzt für seine Weißweine traditionell das Fuder (1000 Liter) sowie das Stückfass (1200 Liter). In Frankreich hat jeder Wein sein Spezialfass. In Chablis benutzt man die Feuillette (132 Liter), in Bordeaux das Barrique (225 Liter), im Burgund die Pièce (228 Liter). In Australien reifen die Weine in Hogsheads (300 Liter) oder in Puncheons (450 bis 500 Liter). Portwein und Madeira werden traditionell in Pipes von 550 Liter Inhalt gelagert. Daneben gibt es unzählige Spezialanfertigungen unterschiedlicher Größe, teils rund, teils oval.

Industrialisierter Fassbau

Der Bedarf an Eichenholzfässern hat sich in den letzten 25 Jahren vervielfacht. Vor allem bei Barriques ist die Nachfrage stark gestiegen. Während große Holzfässer 30 Jahre und länger in Gebrauch sind, werden Barriques meist nach drei Jahren ausgemustert (oder nur noch für zweit- oder drittrangige Weine verwendet). Der Effekt des neuen Holzes ist dann verpufft. Auch hat sich, bedingt durch die gestiegene Nachfrage, das Handwerk des Fassbaus stark industrialisiert. Statt drei Jahre unter freiem Himmel zu liegen, lagert das Holz heute nur noch drei Monate in Hitzekammern, wo es künstlich beregnet und getrocknet wird. Früher wurde es danach mit einem Meißel gespalten, um die Faserstruktur zu erhalten. Heute werden die Dauben gesägt. Und bevor das Fass geschlossen wird, wird es noch über offenem Feuer getoastet – damit sich die Dauben besser biegen lassen und damit das Fass dem Wein einen spezifischen Röstton mitgibt.

Fassholzverarbeitung: Sägen versus Spalten

Zwei Schulen. Nach der alten, europäischen Schule wird das Holz mit einem Meißel gespaltet. Nach der amerikanischen Schule wird das Stammholz gesägt. Das Sägen ist die rationellere Methode – es geht schneller, ist ergiebiger und produziert weniger Abfall. Das Spalten des Holzes ist dagegen arbeitsaufwendiger und teurer, weil aus einem Stamm weniger Dauben gewonnen werden. Dafür sind Dauben aus gespaltenem Holz robuster.

Das Prinzip. Figur 1 zeigt den Eichenstamm, der zunächst von seinen Rinden befreit werden muss. Figur 2 zeigt das Schema, nach dem ein Stamm gespalten wird. Von den dreieckigen Bohlenstücken, die dabei entstehen, müssen anschließend noch Teile abgespalten werden, damit Dauben entstehen. Figur 3 zeigt einen in vier Teile gespaltenen Stamm, aus dem danach Bohlen gesägt worden sind. Figur 4 zeigt, wie ein Stamm gesägt werden muss, um möglichst viel Daubenholz aus ihm herauszuholen. Auch europäische Fassbauer sind längst dazu übergegangen, das Fassholz zu sägen.

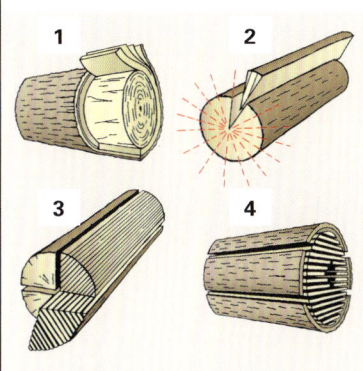

Neue önologische Techniken

Weine »verschlimmbessern«

Die Weinproduktion steigt weltweit. Der Konsum sinkt. Folge: Der Wettbewerb um den Konsumenten wird härter. Ziel der Weinindustrie ist es, die Kosten zu senken und Weine nach dem Geschmack des Publikums zu »machen«. Mostkonzentration, gentechnisch veränderte Hefen, Entalkoholisierung, künstliche Holzung – viele Weintrinker ahnen nicht, was heute alles erlaubt ist und von Großkellereien praktiziert wird.

Eichenholzchips: Sie werden wie ein Teebeutel in den Stahltank gehängt, um den Wein zu aromatisieren. Chips gibt es in allen Geschmacksvarianten.

seeischen Länder mit Weinen zu Dumpingpreisen auf den Markt, die in mancherlei Hinsicht nicht der europäischen Norm entsprachen. Europa, seinerseits von Überproduktion geplagt, fühlte sich bedroht. Die hiesige Weinindustrie forderte, die strengen heimischen Richtlinien zu lockern und neue önologische Techniken zuzulassen, um wettbewerbsfähig zu sein. Die Weinbehörden in Europa beugten sich dem Druck – mal zähneknirschend, mal bereitwillig. So haben neue Techniken Eingang in die Weinwirtschaft gefunden.

Lästige Natur

Heute verläuft die Front nicht mehr zwischen Europa und Übersee, sondern zwischen handwerklichen und industriellen Weinerzeugern. Die Industrie sieht in der Zulassung vieler neuer önologischer Techniken einen Fortschritt, der sie unabhängig macht von den Launen der Natur. Diese lasse die Erträge von Jahr zu Jahr schwanken, klagen ihre Repräsentanten, liefere mal zu geringe, mal zu hohe Mostgewichte und verlange einen großen Aufwand an Arbeitskraft, um die erforderlichen Traubenqualitäten sowie Mengen zuverlässig bereitzustellen. Zu den neuen Techniken gehören zum Beispiel die Konzentrierung von Mosten, um höhere Mostgewichte zu erhalten, die Entalkoholisierung des Weins sowie Vereinfachungen beim Ausbau und bei der Reifung des Weins.

Wirtschaftlicher Druck

Die wachsende Konkurrenz auf dem Weltmarkt hat zu einem scharfen Wettbewerb unter den Weinbauländern geführt. Anfang der 1990er-Jahre drängten die über-

Neue önologische Techniken

Konzentration

Kühle, regnerische Jahrgänge liefern magere Weine. Um zu verhindern, dass sie zu dünn werden, kann dem Most Wasser entzogen werden: mittels Vakuumverdampfung oder Umkehrosmose. Beide Verfahren sind hochtechnisch. Sie steigern nicht nur die Konzentration des Weins, sondern führen auch zu höheren Alkoholgehalten. In Europa war die Mostkonzentration verboten, wurde aber gebilligt. Praktiziert wird sie aber nur selten bis gar nicht. Denn dünne Weine gibt es aufgrund der Klimaerwärmung kaum noch. Und schlechte Weine werden durch Konzentration noch schlechter.

Dealkoholisierung

Die Vermeidung immer höherer Alkoholgehalte ist eine der größten Herausforderungen für den Weinbau des 21. Jahrhunderts. Weißweine mit 13,5 Vol.-% und Rotweine mit 14 Vol.-% sind in vielen Gegenden fast schon die Regel. Spitzenweine liegen oft noch höher. Ursache ist neben der globalen Klimaerwärmung die späte Lese, die die Weingüter bewusst eingeführt haben, um reifere Trauben und rundere Weine zu erhalten. Zwangsläufige Folge: höhere Alkoholgehalte. Durch technische Verfahren (Spinning Cone) ist es nach der Vergärung möglich, ein oder zwei Prozent Alkohol wieder aus dem Wein »herauszuschleudern«. Nicht nur in Übersee, auch in Europa ist die Dealkoholisierung inzwischen erlaubt. Allerdings ist die Maßnahme aufwendig. Es gibt Kellereien, die den Wein einfach heimlich mit Wasser verdünnen. Das ist zwar illegal, aber effektiv: der Alkohol sinkt, die Weinmenge steigt.

Eichenholzchips

Viele Rotweine, auch preiswerte, werden heute in Barriques ausge-

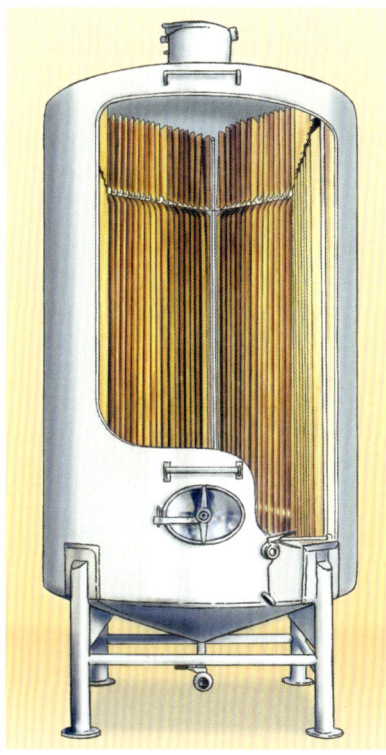

Stave-Technologie: Dünne Eichenholzbretter, die Staves, werden in einen Stahltank montiert.

baut. Sie geben dem Wein einen würzig-vanilligen Ton. Die kleinen Holzfässer sind jedoch teuer und unrentabel für einfache Rotweine, die preiswert auf den Markt kommen sollen. So begnügen sich viele Kellereien damit, Eichenholzschnitzel, sogenannte Chips, wie Teebeutel in den Stahltank zu hängen, in dem der Wein vergärt beziehungsweise ausgebaut wird. Nach kurzer Kontaktzeit nehmen die Weine das Aroma des Eichenholzes an. Damit wird ein Ausbau in Barriques vorgetäuscht, der gar nicht stattgefunden hat. Chips gibt es in allen möglichen Geschmacksvarianten: ohne Toast, mittel getoastet, stark getoastet. Seit 2002 sind Chips auch in Europa erlaubt. Während der Ausbau im Barrique den Wein um mindestens zwei Euro verteuert, kostet die Aromatisierung mit Chips nur wenige Cent pro Flasche.

Die Stave-Technologie

Noch preiswerter ist eine andere Form der Aromatisierung: die Stave-Technologie. Sie wird vor allem in überseeischen Ländern praktiziert. Staves sind schmale Eichenholzbohlen, die beim Fassbau abfallen. Sie werden auf ein metallenes Gestell montiert, das in dem Stahltank, in dem der Wein gärt, platziert wird. Die Staves geben dann den Holzgeschmack an den Wein ab. Dabei ist die Holzoberfläche, mit der der Wein Kontakt hat, wesentlich größer als bei den Chips. Entsprechend kräftiger ist das Eichenholzaroma. Stave-Weine sind geschmacklich von Barrique-Weinen kaum zu unterscheiden, zumindest nicht, solange sie jung sind. Das Holzaroma verflüchtigt sich jedoch schnell.

Gentechnik: Braucht das Land neue Reben?

Noch ist es bei uns verboten, gentechnisch modifizierte Reben in Ertragsweinbergen auszupflanzen. Doch in Versuchsweingärten stehen sie längst. Ihr Erbgut ist so verändert worden, dass sie gegen Rebkrankheiten resistent und gegen Trockenstress unempfindlich sind. Auch die gleichmäßige Verteilung von Zucker in den Beeren einer Traube lässt sich durch Eingriffe in das Erbgut gewährleisten. Noch weiter fortgeschritten ist die Entwicklung von genmodifizierten Weinhefen. Diese Hefen verhindern, dass sich Histamin im Wein bildet, das Kopfschmerzen verursachen kann. Sie blockieren den biologischen Säureabbau, also die Umwandlung der Apfel- in Milchsäure. Sie können den Most vergären, ohne dass dabei viel Trub entsteht, der später durch Klärung oder Filtern mühsam wieder entfernt werden muss.

König der Schaumweine

Der Champagner war der erste Wein, der in einer geschlossenen Flasche vergoren und so zum Schäumen gebracht wurde. Schon im 18. Jahrhundert war er das Getränk der Reichen und Mächtigen. Heute, da bis zu 400 Millionen Flaschen pro Jahr auf den Markt kommen, kann sich auch der einfache Angestellte Champagner leisten. Obwohl er nicht billig ist und es inzwischen viele andere gute Schaumweine gibt, ist er einzigartig.

Nicht nur die Franzosen können Weißwein zum Schäumen bringen. Dass Champagner dennoch einzigartig ist, liegt an den Böden in der Champagne.

Der Champagner

Champagner ist ein schäumender Weißwein. Er weist fünf Besonderheiten auf, die ihn von anderen schäumenden Weinen unterscheidet. Erstens kommt er aus einem genau definierten Anbaugebiet in Frankreich – und nur von dort. Zweitens wird kein anderer flaschenvergorener Schaumwein der Welt in so großen Mengen produziert wie er. Drittens war Champagner – trotz der großen Mengen – zumindest in der Vergangenheit immer teurer als vergleichbare andere Schaumweine. Viertens wird der Champagnermarkt von großen Marken beherrscht, nicht von Winzern oder Kellereien. Und fünftens schmeckt er anders als alle anderen schäumenden Weine der Welt. Besser? Nun, nicht alle Champagner sind besser als ihre internationale Konkurrenz. Aber die besten sind unvergleichlich, nicht nur, was die Qualität, sondern auch, was den Charakter angeht. Man mag die mineralisch-cremige Note, die alle guten Champagner aufweisen, mögen oder nicht mögen – sie ist und bleibt einzigartig und verleiht ihm eine Sonderstellung unter den großen Schaumweinen der Welt. »Ich trinke Sterne«, soll der legendäre Mönch Dom Pérignon bei seinem ersten Schluck schäumenden Weins begeistert ausgerufen haben. Er hat den Champagner zwar nicht erfunden, ihn aber in vielerlei Details perfektioniert.

Champagner im Rüttelpult: Die Hefe ist in den Flaschenhals gerutscht.

Die Champagne

Das Anbaugebiet für den Champagner liegt nordöstlich von Paris um die Stadt Reims. Die Grenzen des Anbaugebiets wurden bereits 1927 nach ausgiebigen Bodenuntersuchungen festgelegt. Typisch für die Champagne sind die weißen Kreideböden, die schon 40 Zentimeter unter der Erdoberfläche beginnen. Diese Kreideböden bestehen zum einen aus lockerem Belemnitgestein, zum anderen aus festem karbonathaltigem Kalk. Sie sind es, die dem Wein seinen besonderen mineralischen Geschmack verleihen. Entstanden ist die Kreide im Tertiär, als Nordfrankreich noch von Meer bedeckt war und der Meeresboden sich durch Schiebung und Faltung aus dem Wasser erhob. Im Lauf der Jahrmillionen ist aus dem Krill, der den Boden bedeckte, die Kreide geworden. Allerdings ist sie nicht an allen Stellen des 34 000 Hektar großen Anbaugebiets gleich stark ausgeprägt: Das ist die Ursache für die Geschmacksunterschiede zwischen preiswerten und teuren Champagnern.

Die Traubensorten

Die Herstellung des Champagners ist streng geregelt. Das gilt insbesondere für die Traubensorten, aus denen er produziert wird. Zugelassen sind nur Chardonnay und zwei rote Sorten, nämlich Pinot Noir und Pinot Meunier. Letztere werden nach dem Pressen ohne Schalen zu Weißwein vergoren. Die Trauben werden nicht entrappt (Ganztraubenpressung). Die meisten Champagner bestehen aus einer Cuvée aller drei Weine, wobei sich die Zusammensetzung von Jahr zu Jahr ändern kann. Es heißt, Pinot Meunier würde dem Champagner die Frucht, Pinot Noir den Körper und Chardonnay die Finesse geben. Es gibt aber auch Champagner, die nur aus Chardonnay (Blanc de Blancs) beziehungsweise nur aus den roten Trauben erzeugt werden. Sie heißen Blanc de Noirs.

Markenprodukt

Jährlich werden zwischen 300 und 400 Millionen Flaschen Champagner produziert. Zwei Drittel davon sind sogenannte Markenchampagner. Bekannte Marken sind zum Beispiel Moët & Chandon, Veuve Clicquot, Pommery, Lanson, Nicolas Feuillatte, Piper-Heidsieck und Bollinger. Diese Marken haben jeweils ihren eigenen Stil, der unabhängig von Jahrgangsschwankungen durchgehalten wird – im Gegensatz zu den »Winzerchampagnern«, die deutliche Jahrgangsunterschiede aufweisen können. Deren Erzeuger besitzen nur wenige Hektar Rebfläche und haben selten die Möglichkeit, genügend Reserve-Weine im Keller zu lagern, um Stärken und Schwächen einzelner Jahrgänge auszugleichen. Die meisten Champagner haben keine Jahrgangsangabe auf dem Etikett, da sie aus mehreren Jahrgängen zusammengestellt wurden. Eine Ausnahme sind die wenigen, meist teuren Jahrgangschampagner. Sie werden nur in sehr guten Jahren abgefüllt, verfeinern sich dann aber problemlos über zehn Jahre und mehr in der Flasche. Sie sind die Krönung jedes Champagnersortiments.

Flaschengärung: Méthode classique

Ein Champagner muss in der Flasche zweitvergoren werden. Das bedeutet: Der junge Wein wird mit etwa 24 Gramm süßen Mostes (*liqueur de tirage*) sowie speziellen Champagnerhefen in Flaschen gefüllt, die mit einem Kronkorken verschlossen werden und mindestens 15 Monate im Keller bleiben. So lange (oder noch länger) liegt der Champagner »auf der Hefe«, wie es im Fachjargon heißt. In dieser Zeit wird der im *liqueur* enthaltene Zucker durch die Hefen in Alkohol umgewandelt, wobei das gleichzeitig entstehende Kohlendioxid nicht entweichen kann. Es bleibt im Wein gelöst. Der Kohlensäuredruck liegt dann meist zwischen 5 und 6 bar. Gegen Ende des Hefelagers werden die Flaschen »gerüttelt« (sie werden dafür kopfüber in Stellagen gehängt und nach einem bestimmten System gedreht, heute meist automatisch). Auf diese Weise löst sich die am Flaschenboden festsitzende Hefe und rutscht in den Flaschenhals. Am Ende werden die Flaschen »entheft«, wobei der Flaschenhals in ein Eisbad eingetaucht wird. Der Hefeklumpen wird schockgefrostet und fliegt, wenn der Kronkorken entfernt wird, in hohem Bogen aus der Flasche. Dieser Vorgang heißt Dégorgieren. Anschließend wird dem Wein noch eine kleine Menge Zuckerlösung (*liqueur d'expédition*) zum Abrunden des Geschmacks hinzugefügt – je nachdem, ob er »brut« oder »extra brut« sein soll. Erst dann wird die Flasche verkorkt. Die Franzosen nennen diese Art der Flaschengärung Méthode classique oder Méthode traditionnelle.

Kellermeister am Rüttelpult

Die Magie der Perlen

Die Methode der Flaschengärung beherrschen inzwischen andere Nationen genauso gut wie die Franzosen. So kommt es, dass es heute neben dem Champagner eine große Vielfalt von Schaumweinen in der Welt gibt. Mal heißen sie Sekt, mal Spumante, mal Cava, mal Sparkling Wine. Alle schmecken anders. Aber die besten stehen dem Champagner qualitativ nicht nach – auch preislich nicht.

Die Bezeichnung Crémant wird in Frankreich für außerhalb der Champagne nach der Méthode classique erzeugte Qualitätsschaumweine verwendet.

Schaumwein

Technisch gilt als Schaumwein alles, was schäumt und dabei mindestens 3 bar Kohlensäuredruck in der Flasche aufweist (bei Qualitätsschaumweinen mindestens 3,5 bar) – egal ob Winzersekt, Cava, Spumante, Crémant oder Schaumweine anderer EU-Länder. Für alle erwähnten Schäumer ist, ähnlich wie für Champagner, eine Flaschengärung vorgeschrieben. Für die Produkte der außereuropäischen Länder gelten ähnliche Bestimmungen, zum Beispiel für die Cap-Classique-Schaumweine aus Südafrika. Eine Obergrenze für den Kohlensäureüberdruck in der Flasche gibt es von Gesetzes wegen nicht. Bei den meisten Schaumweinen liegt der Druck zwischen 5 und 6 bar. Bei einem höheren Kohlensäuredruck droht die Flasche zu platzen. Zum Vergleich: 5 bar entsprechen ungefähr 4 atü, also mehr als der Druck eines Autoreifens.

Méthode Charmat

Dieselben Bestimmungen gelten auch für Schaumweine, die nicht in der Flasche, sondern in einem großen Drucktank versektet werden. Dort wird ebenfalls durch Zugabe von Hefe und süßem Most eine zweite Gärung in Gang gesetzt. Die dabei entstehende Kohlensäure kann, da der Drucktank hermetisch verschlossen ist, nicht entweichen. Auch die Abfüllung in Flaschen erfolgt unter Druck, sodass der Wein nicht mit Sauerstoff in Berührung kommt. Erst wenn die Flasche geöffnet und der Wein eingeschenkt wird, schäumt er auf. Diese Art der Versektung heißt Méthode Charmat (oder Tankgärverfahren). Sie funktioniert ähnlich wie die Flaschengärung, nur in (mengenmäßig) größerem Maßstab. Angewendet wird sie vor allem bei einfachen

Schaumweinen, die in großen Mengen hergestellt und preisgünstig angeboten werden. Typische Beispiele sind Prosecco, süßer Asti sowie Markensekte. Der Kohlensäuredruck kann, wenn gewünscht, auch bei diesem Verfahren so hoch sein wie bei Flaschengärprodukten. Allerdings sind die Bläschen, die entstehen, meist nicht ganz so fein wie bei flaschenvergorenen Schaumweinen, die lange Zeit auf der Hefe gelegen haben.

Geschmack

Schaumweine sind zuerst Weißweine, unabhängig davon, ob sie nach der Méthode Charmat oder nach der klassischen Flaschengärmethode erzeugt wurden. Das heißt: Sie verströmen denselben Duft wie jener Weißwein, aus dem sie gewonnen wurden. Dazu kommen der Duft und der Geschmack der Hefe, auf der der Wein in der Flasche oder im Drucktank gelegen hat – manchmal mehrere Jahre lang. Die Hefe erhöht die Geschmackskomplexität des Schaumweins, er duftet zusätzlich noch nach Brotkruste, Brioche oder Gebäck, und gibt ihm Cremigkeit, wie der Fachmann sagt. Der Reiz besteht aber vor allem darin, dass man die Bläschen am Gaumen spürt. Sie vermitteln Frische und bewirken, dass der Wein intensiver wahrgenommen wird und zudem leichter über die Zunge gleitet. Jeder Schaumwein hat übrigens sein eigenes Geschmacksprofil.

Die wichtigsten Schaumweine

Markensekte: Einfache und einfachste Schaumweine, die meist aus europäischen oder internationalen Sortengemischen hergestellt wurden – fast immer nach der preiswerten Charmat-Methode. Es gibt aber auch einige anspruchsvolle Markensekte, die aus Sorten wie Riesling, Grüner Veltliner und anderen gewonnen und in der Flasche zweitvergoren wurden. Übrigens: Auf dem Etikett angegeben wird immer das Land, in dem das Produkt versektet wurde, also nicht das Herkunftsland des Weins.

Winzersekte: Sie sind zu 100 Prozent aus Grundweinen deutscher Weingüter hergestellte Schaumweine, die nach der Methode der Flaschengärung versektet wurden, mindestens neun Monate auf der Hefe gelegen haben und eine Jahrgangsangabe auf dem Etikett tragen. Bei ihnen muss der Flaschendruck über 5 bar liegen. Typische Grundweine sind Riesling, Chardonnay Weiß-, Grau- und Spätburgunder beziehungsweise Cuvées dieser Sorten.

Cava: Größtenteils industriell erzeugter spanischer Schaumwein aus traditionellen weißen Rebsorten wie Parellada, Xarel-lo und Macabeo sowie der Chardonnay- und Pinot-Noir-Traube. Herkunft: überwiegend Penedès. Immer Flaschengärung. Neun Monate Hefelager sind Minimum.

Franciacorta: Hochwertiger und teurer Schaumwein aus dem gleichnamigen norditalienischen Anbaugebiet am Lago d'Iseo, erzeugt aus Pinot Bianco, Chardonnay und Pinot Noir. Flaschengärung ist vorgeschrieben und ein mindestens 18-monatiges Hefelager. In der Regel geringe Dosage.

Trento DOC: Ein edler italienischer Schaumwein aus Chardonnay-, Pinot-Bianco- und Pinot-Noir-Trauben, gewachsen in der Provinz Trento um die norditalienische Stadt Trient. Flaschengärung vorgeschrieben. 15 Monate Hefelager sind Minimum.

Crémant: Alles, was schäumt und nicht aus der Champagne kommt, heißt in Frankreich Crémant. Voraussetzung: Flaschengärverfahren und mindestens 3,5 bar Kohlensäuredruck. Die Rebsorten variieren je nach Herkunft. Bekannte Crémants kommen aus dem Elsass, dem Jura, dem Limoux, aus Burgund, Bordeaux sowie von der Loire. Fast alle diese Crémants weisen weniger Kohlensäure auf als ein Champagner und sind entsprechend sanft am Gaumen. Neun Monate Hefe-Mindestlagerzeit. Eine Spezialität ist der Crémant de Luxembourg aus Luxemburg, der aus lokalen Rebsorten gewonnen und mindestens 4 bar Druck aufweisen muss.

English Sparkling Wine: Für die neuen englischen Schaumweine – kurz English Fizz genannt – gibt es noch keine nationalen Herstellungsvorschriften. Es galten bisher die allgemeinen EU-Vorschriften bezüglich Herkunfts- und Geschmacksangaben.

American Sparkling Wine: In den USA wird Sparkling Wine sowohl nach der Flaschengär- als auch nach der Charmat-Methode hergestellt. Die Herstellungsregeln werden weitgehend von den Kellereien definiert. Bei billigen Schäumern hat die Weinindustrie freie Hand. Bessere Schaumweine, insbesondere aus Kalifornien (Chardonnay, Viognier), Oregon (Pinot Noir) und den Five Finger Lakes (Riesling) werden ähnlich aufwendig erzeugt wie in der Champagne.

Cap Classique: Ein privater Zusammenschluss von Schaumweinerzeugern in Südafrika, die sich der Flaschengärmethode nach französischem Vorbild verschrieben haben. Eckpunkte: Alle Rebsorten sind erlaubt, mindestens neun Monate Hefelager und mindestens 3 bar Kohlensäuredruck.

Heute wird Champagner nicht mehr von Hand, sondern von Gyropaletten gerüttelt.

Das gewisse Prickeln

Der populärste schäumende Wein der Welt ist der Prosecco. Seine Liebhabergemeinde ist längst nicht nur auf Italien beschränkt. Sie reicht von England über die USA bis nach Russland. Auch in Deutschland und der Schweiz erfreut sich der Prosecco allergrößter Beliebtheit. Inzwischen hat die Prosecco-Produktion mengenmäßig sogar die des Champagners überholt.

Das Herzstück der Prosecco-Anbauzone befindet sich an den steilen Hängen der norditalienischen Voralpen sowie bei den drei Städtchen Valdobbiadene, Conegliano und Asolo.

Autochthoner Wein

Vergleiche zwischen Champagner und Prosecco sind unangemessen. Auch an anderen flaschenvergorenen Schaumweinen sollte man den Prosecco nicht messen. Der Grundwein wird aus einer autochthonen italienischen Rebsorte gewonnen, der Glera. Er kommt aus den norditalienischen Regionen Venetien und Friaul, also klimatisch wärmeren Gegenden, als die meisten anderen Schaumweingebiete es sind. Und er wird nicht nach der klassischen Methode, sondern nach der Méthode Charmat vergoren, das heißt in großen Drucktanks. Außerdem ist nur der kleinere Teil des Prosecco Schaumwein im gesetzlichen Sinne. Der größere Teil ist »nur« Perlwein, auf Italienisch »frizzante«. Er schäumt weniger stark und ist sanfter im Mund. Trotzdem ist Prosecco ein sehr delikater, eigenständiger Wein – egal wie stark er schäumt.

Italienische Lebenskultur

Dass er so populär ist, hat damit zu tun, dass die Ansprüche an ihn bescheidener sind als an andere flaschenvergorene Schaumweine. Ein Prosecco liegt nicht jahrelang auf der Hefe, sondern wird bereits nach wenigen Monaten abgefüllt. Er eignet sich auch nicht für eine längere Reifung in der Flasche, sondern wird jung getrunken. Seine Markenzeichen sind Frische und Frucht. In kühlen Jahrgängen erinnert die Frucht an Apfel, in wärmeren an Birnen, teils auch an Banane und Lychees. Manchmal zeigt der Prosecco mineralisch-salzige Noten. Er ist ein typisches Produkt der italienischen Lebens- und Genusskultur: unkompliziert zu trinken, leicht im Alkohol, passend zur leichten mediterranen Küche.

Die Trauben

Bis 2010 hieß die Rebsorte offiziell Prosecco. Heute wird sie Glera genannt. Prosecco heißt nur noch der Wein, der aus ihr gewonnen wird. Glera ist der historische Name der Traube, der schon zu römischen Zeiten in der Nähe von Triest in Dokumenten erwähnt wurde. Daneben sind bis zu 15 Prozent andere einheimische Sorten erlaubt. Ab 2019 gibt es auch einen Prosecco Rosé aus Pinot-Nero-Trauben.

Prosecco DOC

Das Einzugsgebiet für Glera-Trauben reicht von der Stadt Vicenza im Westen über Treviso bis nach Pordenone und Triest. Das heißt: Es geht über die Region Venetien hinaus bis ins Friaul hinein (wo bis 2010 gar kein Prosecco erzeugt werden durfte). Nur wenn er aus diesem Gebiet kommt, darf sich der Wein Prosecco nennen. Er besitzt DOC-Status. Ab 2019 gibt es auch einen Prosecco Rosé.

Spaß- und Stimmungswein: der Secco

Der Erfolg des Prosecco hat deutsche Winzer animiert, ebenfalls leichte, alkoholarme Perlweine zu produzieren. Sie gehören mittlerweile zum Sortiment fast jeden Weinguts. Der Name Secco lässt ahnen, wem sie nachempfunden sind. Es sind Perlweine aus deutschen Rebsorten mit gärungseigener Kohlensäure, ähnlich hergestellt wie ein Prosecco. Allerdings sind sie mehr oder weniger stark gesüßt. Steht »trocken« auf dem Etikett, können Seccos bis zu 35 Gramm Restzucker aufweisen.

Prosecco Superiore DOCG

Mitten in der weitläufigen Prosecco DOC-Zone befindet sich das historische Herzstück des Prosecco. Dort liegen, zwischen der Po-Ebene und den Dolomiten, die drei kleinen Städte Conegliano, Valdobbiadene und Asolo. Die Hügel um sie herum bilden das Anbaugebiet des Prosecco Superiore. Sie sind steil, teils noch terrassiert, die Böden enthalten viel Kalkstein und Lehm. Dort wachsen die mineralischsten, feinsten Prosecco. Sie haben den Status eines DOCG-Weins: höchste Qualitätsweinstufe in Italien.

Spumante und Frizzante

Prosecco gibt es in zwei Varianten. Die preiswertere und häufigere Variante ist die Frizzante-Version. Sie hat zwischen 1 und 2,5 bar Kohlensäuredruck und schäumt nur leicht. Oft perlt sie nur. Nach EU-Nomenklatur gilt sie deshalb als Perlwein. Äußerlich erkennbar ist diese Version am Normalkorken, mit dem die Flaschen verschlossen sind (gelegentlich auch durch einen Bindfaden gesichert). Die Spumante-Version weist dagegen einen Druck von mindestens 3,5 bar auf, häufig auch von 5 bar. Die Flaschen sind mit dem pilzförmigen Sektkorken samt kleinem Drahtkorb gesichert. Meistens sind die Spumante-Versionen die besseren Prosecco.

Pet-Nat-Schäumer

Praktisch jedes Weinland der Welt produziert Weine, die mehr oder minder lebhaft perlen. Eine alte, in den letzten Jahren wieder populär gewordene Art der Versektung ist die Méthode rurale (auch Méthode ancestrale genannt). Dabei wird der noch im Tank gärende Grundwein in die Flasche gefüllt, wo er die Gärung abschließt. Dem Wein wird weder eine Zuckerlösung noch Gärhefe zugefügt. Pétillant Naturel nennen die Franzosen die Schaumweine, die nach dieser vereinfachten Flaschengärung entstehen. Da die Flasche bereits endgültig verschlossen ist, kann der Wein nicht entheft werden und bleibt deshalb trüb. In der Naturweinszene sind diese »bäuerlichen« Schaumweine als Pet Nat bekannt und beliebt.

Die Glera-Traube wird zur Herstellung des italienischen Prosecco verwendet.

Doping für die Seele

In früheren Jahrhunderten waren praktisch alle Weine süß. Die Kultur des trockenen Weins ist erst hundert Jahre alt. Heute sind Weine mit natürlicher Restsüße nur noch ein Nischenprodukt – allerdings ein hoch geschätztes. Am feinsten sind edelsüße Weine. Sie werden aus Trauben gewonnen, die von Edelfäule befallen sind. Solche Weine sind rar, weil die Edelfäule nicht überall und nicht jedes Jahr auftritt.

Stumme Etiketten

Für Weintrinker, die sich nicht genau auskennen in der Nomenklatur, ist es manchmal schwierig, trockene von süßen Weinen äußerlich zu unterscheiden. Denn »süß« steht fast nie auf dem Etikett und »trocken« eigentlich nur bei deutschen Weinen. Weintrinker müssen wissen, dass französische, spanische, italienische, österreichische Weine immer trocken sind, wenn nichts anderes vermerkt ist. Aber wie lautet der Etikettenhinweis dafür, dass der Wein süß ist? Es gibt so einen Hinweis praktisch nie. Der Konsument muss also wissen, dass der rote Portwein immer süß ist, weil er sonst nicht Portwein hieße. Der schäumende Asti, ein toskanischer Vin Santo, ein griechischer Samos, ein österreichischer Schilfwein – es sind alles süße Weine, ohne dass der Begriff »süß« auf dem Etikett auftaucht. Bei Trockenbeerenauslesen, Eisweinen und den berühmten französischen Sauternes wissen wahrscheinlich die meisten Konsumenten, dass es sich um süße Weine handelt. Aber auch bei den Grains Nobles aus dem Elsass? Bei einem Recioto di Soave? Bei einer österreichischen Spätlese?

Geschminkt oder natursüß

Noch weniger sagen die Etiketten der Weine etwas darüber aus, ob ein Wein natursüß oder gezuckert ist. Natursüße Weine gehören zum Feinsten, ja Edelsten, was Menschenhand geschaffen hat. Zu ihnen zählen die »fruchtsüßen« Qualitäts- oder Prädikatsweine aus Deutschland, etwa Trockenbeerenauslesen. Von gezuckerten Spätlesen, lieblichem Dornfelder Rotwein, kalifornischem Zinfandel Rosé und anderen geschminkten Weinlimonaden sollten man besser Abstand nehmen. Doch leider fällt der größte Teil der süßen Weine in diese Kategorie. Anstelle von Zucker wird diesen Weinen oft auch unvergorenes (also süßes) Traubenmostkonzentrat hinzugefügt, das hoch geschwefelt ist, damit es später in der Flasche keine Nachgärung gibt.

Woher die Süße kommt

Natursüß bedeutet, dass der im Wein gelöste Zucker aus dem Most stammt und nicht zugesetzt wurde. Der Wein schmeckt süß, weil der Zucker nur teilweise vergoren wurde und der unvergorene Teil noch in ihm enthalten ist. Dabei handelt es sich zum größten Teil um Fruktose, also Fruchtzucker. Da Fruktose eine um 20 Prozent höhere Süßkraft als industrieller Rohrzucker besitzt, reicht eine relativ geringe Restzuckermenge aus, um den gewünschten Süßewert zu erreichen (zudem vertragen Diabetiker Fruktose besser als Normalzucker).

Der Gärstopp

In der Regel stoppt der Kellermeister bewusst die Gärung, um zu verhindern, dass der Wein durchgärt.

Château d'Yquem ist einer der rarsten, teuersten, aber auch faszinierendsten edelsüßen Weine der Welt.

Dies kann auf verschiedene Weise geschehen. Die gängigste Methode ist, den gärenden Wein zu schwefeln. In diesem Fall sterben die Hefen sofort ab. Danach wird der Wein gefiltert und alle Hefereste werden aus ihm entfernt. Den gleichen Effekt hat das Herunterkühlen des gärenden Weins. Manchmal bleibt der Wein auch von selbst in der Gärung stecken, weil es im Keller zu kühl geworden ist. Zahlreiche deutsche Weißweine werden auf diese Weise restsüß gehalten. Anders bei den gespriteten Weinen. Beim Portwein und beim (süßen) Sherry wird dem noch nicht durchgegorenen Wein destillierter Alkohol hinzugefügt. Auch in diesem Fall stoppt die Gärung sofort. Es gibt praktisch keinen Hefestamm, der bei Alkoholgehalten von über 18 Vol.-% arbeiten kann.

Alkohol und Restsüße

Alle Beeren- und Trockenbeerenauslesen einschließlich der französischen Sauternes entstehen durch einen natürlichen oder vom Kellermeister herbeigeführten Gärstopp. Während die Sauternes (aber auch ungarische Tokajer, österreichische Trockenbeerenauslesen, süditalienische Dessertweine) wegen der extrem zuckerreichen Moste bis zu 14 Vol.-% Alkohol und obendrein noch eine hohe Restsüße aufweisen, bleiben die entsprechenden Weine von Mosel, Rhein, Main und Nahe aufgrund leistungsschwächerer Hefen oft schon bei 7,5 Vol.-% Alkohol stehen. Sie weisen dann entsprechend hohe Restzuckergehalte auf (das gilt auch für Eisweine). Ein Nachteil ist das nicht: Diese Weine sind trotz hoher Restsüße leichter, Sauternes & Co. trotz starker Süße vergleichsweise alkoholschwer. Ähnliches gilt für feinherbe Rieslinge. Sie haben zwischen 15 und 25 Gramm Restsüße und nur 10 bis 11 Vol.-% Alkohol.

Die verschiedenen Klassen von Süßweinen

Fruchtsüß: Gebräuchliches Süßeprädikat, das insbesondere in Deutschland für einfache restsüße Weine verwendet wird. Die Trauben für diese Weine werden vollreif und gesund geerntet, der Most aber nur teilvergoren. So entstehen natursüße Qualitäts- und Kabinettweine sowie Spätlesen, die alle zwischen 18 und 50 Gramm Restzucker und Alkoholgehalte zwischen 9,5 und 11,5 Vol.-% aufweisen. Die Süße ist fruchtig und frisch.

Vollsüß: In den warmen südeuropäischen Weinbauländern ist es riskant, die Trauben spät zu lesen. Sie werden deshalb vollreif und gesund geerntet, dann aber auf Strohmatten, unter Tunneln aus Plastikfolie oder unter freiem Himmel getrocknet, bis sie schrumpeln. Erst dann werden sie gekeltert. So erhält man vollsüße Moste, aus denen Weine erzeugt werden, die hoch im Restzucker und zugleich hoch im Alkohol sind (bis 15 Vol.-%). Vin Santo, Moscato Passito, Recioto di Soave, andalusische Pedro-Ximénez-Weine sowie Likörweine von den griechischen Inseln, aus Zypern und von der Insel Pantelleria gehören in diese Kategorie. Sie haben meistens einen karamellig süßen Geschmack.

Edelsüß: Trauben, die so lange am Rebstock hängen gelassen wurden, bis sie teilweise oder ganz von der Edelfäule befallen sind, ergeben zuckerreiche Moste, die von den Gärhefen nicht mehr verarbeitet werden können. Der im Wein verbleibende Restzucker liegt dann zwischen 50 Gramm (Auslesen) und 400 Gramm (Trockenbeerenauslesen, Eisweine). Typisch edelsüße Weine sind neben den deutschen und den österreichischen Prädikatsweinen vor allem die französischen Sauternes, vor allem der berühmte Wein von Château d'Yquem. Diese Süßweine sind extrem langlebig und haben einen bitter-süßen Geschmack mit Noten von tropischen Früchten.

Alkoholisch-süß: In diese Kategorie gehören Portweine, Madeiras und süße Oloroso-Sherrys, die aufgespritet werden, sodass die Gärung zum Erliegen kommt und der im Most befindliche Zucker teilweise erhalten bleibt. Gleiches gilt für die südfranzöschen Vins Doux Naturels wie etwa den Rivesaltes, Banyuls, Maury, Rasteau. Um einen zuckerreichen Most zu bekommen, werden die Trauben in der Sonne getrocknet, bis sie schrumpeln, um danach abgepresst zu werden.

In der goldgelben Farbe spiegelt sich die hohe Reife der Süßweine wider. Die Trauben dafür werden spät gelesen, wenn die Beeren bereits ins Bräunlich-Gelbe tendieren.

Wein für Kenner und Lebenskünstler

Es gibt Weine, denen begegnet man selten. In den Regalen des Weinhandels findet man sie nur gelegentlich. Auf den Weinkarten der Restaurants tauchen sie so gut wie nie auf. Sie führen ein Leben abseits populärer Trinkmoden, worüber Kenner gar nicht traurig sind. Einer dieser Weine ist der Port. Es gibt ihn in vielen Varianten: vom einfachen Ruby bis zum gereiften Vintage Port.

Late Bottled Vintage (LBV) ist nur eine, allerdings sehr feine Kategorie der Portweine.

Was Port ist

Port ist ein portugiesischer Rotwein, aber eben kein gewöhnlicher. Mindestens in drei Punkten unterscheidet er sich von normalen Rotweinen. Er ist süß, er ist alkoholschwer, und er kann in seinen besten Qualitäten sehr alt werden. Gute Jahrgangsportweine halten sich durchaus 100 Jahre lang. In den ersten 20 Jahren probiert man sie. Spaß hat man mit ihnen nach ungefähr 25 Jahren. Doch das richtige Vergnügen beginnt erst nach 50 Jahren. Alter Port gehört übrigens zu den Weinen, die man nach Meinung des Meisterkochs Paul Bocuse wenigstens einmal im Leben getrunken haben sollte.

Die Engländer und der Port

Port ist ein altmodischer Wein, der von den Engländern erfunden und vor 300 Jahren gleichsam als Ersatz für den Bordeaux importiert wurde. Die Engländer sind bis heute auch seine größten Liebhaber geblieben. Mehr noch: Die meisten Portweinhäuser wurden von ihnen gegründet. Viele sind bis heute in englischem Besitz. Genau genommen ist Port für Engländer gar kein Wein. Er ist vielmehr eine Lebenseinstellung. Sie trinken mittags ein Glas, nachmittags zwei und abends vor dem Kamin den Rest der Flasche. »Wer einer geregelten Arbeit nachgeht oder keinen Kamin besitzt, wird die Größe eines Port nie erfassen«, hat Lord Jonathan Swanfield einmal in unnachahmlicher Arroganz gesagt. Und wer keinen Stilton mag, den berühmten englischen Blauschimmelkäse, ist eines Portweins nach seiner Ansicht sowieso nicht würdig. Es reicht also nicht, Kenner zu sein, um Portwein zu verstehen. Man muss auch ein Lebenskünstler sein.

Wozu man Port trinkt

Festlandeuropäer sehen Port etwas nüchterner. Cheddar, reifer Parmesan und andere Blauschimmelkäse als Stilton sind ebenfalls angenehme Begleiter. Junger Portwein passt außerdem zu Schokoladen-, älterer Port zu Nougatdesserts. Ansonsten knabbert man Nüsse oder lässt ihn sich zu getrockneten Aprikosen beziehungsweise Früchtebrot schmecken. Weiteren Tafelfreuden verweigert er sich allerdings hartnäckig.

Warum Port so heißt

Port ist nach der portugiesischen Hafenstadt Oporto benannt, die auf Deutsch Porto heißt. In dieser Stadt an der Mündung des Douro-Flusses sind die meisten der großen Portweinhäuser ansässig. Der Wein selbst wächst 60 Kilometer weiter flussaufwärts an den steilen, terrassierten Hängen des Flusses. Dort ist es im Winter kalt, während die Landschaft im Sommer unter

Portwein

Grandiose Weinlandschaft: Das Tal des Douro ist die Heimat des Portweins.

der Hitze ächzt. So entstehen Weine von undurchdringlicher dunkelrubinroter Farbe, die während der Gärung mit 77-prozentigem Alkohol aufgespritet werden. Der Alkohol stoppt die Gärung, sodass der bis dahin noch nicht vergorene Zucker im Wein erhalten bleibt – daher der süße Geschmack. Und: Der Alkoholgehalt erhöht sich durch diesen Eingriff auf etwa 20 Vol.-%. Übrigens trinkt man Portwein aus speziellen Portweingläsern, die wie Biertulpen im Miniformat aussehen. Und man genießt ihn in kleinen Schlucken. Eine angebrochene Flasche Portwein hält sich leicht einen Monat lang.

Die Portwein-Trauben

Für die Portherstellung sind insgesamt 48 verschiedene Traubensorten zugelassen – rote und weiße. Die fünf wichtigsten heißen Touriga Nacional, Touriga Franca (Francesca), Tinta Barroca, Tinta Roriz und Tinta Cão. Früher wurden sie in großen, gemauerten Bassins (»lagares«) mit den Füßen gestampft und vergoren. Heute erledigen Maschinen diese Arbeit (Ausnahme ist Jahrgangsport). Nach dem Spriten wird Port meist in 500-Liter-Fässern (»pipes«) gelagert. Je nach Qualität und angestrebtem Stil wird er dann verschnitten.

Die breite Palette von Portwein-Stilen: vom herzhaften Ruby bis zum Vintage Port

Ruby: Der einfachste Portwein ist der Ruby. Ein junger, tiefdunkler, süßer Wein, der kaum mehr als zehn Euro kostet und intensiv nach Schwarzen Johannisbeeren schmeckt. Er wird kühl getrunken zu trockenem Gebäck, Sorbets und Eisdesserts. Er besteht, wie die meisten Ports, aus verschiedenen Jahrgängen.

Tawny Port: Die nächste Stufe des Genusses ist der Tawny Port – ein Blend aus verschiedenen Jahrgänge, die lange in Holzfässern gereift sind. Auf dem Etikett ist angegeben, ob es zehn, 20 oder auch 30 Jahre waren. Tawny Ports sind mahagonifarben, schmecken nach Mandeln und Rosinen und sind abgeklärt wie ein reifer Wein. Je nach Lagerzeit und Erzeuger kosten sie zwischen 10 und 100 Euro. Es gibt aber auch einfache, kommerzielle Tawnys, die gar nicht im Holz waren. Ihre blasse Farbe verdanken sie farbschwachen Trauben zweiter Wahl.

Colheita: Ist eine Sonderform des Tawny Port. Ein Portwein, der acht, zehn oder mehr Jahre Holzfassreife hinter sich hat, aber nur aus einem einzigen Jahrgang stammt. Colheita-Ports werden nur in sehr guten Jahren abgefüllt. Und auch nach dem Kauf kann man sie noch jahrzehntelang aufbewahren.

Vintage Port: Auf Deutsch: Jahrgangsport. Sie sind die edelsten Portweine. Die Trauben für sie kommen aus einem einzigen Jahrgang, werden mit den Füßen gestampft und bereits nach zwei Jahren Fassreife auf die Flasche gefüllt. Resultat sind extrem dunkle, konzentrierte Weine mit einem intensivem Cassis-Aroma, die sich jahrzehntelang in der Flasche verfeinern – beste Jahrgänge auch 100 Jahre. Sie kosten zwischen 30 und 200 Euro.

Single Quinta Vintage: Diese spezielle Form der Jahrgangsports ist kein Verschnitt der besten Lagen, sondern stammt aus einer einzigen guten Quinta. Quinta bedeutet Weingut.

LBV: Die Buchstaben stehen für Late Bottled Vintage und bedeuten, dass der Jahrgangsport nicht schon nach zwei Jahren, sondern erst nach fünf oder sechs Jahren abgefüllt wurde. Unfiltrierte, traditionelle LBV-Portweine schmecken fantastisch.

Schweres Parfüm des Südens

Sherry ist ein trockener Likörwein. Im Süden Spaniens, seiner Heimat, wird er wie ein normaler Weißwein zum Essen getrunken. Außerhalb Spaniens genießt man ihn eher als Aperitif. In den letzten Jahren ist er bei Weintrinkern in Ungnade gefallen – leider, muss man sagen. Denn in seinen besten Qualitäten ist Sherry ein raffinierter, einzigartiger Wein. Auch in seiner süßen Version.

Was Sherry ist

Sherry ist ein trockener Weißwein aus Andalusien. Das Besondere an ihm ist sein Geschmack und der Umstand, dass er mit destilliertem Branntwein »verstärkt« wurde. Sein Alkoholgehalt bleibt deshalb nicht bei den ursprünglichen 11 oder auch 12 Vol.-%, sondern steigt auf 15 Vol.-%, bei einigen Sherry-Typen auf über 20 Vol.-%. Er wächst in dem Städtedreieck Jerez de la Frontera, Sanlúcar de Barrameda und El Puerto de Santa María. Die Andalusier selbst trinken ihn wie einen normalen Weißwein zum Essen. Die Engländer, seine treuesten Liebhaber, prosten sich mit ihm nicht nur während, sondern auch vor dem Essen zu – und danach wieder zum Tee.

Sherry ist ein Markenwein

Der weitaus größte Teil kommt aus den Kellern großer Bodegas wie Tío Pepe, Osborne, González Byass, Emilio Lustau, Hidalgo und anderen. Sherry besitzt nicht nur einen einzigartigen Geschmack, er gehört auch zu den langlebigsten und in der Spitze raffiniertesten Weißweinen der Welt. Vor allem die rotbraunen, lange gelagerten Oloroso-Sherrys mit mehr oder minder ausgeprägter Süße und dem Geschmack von Walnusslikör sowie Schokolade sind raffinierteste Begleiter pikanter Käsesorten – etwa zu Edelschimmelkäsen. Sie können sogar ein ganzes Dessert ersetzen. Allerdings hat die Faszination des Sherry außerhalb Spaniens in den letzten Jahrzehnten leider etwas nachgelassen. Inzwischen produzieren viele andalusische Erzeuger aus Sherry-Trauben notgedrungen normale beziehungsweise nicht alkoholverstärkte Weißweine.

Die Palette der Sherrys reicht vom hellen Fino über den rotbraunen Oloroso bis zum süßen, dunkelfarbenen Cream.

Manzanilla-Weinberge in der typischen weißen andalusischen Erde

Fino und Florhefe

Den größten Teil der Sherry-Produktion macht jedoch der Fino aus. Das ist jener blassgelbe, trockene Likörwein, der 15 Vol.-% Alkohol hat und gern als Aperitif vor dem Essen gereicht wird. Er schmeckt nach Kochbananen, Bittermandeln, Hefe, manchmal auch nach Erde und Moos. Die Spanier genießen ihn zu Tapas oder zu grünen Oliven mit Kartoffelchips. In Andalusien selbst trinkt man ihn auch zu Krustentieren. Vor allem der Manzanilla, ein mineralisch-salziger Fino-Typ aus der Hafenstadt Sanlúcar de Barrameda, wird gern als Speisebegleiter eingesetzt. Ein Fino wird erzeugt, indem der durchgegorene Weißwein zum Reifen in Fässer gefüllt wird, deren Spundloch offen bleibt. Aufgrund der Nähe zum Meer und der Wärme in den oberirdischen Kellern der Bodegas bildet sich schnell eine Schicht weißer Florhefe, die wie Watte auf dem Wein liegt und diesen hermetisch gegen Sauerstoff abschirmt. Nach drei Jahren Reifung wird die Florschicht schließlich entfernt und der Wein abgefüllt.

Der oxidative Ausbau

Wenn die Florschicht, unter der der Sherry reift, langsam abstirbt, oxidiert der Wein sofort. Die Farbe geht dann in ein blasses Mahagonibraun über. Das Aroma nimmt nussige Noten an. Diesen Fino-Typ nennt man Amontillado: ein vollmundiger, sehr feiner Sherry, knochentrocken und bis zu 22 Vol.-% Alkohol aufweisend. Noch oxidativer ist der Ausbau des Oloroso. Er ist ganz ohne Florhefe wie ein normaler Wein im Fass gereift und zwar viele Jahre lang. Florhefe bildet sich nur bei Alkoholgehalten bis zu 15,5 Vol.-%. Die Farbe eines Oloroso reicht von Bernsteingelb bis Rotbraun wie ein alter Brandy. Vor allem im Duft ist er reicher als ein Amontillado. Gern wird er mit süßem Sherry verschnitten. Gute Oloroso-Sherrys sind eine Rarität. In ihnen sind immer sehr alte Jahrgänge enthalten. Die besten Olorosos halten sich manchmal 100 Jahre lang.

Sherry-Trauben

Den Basiswein für den Sherry liefert die Traubensorte Palomino. Zum Süßen der Olorosos wird Wein aus den Sorten Moscatel oder Pedro Ximénez benutzt. Diese hitzebeständigen Rebsorten werden zunächst einmal in der Sonne getrocknet, bevor sie abgepresst und vergoren werden.

Die Solera

Sherry wird in einer Solera gereift. Das ist eine Pyramide von Fässern, bei der in der untersten Reihe der älteste Sherry liegt. Der Wein, der abgefüllt wird, wird diesen Fässern entnommen – aber nie mehr als ein Drittel. Aufgefüllt werden die untersten Fässer mit jüngerem Sherry aus der darüber liegenden Reihe, die ihrerseits mit jungem Sherry aus der obersten Lage aufgefüllt wird. Der Sherry, der auf den Markt kommt, ist deshalb immer ein Verschnitt vieler Jahrgänge.

Die verschiedenen Sherry-Typen

Fino: einfacher, mindestens drei Jahre unter dem Flor gelagerter, trockener Sherry von etwa 15 Vol.-% Alkohol

Manzanilla: würziger, trockener Fino-Sherry aus der Stadt Sanlúcar de Barrameda, bis zu 16 Vol.-% Alkohol

Amontillado: teils unter der Florhefe, teils oxidativ gereifter, blassbrauner Sherry, vollmundig, meist trocken, sehr fein, immer um die 20 Vol.-% Alkohol

Palo Cortado: seltener Sherry-Typ, nur sehr kurz unter Flor und sehr lange unter Sauerstoffzutritt gereifter Wein

Oloroso: das Gegenstück zum Fino ist ein ausschließlich oxidativ ausgebauter Sherry, üppig, reich, doch trocken im Geschmack, um 20 Vol.-%

Cream: ein Oloroso, der mit süßem Moscatel oder Pedro Ximénez abgerundet wurde

Heute wird Fino-Sherry kaum noch in Fässern, sondern in großen Tonzisternen (Tinajas) gelagert.

Praktisches Weinwissen

Vom klugen Umgang mit einem Naturprodukt

Der Korken – des guten Weines engster Freund

Als Weinverschluss ist Kork unersetzlich. Er verschließt die Flasche, ohne dem Wein ganz die Luft abzuschnüren. Trotzdem ist Kork in die Kritik geraten. Die Korkproduktion dezimiere die uralten Korkeichenbestände Südeuropas, sagen die Kritiker. Das Gegenteil ist der Fall: Die Wälder werden durch die Korkproduktion erhalten. Und die Qualität der Korken ist in den letzten Jahren eher gestiegen als gesunken.

Hochwertig
Bei diesem nahezu lentizellenfreien Korken kann kaum Luftaustausch stattfinden. »Korkschmecker« treten seltener auf.

Standard
In einen lediglich mäßig von Lentizellen durchzogenen Korken kann die Flüssigkeit nur schwer eindringen.

Minderwertig
Dieser von vertikalen Lentizellen durchzogene Korken durchnässt leicht, wird bröselig und gefährdet den Weingenuss.

Natürlicher Rohstoff

Seit dem 17. Jahrhundert werden Weinflaschen mit Korken verschlossen. Kork ist ein organisches Material, das aus kleinen, in sich abgeschlossenen Zellen besteht, die wie ein Luftpolster federn. Biologisch gesehen handelt es sich um abgestorbene Zellen des Holzes. Im Inneren dieser Zellen befinden sich geruchlose Gase. Die Zellwände sind aus Lignin (Holzharz), Zellulose und Suberin gebaut. Suberin, das ist die eigentliche Korksubstanz, besteht aus einem Gemisch ungesättigter Fettsäuren und Estern. Die Wände der Zellen lassen nur sehr wenig Sauerstoff passieren, zumindest solange sie intakt sind. Das heißt: etwa 20 Jahre lang, bei hochwertigen Korken auch länger. Erst dann beginnen sie langsam zu zerfallen.

Korkeichenwälder

Kork wird aus der Rinde der Korkeiche hergestellt. Diesen Baum findet man in ganz Südeuropa, vor allem auf Korsika und auf Sardinien, teilweise auf dem italienischen Festland und im Süden Spaniens, außerdem in Nordafrika. Doch der größte Teil – über 60 Prozent – der Korkeichen wächst in Portugal. Nur ein kleiner Teil ist plantagenmäßig angepflanzt, die Mehrzahl wächst wild. Ihre Rinde fungiert bei den regelmäßig ausbrechenden Waldbränden als Brandschutz. Kork ist nicht entflammbar. Die Korkeichen verhindern so die schnelle Ausbreitung des Feuers. Vor allem aber ist die Korkeiche auch ein Wirtschaftsfaktor, denn sie sichert Tausende von Arbeitsplätzen in der Landwirtschaft und bremst deshalb die Landflucht.

Trichloranisol

Die Korkeiche kann alle neun Jahre geschält werden. Kork ist also kein knapper Rohstoff. Er hat allerdings zwei Nachteile. Er ist relativ teuer und kann mit einer Substanz kontaminiert sein, die den Wein geruchlich und geschmacklich verdirbt. Diese Substanz heißt 2,4,6-Trichloranisol (TCA) und entsteht durch ein kompliziertes Zusammenwirken von Substanzen aus der Natur (konkret: dem Stoffwechselprodukt eines Schimmelpilzes) mit Chlor und Brom aus der Umwelt.

Muffiger Fehlton

Leider ist einem Korken äußerlich nicht anzusehen, dass er fehlerhaft ist (ein etwaiger schwarzer Belag oder Schimmel an der Oberseite des Korken deutet nicht auf einen Fehlton hin). Der muffig-dumpfe Korkgeruch entsteht erst durch den Kontakt des Korks mit dem Wein. Und dieser Fehlton verschwindet nicht mehr. Im Restaurant kann der Gast einen korkkranken Wein zurückgehen lassen, und viele Fachhändler sind ebenfalls kulant und ersetzen korkkranke Weine. Supermärkte und Discounter leisten dagegen keinen Ersatz.

Korkschmecker

Die Angaben über die Korkschmeckerquote bei Weinen schwanken zwischen einem und drei Prozent. Doch durch die verbesserte Hygiene während des Verarbeitungsprozesses sowie eine strengere Qualitätskontrolle konnte die Quote in den letzten Jahren deutlich gesenkt werden. Außerdem sind inzwischen Korken auf den Markt gekommen, deren Hersteller durch besondere Produktionsverfahren Geruchsneutralität garantieren.

Qualität des Korkens

Jeder Korken ist von schwarzen Poren und Rissen durchzogen, den Lentizellen. Bei ihnen handelt es sich um abgestorbene Korkzellen. Sauerstoff kann nicht durch sie entweichen. Der Gasaustausch findet zwischen Korken und Glas statt, nicht durch den Korken hindurch. Gefährlich sind die Lentizellen nur bei Ziehen des Korkens. Besonders an den Querrissen bricht dieser leicht ab. Je weniger Lentizellen er aufweist, desto hochwertiger ist er. Viele Korken sind gebleicht und gewachst. Das Wachs führt häufig dazu, dass der Korken sehr fest im Flaschenhals steckt und es einer größeren Kraftanstrengung bedarf, um ihn zu ziehen.

Wie Kork und Korken produziert werden

Die Herstellung. Korken werden aus der Rinde der Korkeiche gestanzt. Ein junger 20-jähriger Baum liefert rund 15 Kilogramm Kork, ein 50-jähriger etwa 45 Kilogramm. Der Kork wird geschält und zwischen sechs und 24 Monate gelagert. Danach wird er in heißem Wasser gekocht, um ihn zu desinfizieren und Tannine auszuwaschen. Mittels Gaschromatograf wird versucht, etwaige im Rohstoff vorhandene Verunreinigungen rechtzeitig aufzuspüren. Erst dann werden die Korken aus den Rindenplatten gestanzt.

Verschiedene Korken. Die besten und teuersten Korken sind die sogenannten Ganzstückkorken. Sie garantieren die höchste Elastizität und Lebensdauer. Die aus Schnitzeln gepressten Korken dagegen sind härter und werden meist für einfachere Weine verwendet – mit Ausnahme des pilzförmigen Champagnerkorkens, der immer aus Schnitzeln besteht, die von zwei Naturkorkscheiben unten abgeschlossen werden.

Eine 25-jährige Korkeiche im Süden Portugals wird geschält.

Qualitätskontrolle. Sie beginnt mit der fachkundigen Pflege der Bäume. Die spätere Lagerung der geschälten Rinden muss an einem gut belüfteten Ort stattfinden. Beim Waschen und anschließenden Trocknen ist Hygiene sehr wichtig. Entdeckt der Gaschromatograf TCA-haltige Partien, können die Korken mittels einer Dampffermentation ausgewaschen werden.

ALTERNATIVE WEINVERSCHLÜSSE

Kunststoff, Zinn, Glas – besser als Kork?

Kork hat Konkurrenz bekommen. Die Alternativen – das sind Drehverschlüsse und Stopfen aus Glas und Kunststoff. Alle drei garantieren Geruchs- und Geschmacksneutralität. Am meisten durchgesetzt hat sich der Drehverschluss. Er schließt die Flasche praktisch hermetisch ab. Der Reifeprozess verläuft langsamer. Ob das gut oder schlecht für den Wein ist, darüber wird gestritten.

Kunststoffstopfen
Moderne Hightechverschlüsse aus Kunststoff lassen eine genau bemessene Menge Sauerstoff durch – je nach Modell.

Drehverschluss
Richtig konstruiert, schließt der Drehverschluss – der auch Stelvin Cap genannt wird – den Wein hermetisch von Sauerstoff ab.

Glasverschluss
Praktisch, ästhetisch, gut – wenn nur nicht der schmale Kunststoffring vorhanden wäre, mit dem der Wein in Kontakt kommt.

Allen alternativen Verschlüssen gemeinsam ist, dass man keinen Korkenzieher mehr benötigt, um eine Flasche Wein zu öffnen. Das vertraute »Plopp« gibt es nicht mehr, wenn der Korken aus dem Flaschenhals flutscht. Ein Stück Weinromantik geht verloren. Das Öffnen der Flasche ist kein Zeremoniell mehr. Schlimm? Für die einen ja, für andere nicht.

Stopfen aus Kunststoff

Sie sehen wie Korken aus, bestehen aber aus elastischen Polymeren, die sich zusammenpressen lassen und sich im Flaschenhals eng an das Innere der Glaswand drücken. Die Verschlüsse sind mithin lecksicher. Trotzdem findet, wie beim Naturkork, ein Luftaustausch statt. Die Kunststoffstopfen werden mit einem normalen Korkenzieher aus dem Flaschenhals gezogen. Mehrere Studien haben gezeigt, dass der Kunststoff den Wein nicht negativ beeinflusst. Allerdings erstrecken sich die Studien nur über relativ kurze Zeiträume. Außerdem wurden nicht alle auf dem Markt befindlichen Produkte getestet. Jeder Hersteller benutzt seine eigene Kunststoffmischung. Die einen verwenden Polymere auf Kohlenstoffbasis, das heißt Polyethylen. Andere Kunststoffstopfen sind aus Silikon, demnach sind es Polymere auf Sili-

Alternative Weinverschlüsse

ziumbasis. Einige Produkte kommen ohne Weichmacher auf den Markt, anderen werden Weichmacher zugesetzt. All dies relativiert die Studienergebnisse.

Luftdurchlässigkeit

Dennoch kann davon ausgegangen werden, dass Kunststoff zumindest für Weine, die innerhalb von fünf Jahren getrunken werden, ein zuverlässiger Verschluss ist. Und die Entwicklung ist noch lange nicht abgeschlossen. Inzwischen werden Kunststoffstopfen angeboten, die eine genau bemessene Menge Sauerstoff durchlassen – abgestimmt auf den Weintyp und sein Alterungspotenzial.

Schraubverschluss

Bei Spirituosen und Fruchtsäften hat sich der Schraubverschluss seit vielen Jahren bewährt. Allerdings sind die Anforderungen bei Wein höher, und Schraubverschluss ist nicht gleich Schraubverschluss. Die ersten Schraubdichtungen, die auf den Markt kamen, waren zwar lebensmittelecht, verhinderten aber nicht den Sauerstoffzutritt. Deswegen oxidierten die Weine schneller. Bei den heutigen Verschlüssen ist eine Zinnfolie in die Dichtung eingearbeitet. Dadurch sind die Stelvin Caps, wie sie in der Fachsprache heißen, gasdruckdicht. Ein Luftaustausch findet bei ihnen nicht statt. Da ihnen eine normale Kapsel übergestülpt wird, sind sie für den Käufer als Schraubverschluss kaum erkennbar.

Stelvin verändert den Stil

Viele Weingüter sehen die Stelvin Caps heute als beste und sicherste Alternative zum Naturkork an, und zwar für Weiß- wie für Rotweine, egal ob einfach oder hochwertig. Doch auch Stelvin Caps haben ihre Tücken. So dürfen die Weine nicht zu reduktiv vinifiziert werden, weil die sich in der Flasche entwickelnden Gase nicht mehr aus der luftdicht verschlossenen Flasche entweichen können. Häufig haben die Weine nach dem Öffnen deshalb ein stinkiges »Reduktionsbouquet« (das allerdings schnell wieder verschwindet). Von Vorteil ist, dass die Weine weniger Schwefel brauchen, da sie nicht oxidieren können. Das bedeutet größte Frische, fruchtigere Aromen, elegantere Stilistik. Der Nachteil ist, dass das Zeremoniell des Korkziehens wegfällt. Für »Schrauber« braucht man keinen Korkenzieher.

Glasverschluss

Der Glasstöpsel wurde von einem deutschen Zahnarzt erfunden. Er gleicht äußerlich den gläsernen Stöpseln, wie sie für Whisky- und Cognac-Karaffen üblich sind. Einziger Unterschied: Der Stöpsel schließt mit einem Plastikring ab, sodass kein Sauerstoff in die Flasche dringen kann. Damit der Glasstöpsel (Markenname ist Vino-Lok) fest sitzt, wird eine Zinn- oder Plastikkapsel über ihn gestülpt. Wird sie entfernt, reicht ein leichter Daumendruck, um den Glasstöpsel zu lösen. Ein Korkenzieher wird nicht mehr benötigt. Der Verschluss ist hygienisch. Korkschmecker gibt es nicht mehr. Und er ist ästhetisch. Weintrinkern fällt es leicht, ihn zu akzeptieren, auch wenn das charakteristische »Plopp«-Geräusch beim Öffnen wegfällt. Der größte Nachteil dieses Verschlusses besteht darin, dass er noch nicht lange erprobt ist. Ob der Wein auch nach Jahren noch frisch bleibt, ist unbekannt. Die Kontaktfläche des Plastikrings mit der Flüssigkeit ist zwar minimal, aber ob dieser auf längere Zeit dem Alkohol, der Säure oder den Phenolen des Weins standhält, bleibt abzuwarten. So ist auch der Glasstöpsel zunächst einmal vor allem für diejenigen Weine eine Alternative, die innerhalb der ersten Jahre getrunken werden. Alles andere wird sich zeigen.

Auf dem Vormarsch: der »Schrauber«

Die Suche nach dem optimalen Flaschenverschluss

Die Suche nach dem optimalen Weinflaschenverschluss ist in vollem Gange. Bei den Kunststoffverschlüssen gibt es inzwischen Produkte, die zwar den Flaschenhals hermetisch abschließen, im Innern aber kontrolliert luftdurchlässig sind. Das heißt: Der Weinerzeuger kann gezielt zwischen Verschlüssen wählen mit Schaumkernen unterschiedlicher Dichte. Für Weine, die kurzfristig getrunken werden sollen, reicht eine mittlere Schaumkerndichte. Für Weine, die sechs Jahre oder länger halten sollen, wird eine höhere Dichte gewählt.

Auch die Schraubverschlüsse befinden sich noch in der Phase der Perfektionierung. Dabei konzentriert sich die Forschung auf die Frage nach dem besten Dichtungsmaterial im Innern des Drehkopfes. Statt eines Zinnplättchens wird zum Beispiel mit einer Linse aus bruchsicherem Glas und anderen Materialien experimentiert. Aber auch die Korkindustrie schläft nicht und hat Verfahren entwickelt, um das Risiko einer TCA-Kontamination zu mindern beziehungsweise TCA rechtzeitig zu erkennen und zu neutralisieren.

Schutz für den Korken: die Kapsel

Die Kapsel dient nicht nur zur Dekoration. Sie hat auch eine Funktion. Sie soll die Unversehrtheit des Weins garantieren – im Zeitalter der Weinfälschungen eine zunehmend wichtige Aufgabe. Außerdem verlangsamt sie den Gasaustausch zwischen dem Flascheninhalt und der Außenwelt. Schließlich kann die Kapsel den Wein vor einem gefährlichen Schädling schützen: der Korkmotte.

Entfernung der Kapsel

Bevor der Korken herausgezogen wird, muss erst einmal die Kapsel entfernt werden. Sie schmiegt sich eng an den Flaschenhals an und lässt sich nicht als Ganzes entfernen. Eine unversehrte, fest sitzende Kapsel ist also ein Indiz für die Authentizität eines Weins. Mehr noch: Sie verhindert zwar nicht den Luftzutritt zum Wein, aber sie kann ihn verlangsamen. Die Kapsel hat also mehr als nur eine dekorative Funktion. Das praktischste Utensil, um sie zu entfernen, ist der sogenannte Kapselschneider.

Der Kapselschneider

Er ist die Erfindung eines texanischen Millionärs. Weinfreunde in aller Welt sind ihm dafür dankbar. Mit dem Gerät lässt sich jede Kapsel schnell, bequem und fast spielerisch entfernen. Er wird einfach auf den Flaschenkopf gesetzt und gedreht. Dabei trennen die rollenden Messer im Schneidebogen die Kapsel sauber durch, egal aus welchem Material diese ist. Danach lässt sich der Kapselhut einfach abnehmen. Der Kapselschneider ist auch für Magnumflaschen geeignet und kostet nur ein paar Euro. Der einzige Nachteil ist, dass man ihn stets bei sich haben muss.

Tief abschneiden

Manche Korkenzieher haben auch einen integrierten Kapselschneider. Wenn aber weder ein solcher noch ein Kapselschneider zur Hand ist, muss das Messer angesetzt werden. Aber wie? Vor allem wo? Der Kapsel ist es gleichgültig, aber nicht dem Wein. Wichtig ist, die Kapsel möglichst tief unterhalb der breiten Lippe abzuschneiden, damit der Wein beim Einschenken nicht über die Schnittkante fließt. Sonst könnten Metallreste in den Wein gelangen.

Schimmel und Schmant

Bei Weinflaschen, die ein paar Jahre im Keller gelegen haben, bildet sich gelegentlich Schimmel unter der Kapsel. Er ist harmlos. Schimmel weicht weder den Korken auf noch ist er für den berüchtigten Korkschmecker verantwortlich. Allerdings sollte der Schimmel mit einer Serviette entfernt werden, bevor der Korken gezogen wird. Unter mancher Kapsel bildet sich bei Flaschen, die länger gelegen haben, auch eine klebrig braune Flüs-

Die Kapsel

Kunststoffkapsel mit Lasche: Der Kapselhut lässt sich leicht entfernen.

Die Stanniolkapsel sollte unterhalb der Bandmündung abgeschnitten werden.

Geringes Risiko

Schon seit 1960 wird geforscht, ob von Metallkapseln eine Gefahr für den Wein ausgeht. Alle Untersuchungen haben gezeigt, dass innerhalb einer Lagerzeit von zehn Jahren praktisch keine Partikel von einer Bleikapsel in den Wein übergehen. Nach zehn Jahren allerdings kann der Wein einen höheren Bleigehalt aufweisen als zu Beginn der Lagerzeit: Wenn etwa der Korken zu kurz und stark durchnässt ist und die dünne Zinnschicht, mit der auch Bleikapseln überzogen sind, zerstört worden ist. Gesundheitlich bedenklich ist der Schwermetallgehalt jedoch nicht. Der Geschmack wird ebenfalls nicht beeinträchtigt. Bei den heutigen Zinnkapseln ist die Wahrscheinlichkeit einer Schädigung des Weins noch geringer. Säuren und Alkohol greifen Zinn nicht an, und anorganische Zinnverbindungen sind ungiftig. Zudem werden Weine, die für die Lagerung bestimmt sind, heute mit längeren Korken als früher ausgestattet.

sigkeit: der Schmant. Er entsteht, wenn Wein auf die Lentizellen des Korks trifft, was bei durchnässten Korken der Fall ist. Schmant ist ebenfalls ungefährlich. Die Flasche sollte jedoch mit einem feuchten Tuch gereinigt werden, bevor sie geöffnet wird.

Kunststoffkapseln

Das Gros der Weinflaschen ist mit Kapseln aus Polyethylen, PVC und PET versehen. Sie sind am billigsten, bergen allerdings das Risiko zu platzen (bei Wärme) oder rissig zu werden (bei Kälte). In den letzten Jahren haben sich vor allem Kapseln aus Aluminium-Laminat durchgesetzt (Aluminium mit einer PVC-Folie verschweißt).

Zinn statt Blei

Wertvolle Weine tragen dagegen fast immer eine Kapsel aus Zinn. Zinn hat seit 1990 schrittweise die traditionelle Bleikapsel abgelöst (die verharmlosend Stanniolkapsel hieß: *stannum* ist der lateinische Name für Zinn). Daher tragen heute nur noch Weine alter Jahrgänge eine Bleikapsel. Zinn ist zwar auch ein Schwermetall, aber kein toxisches – im Gegensatz zu Blei. Zinn ist weich, gut formbar und schmiegt sich so fest an den Flaschenhals an, dass die Kapsel den Wein fast luftdicht abschließt. Zinnkapseln haben nur einen Nachteil: Sie sind teuer. Billiger sind Aluminiumkapseln. Sie schützen den Korken ebenfalls sehr gut. Doch Aluminium ist ein Leichtmetall. Es strahlt nicht dieselbe Wertigkeit aus wie Zinn, und aufgrund der scharfen Schnittkanten kann man sich beim Öffnen leicht verletzen.

Kapsel und Korkmotte

Manche Kapseln sind gelocht, damit Sauerstoff an den Korken kommt und sich kein Schimmel unter ihnen bildet. Der Nachteil: Durch die Löcher kann die Korkmotte ihre Eier direkt auf der Oberfläche des Korkens ablegen. Die Korkmotte *(Nemapogon cloacellus)* ist ein rund sieben Millimeter langer Kleinschmetterling. Sie liebt dunkle, feuchte Räume und gehört zur festen Fauna eines Weinkellers. Der aus den Eiern schlüpfende Korkwurm frisst sich in den Korken, sodass dieser undicht wird. Durch die zunehmend warmen Weinkeller hat sich die Korkmotte in den letzten Jahren stark vermehrt. Gleiches gilt für die Kellermotte *(Dryadaula pactolia)* und die Weinmotte *(Oenophila v-flavum)*. Letztere bevorzugt trockene Keller. Der beste Schutz gegen die Motten sind ungelochte Kapseln.

Gelochte Kapseln fördern Sauerstoffaustausch, aber auch die Korkmotte.

...with a little help from my friend

Den Korken aus dem Flaschenhals zu ziehen kann eine kräftezehrende Angelegenheit sein, wenn das richtige Werkzeug fehlt. Es gibt schicke, aber höchst unpraktische Korkenzieher. Es gibt Korkenzieher, die simpel aussehen, dem Bediener aber groteske Verrenkungen abverlangen. Und es gibt die kleinen, freundlichen Helfer, die weder Muskelkraft noch Akrobatik erfordern und noch nicht einmal viel Geschick.

Gewinde versus Spindel

Die Handhabung eines Korkenziehers ist den Menschen nicht angeboren. Sie muss erlernt werden. Erlernen heißt in diesem Fall nicht, mit dem Muskeltraining zu beginnen, sondern sich nach einem geeigneten Korkenziehermodell umzusehen. Jahrzehntelang wurde um dieses Utensil nicht viel Aufhebens gemacht. Er musste nur zwei Anforderungen genügen: einen gewendelten Metallstab und einen Griff haben. Das Gewinde wurde in den Korken gedreht, am Griff wurde gezogen. Das erforderte so viel Kraft, dass man die Flasche oft zwischen die Knie klemmen musste, damit der Korken sich bewegte. Und wenn dieser mal besonders fest saß, hielt er dem Ziehdruck nicht stand und zerbröselte. Die wichtigste Anforderung an einen Korkenzieher ist deshalb, dass er kein Gewinde, sondern eine Spindel hat. Die Windungen sind rund und glatt, sodass die Spindel das Zellgewebe des Korkens durchdringt, aber nicht zerstört. Und die Windungen haben einen so großen Durchmesser, dass zwischen ihnen ein Hohlraum entsteht: die »Seele«. Der Korken wird dadurch besser gepackt.

Nur die »Seele« zählt

Heute gibt es ein breites Angebot von Korkenziehern: einfache, komplizierte, sperrige, teure, überteuerte. Sommeliers schwören auf das Kellnermesser. Weinliebhaber – vor allem weibliche – ziehen häufig den Flügelkorkenzieher vor. Amerikaner benutzen gern die Korkenspange. Doch egal welches Modell: Das Wichtigste ist, dass sie eine Spindel mit »Seele« haben.

Flügelkorkenzieher

Traditioneller Korkenzieher, umständlich anzusetzen. Außerdem sind beide Hände nötig, um die Flügel nach unten zu drücken. Die Flasche muss also stehen. Doch dann gleitet der Korken leicht aus dem Hals.

Kellnermesser

Der Korken wird mit dem Kellnermesser nicht gezogen, sondern aus dem Flaschenhals gestemmt – stufenweise, sanft und sicher mit Hilfe eines Stemmfußes, der auf den Flaschenrand aufgesetzt wird. Geringe Kraftanstrengung, aber ein wenig Geschick ist nötig.

Die Korkenzieher

Glockenmodell
Bewährtes Korkenziehermodell, etwas umständlich anzusetzen, doch dann wird der Korken fast automatisch aus dem Flaschenhals herausgezogen.

Korkenspange
Die Stahlfedern werden mit einer Wiegebewegung zwischen Glas und Korken gehebelt, bis sie den Korken ganz umklammern. Durch ein leichtes Drehen des Griffs wird der Korken gelöst und herausgedreht. Besonders gut für ältere Weine mit bröseligem Korken geeignet.

The Durant
In Amerika speziell für alte Weine mit problematischen Korken entwickeltes Modell: Erst wird die Spindel eingedreht, dann die Spange im 90°-Winkel eingehebelt. Schrumpelige und bröselige Korken werden so sicher gezogen. Ist leider sehr teuer und außerdem schwer zu finden.

Die Weingläser

Das Glas – Bühne für den Wein

In welche Flasche ein Wein gefüllt wird, ist ziemlich egal. Nicht egal ist, aus welchem Glas er getrunken wird. Ein falsches Weinglas kann einen Wein regelrecht »verstummen« lassen. Er kann nicht zeigen, wie gut er ist und was in ihm steckt. Das heißt nun nicht, dass jede Rebsorte ihr eigenes Glas braucht. Aber jeder Wein braucht ein Glas, das zu ihm passt.

Sekt-/Champagnerkelch
Sekt, Crémant, Cava und einfache Champagner trinkt man aus schmalen, dünnwandigen Gläsern. Durch die hochgezogene Tulpenform kann sich die Mousse gut aufbauen. Edle Jahrgangschampagner sowie Prestige Cuvées (bzw. deren Schaumweinpendants) dürfen auch aus Gläsern mit einem breiteren Kelch genossen werden. Sektflöten und Sektschalen eignen sich nicht für Schaumweine.

Weißweinglas
Für junge, nicht zu schwere Weißweine eignen sich kleinvolumige Gläser mit geringem Durchmesser. Sie transportieren die Frucht und die Säure genau auf den richtigen Punkt der Zunge. Für einfache Rieslinge, Weißburgunder, Pinot Grigio, Gavi, Bordeaux Sec, Grünen Veltliner, Sancerre, Sauvignon Blanc, Albariño oder Vinho Verde ist dieses Glas ideal. Auch Prosecco wird aus diesem Weißweinglas getrunken.

Burgunderkelch
Mittelschwere bis körperreiche Weißweine (z.B. Chablis, Pouilly-Fumé, weiße Burgunder, spanische Rueda, Große Gewächse aus Deutschland, Smaragde aus der Wachau und Barrique-Weißweine) verlangen nach Gläsern mit größerem Volumen. Bei diesem Glas läuft der Wein auf breiter Front in die Mundhöhle ein, sodass nicht nur Frucht und Säure, sondern auch Extrakt und Körper geschmeckt werden. Auch für rote Burgunder gut geeignet.

Rotweinkelch
Junge, fruchtbetonte Rotweine (z.B. Côtes du Rhône, Corbières, Bardolino, Nero d'Avola, Chianti, spanische Joven und Crianzas) trinkt man aus Gläsern mit schmalem Durchmesser und hohem Duftkamin. Der Kelch dient auch als Allzweckglas für Rotweine, etwa für einfache, junge Bordeauxweine.

Die Weingläser

Das Glas ist für den Wein so wichtig wie die Bühne für den Künstler. Es sollte nicht zu groß, aber auch nicht zu klein sein. So wie Künstler Raum braucht, um agieren zu können, so darf das Glas den Wein nicht einengen. Sonst kann er sich nicht entfalten. Umgekehrt darf der Wein sich im Glas nicht verlieren. Er muss es ausfüllen. Deshalb kommt der Dimension des Kelches eine große Bedeutung zu. Ein vielschichtiger Wein mit breitem Aromenspektrum muss zum Beispiel auf breiter Front in die Mundhöhle einfließen, um den ganzen Gaumen zu benetzen. In einem Glas mit enger Öffnung würde er versickern. Deshalb sollten Weingenießer mehr als nur ein Glas zu Hause im Schrank haben. Der Wein wird es ihnen danken.

Rotweinballon
Opulente, gerbstoffreiche Rotweine, die viel Sauerstoffkontakt benötigen (große Bordeaux, Brunello di Montalcino, Ribera del Duero, Priorato, Dão, Douro sowie große Cabernet Sauvignons aus Übersee) trinkt man aus Gläsern mit großem Durchmesser, in denen sich die Fülle des Weins am besten entfaltet.

Großer Rotweinballon
Edle fruchtbetonte Rotweine wie Chambertin, Hermitage, Côte Rôtie, Châteauneuf-du-Pape, Barolo, Amarone, Taurasi oder Rioja Gran Reserva trinkt man aus diesen bauchigen Ballons mit breitem Durchmesser. Der Duft kann sich entfalten, verfliegt aber nicht so leicht. Und durch die sich leicht verjüngende Öffnung kommt der Wein punktgenau auf die Zunge.

Dessertweinkelch
Auslesen, Beerenauslesen, Eisweine, Sauternes, Sélection de Grains Nobles, von denen man nur kleine Mengen schluckweise genießt, trinkt man aus kleinvolumigen Gläsern. In ihnen nimmt man nicht nur die Süße, sondern die ganze Geschmacksfülle der Weine einschließlich ihrer Säure wahr. Auch für die alkoholverstärkten Vins Doux Naturels aus Südfrankreich sind diese Gläser angezeigt.

Likörweinglas
Portwein, Madeira, Sherry, alter Marsala und andere alkoholverstärkte Süßweine trinkt man aus kleinen, engen Gläsern. Durch die kleine Oberfläche und den verhältnismäßig geringen Luftkontakt verfliegt nur wenig Alkohol, während die Aromen voll zur Geltung kommen.

Die Trinktemperatur

Immer gut temperiert

Die Temperatur des Weins bestimmt maßgeblich seinen Genusswert. Die häufigsten Fehler, die gemacht werden: Weißwein zu kalt und Rotwein zu warm zu trinken. Ein Weißwein, der das Glas beschlägt, hat sein Aroma verloren. Und einen Rotwein mit Zimmertemperatur zu servieren verspricht kein Genuss mehr. Deshalb ist die richtige Temperatur genauso wichtig wie das richtige Glas.

Das Herunterkühlen des Weißweins, beispielsweise auf Eis, heißt Frappieren. Doch ein Wein, der zu lange auf Eis steht, verliert sein Aroma.

Rotweine kühler trinken

Zimmertemperatur ist eine Empfehlung aus Großmutters Zeiten, als Wohnungen noch so kühl waren, dass die Menschen einen Pullover trugen, um nicht zu frieren. Für den Rotwein war das eine ideale Temperatur: 18 °C etwa. Heute herrschen in Wohnungen oft gemütliche 22 °C und mehr – für den Wein eindeutig zu viel. In Gaststuben zeigt das Thermometer oft sogar 25 °C an. Wird der Wein dann aus dem Regal an der Wand genommen, riecht der Gast nur den Alkohol, wenn er am Glas schnuppert. Der verfliegt nämlich mit steigender Temperatur. Und die Frucht wird gar nicht mehr wahrgenommen. Grundsätzlich gilt: Rotwein wird zwischen 16 °C und 18 °C getrunken, wobei einfache, junge, fruchtige Rotweine eher bei 16 °C, vollmundige, reiche Weine eher bei 18 °C liegen sollten, mit einer Toleranz bis 20 °C. Dann schmecken sie am besten.

Weißweine oft zu kühl

Weißweine werden meistens wegen ihrer ausdrucksvollen Frucht und ihrer Frische getrunken. Sie schmecken am besten bei Temperaturen zwischen 8 °C und 10 °C. Dabei gilt: Je leichter der Wein ist, desto kühler darf er getrunken werden. Beschlägt der Wein das Glas, ist das ein Zeichen dafür, dass er zu kalt ist. Der Alkohol, der Aromen und Geschmack transportiert, kann nicht entweichen. Der Wein gibt seine zarte Aromen nicht frei. Umgekehrt sollten vollmundige Weißweine ruhig etwas wärmer getrunken werden. Deutsche Spätlesen, Wachauer Smaragde und im kleinen Holzfass gereifte Chardonnays aus Burgund oder Übersee schmecken am besten bei 12 °C. Bei dieser Temperatur kommen Fülle und Feinheit optimal zum Ausdruck. Noch vollere, üppigere Weine können durchaus auch mit 14 °C getrunken werden.

Chambrieren und Frappieren

Was tun, wenn der Wein die falsche Temperatur hat und keine Zeit ist, ihn langsam auf die richtige Trinktemperatur zu bringen? Schon nach einer halben Stunde in einer durchschnittlich warmen Wohnung steigt die Temperatur eines kellerkühlen Weins um etwa 6 °C. Chambrieren nennt der Fachmann die langsame Anpassung an die Umgebungstemperatur. Man kann nachhelfen, indem man die Flasche kurz in ein warmes Wasserbad stellt. Wesentlich schwieriger ist es, einen zu warmen Wein schnell herunterzukühlen. Die einzige Möglichkeit besteht darin, die Flasche zehn Minuten in einen Eiskübel zu stellen oder ins Eisfach des Kühlschranks zu legen. Diese Schocktherapie, der Fachausdruck ist Frappieren, ist allerdings umstritten, weil der plötzliche Temperaturschock dem Wein auch schaden kann.

Die Trinktemperatur

Die optimale Trinktemperatur von Weiß- und Rotweinen

8 °C	10 °C	12 °C	14 °C	16 °C	18 °C
Frankreich Champagner Crémant Aligoté Sancerre Saumur Muscadet Vin de Pays Blanc	**Frankreich** Muscadet Pouilly-Fumé Sancerre Chablis Bordeaux Sec Vin de Pays d'Oc Blanc	**Frankreich** Puligny-Montrachet Corton-Charlemagne Musigny Blanc Chablis Grand Cru Meursault Pinot Gris (Elsass) Riesling Grand Cru Crozes Hermitage Rosé de Provence Sauternes (süß)	**Frankreich** Beaujolais Primeur Tavel Rosé Lirac	**Frankreich** Champagner Mercure Macon Rouge Chinon Beaujolais Cru Burgunder (Gemeindelagen) Bordeaux Supérieur Madiran Côtes du Rhône	**Frankreich** Bordeaux: alle Crus Classés Côteaux du Languedoc Côtes de Roussillon Côtes de Provence Châteauneuf-du-Pape Côte Rôtie Hermitage
Italien Prosecco Pinot Grigio Soave Gavi	**Italien** Weißweine aus Friaul, Südtirol, Süditalien Chardonnay (ohne Holz) Verdicchio Vermentino Arneis Lugana Rosato	**Italien** Chardonnay (Barrique) Gewürztraminer Vin Santo	**Italien** Lambrusco Südtiroler Vernatsch	**Italien** Chianti Vino Nobile Pinot Nero Valpolicella Bardolino St. Magdalener	**Italien** Chianti Classico Riserva Brunello di Montalcino Aglianico del Vulture Taurasi Barbera Barolo Barbaresco Amarone, Primitivo
Deutschland Gutswein/ Kabinett Weißherbst Winzersekt	**Deutschland** Ortsweine Jahrgangs- und Lagensekte Grauburgunder Beeren- und Trockenbeerenauslesen	**Deutschland** Große Gewächse Beeren- und Trockenbeerenauslesen	**Deutschland** Trollinger	**Deutschland** Spätburgunder Lemberger Dornfelder	**Deutschland** Spätburgunder (Große Gewächse)
Österreich G'spritzter Welschriesling	**Österreich** Grüner Veltliner Riesling Rotgipfler Zierfandler	**Österreich** Smaragd (Wachau) Sauvignon Erste/Große Lage Morillon Erste/Große Lage Grüner Veltliner Reserve, Ausbruch	**Österreich** Schilcher	**Österreich** Zweigelt St. Laurent	**Österreich** Blaufränkisch Reserve Rotwein-Cuvées
Spanien Cava Weißweine Penedès	**Spanien** Albariño Rosado	**Spanien** Rioja Blanco Rueda	**Spanien** Fino-Sherry	**Spanien** Crianza-Rotweine	**Spanien** Rioja Reserva Ribera del Duero Priorato Somontano
Portugal Vinho Verde	**Portugal** Vinho Regional Branco	**Portugal** Douro Branco Dão Branco	**Portugal** Portwein Madeira	**Portugal** Vintage Port	**Portugal** Douro und Dão Bairrada Alentejo Ribatejo
Schweiz Petite Arvine Amigne Heida	**Schweiz** Fendant Aigle	**Schweiz** Dézaley Pinot Gris Pinot Blanc Œil de Perdrix	**Schweiz** Gamay	**Schweiz** Dôle Blauburgunder	**Schweiz** Merlot del Ticino
Übersee Sauvignon Blanc	**Übersee** Fumé Blanc Pinot Gris Viognier Chenin Blanc Marlborough Sauvignon Blanc	**Übersee** Chardonnay (Barrique)	**Übersee** White Zinfandel	**Übersee** Pinot Noir	**Übersee** Cabernet Sauvignon Merlot Shiraz/Syrah Pinotage Zinfandel

Richtig einschenken – gar nicht einfach

Selbst beim Einschenken kann man noch Fehler machen. Der häufigste ist, das Glas zu voll zu schenken. Der zweithäufigste: zu kleckern. Den richtigen Schwung und das richtige Augenmaß zu entwickeln, dazu braucht es Übung und ein paar Anhaltspunkte. Dann kann nichts mehr schiefgehen und der Wein endlich seiner Bestimmung zugeführt werden: mit Nase, Mund und Auge genossen zu werden.

Öffnen am Tisch

Weil das Öffnen der Flasche ein spannender Moment ist, lassen kultivierte Gastgeber ihre Mittrinker an ihm teilhaben. Sie öffnen die Weinflasche daher am Tisch, also vor den Augen ihrer Gäste. Das Prinzip des »coram publico« hat eine lange Tradition: Es soll damit demonstriert werden, dass der Originalwein ausgeschenkt wird und kein gepanschter Wein – früher ein gar nicht so seltenes Vorkommnis in der »feinen« Gesellschaft.

Vorsichtiges Einschenken

Der Wein wird vorsichtig eingeschenkt und nicht mit einem großem Schwall ins Glas geschüttet. Bei edlen Weinen kann der Einschenkende das Glas sogar in die Hand nehmen, mit der Öffnung schräg zum Flaschenhals neigen und den Wein langsam einlaufen lassen. Normalerweise aber steht das Glas auf dem Tisch und der Wein wird von oben eingeschenkt. Wenn er dabei im Glas Blasen bildet – kein Problem. So kann er gleich atmen, und die Blasen sind spätestens nach einer Minute wieder verschwunden. Damit der letzte Tropfen nicht auf das Tischtuch fällt, drehen geübte Einschenker die Flasche nach dem Ende des Einschenkvorgangs leicht aus dem Unterarm heraus weg. Der letzte Tropfen Wein bleibt so am Flaschenmund hängen. Liegt der Wein in einem Dekantierkorb, wird die Flasche nicht etwa bei jedem Einschenken aus ihm herausgenommen, sondern man nimmt den Dekantierkorb samt der Flasche in die Hand und schenkt aus diesem ein.

Nie randvoll einschenken

Die einfachste Art, sich als Weinignorant zu offenbaren, besteht darin, die Gläser seiner Gäste randvoll zu schenken. Was gut gemeint sein mag, erweist sich als höchste Form der Genussfeindlichkeit. Gläser, die zu voll geschenkt sind, können nur schwer am Stiel balanciert werden. Das Bouquet kann sich nicht entwickeln. Und der Wein erwärmt sich im Glas schneller als in der Flasche. Außerdem animiert die große Menge zum Schnelltrinken statt zum Genießen.

Füllhöhe des Glases

Als Faustregel gilt, dass kleine Gläser zu nicht mehr als einem Drittel, große Gläser sogar nur zu einem Viertel (oder weniger) gefüllt sein sollten. Als Anhaltspunkt kann auch gelten: bis zu dem Punkt einschenken, an dem das Glas seinen größten Durchmesser hat. Die Devise heißt also: wenig ein- und dafür umso häufiger nachschenken. Die Regel ist keine snobistische Etikette. Weinkenner halten sich intuitiv an sie. Sie schenken umso weniger ein, je wertvoller der Wein ist. Aber nicht etwa aus Geiz: Nur wenn genügend Luft im Glas ist, kann der Wein sich optimal entfalten. Dennoch ist die Unsitte des Vollschenkens weit verbreitet, insbesondere in der Gastronomie. Kellner, die Weingläser bis zum Eichstrich füllen, demonstrieren eine Biermentalität. Sie sollten ihre Weine lieber gleich in Krügen statt in Kelchen ausschenken.

Ausnahme Schaumwein

Weil Schaumweingläser meist eng sind, dürfen sie bis zur halben oder dreiviertel Höhe eingeschenkt werden. Dann ist immer noch genügend Platz, damit sich die Mousse beim Einschenken aufbauen kann. Außerdem ist das Perlenspiel bei einem gut gefüllten Glas besser zu beobachten.

Coravin: Wein aus der geschlossenen Flasche

Wein trinken, ohne den Korken der Weinflasche zu ziehen – das macht Coravin möglich. Das sperrige Gerät wurde in den USA entwickelt und hat sich schnell über die ganze Welt verbreitet. Ein »System für den Zugang zum Wein«, so nennt es sich offiziell. Der Zugang zum Wein sieht konkret so aus: Eine dünne Nadel wird durch Kapsel und Korken gedrückt. Im Inneren enthält die Nadel zwei Kanülen. Durch die eine fließt, wenn man die Flasche neigt, der Wein ins Glas. Durch die andere wird inertes Gas (überwiegend Stickstoff) in die Flasche gedrückt. Es füllt den Hohlraum aus, der durch das Abfließen des Weins entsteht. Da Kork elastisch ist, schließt sich das Loch, wenn die Nadel wieder herausgezogen wird. Das heißt: Die Flasche kann, obwohl teilentleert, wieder in den Keller zurückgelegt werden. Das Gas schützt den Wein vor Oxidation. Der Konsument kann in zeitlichen Abständen immer ein oder zwei Glas abzapfen, ohne die Flasche zu entkorken. Durch die Möglichkeit des glasweisen Ausschanks hat sich Coravin vor allem in der Spitzengastronomie bewährt.

Viel Hightech, wenig Wein: Mit Coravin lässt sich eine kleine Menge Wein abzapfen, ohne den Korken zu ziehen.

Die Lagerung des Weins: Wie er liegt, so reift er auch

Die meisten Weine sind für den kurzfristigen Konsum gedacht. Manche Weine halten sich aber mehrere Jahre in der Flasche, einige sogar jahrzehntelang – vor allem Rotweine. Allerdings kommt es darauf an, dass sie richtig gelagert werden. Viele Weinsammler glauben, sie würden dieser Forderung allein dadurch Genüge tun, dass sie ihre Flaschen liegend aufbewahren. Doch damit ist es nicht getan.

Große Rotweine aus Bordeaux sind ein beliebtes Sammlerobjekt. Gute Jahrgänge können jahrzehntelang lagern und sich dabei noch verfeinern, kleine Jahrgänge weniger lang.

Supermarktweine

Die meisten Weine, die in den Regalen der Supermärkte stehen, sollten sofort oder innerhalb von einem Jahr getrunken werden. Möglicherweise halten sie auch länger. Aber sie verbessern sich durch die Lagerung nicht. Sie sind für den schnellen Konsum konzipiert. Um diese Weine muss man sich keine großen Gedanken bezüglich der richtigen Lagerung machen. Sie können entweder liegend oder stehend, bei Zimmertemperatur oder auch an Orten, die gewissen Temperaturschwankungen unterliegen, aufbewahrt werden. In so kurzer Zeit kann ihnen wenig passieren. Solange sie nicht in der heißen Sonne stehen, nehmen sie keinen Schaden und verderben nicht.

Wenn ein Keller fehlt

Wer seine Weine hingegen drei, fünf oder mehr Jahre aufbewahren will, braucht einen geeigneten Ort für die Lagerung. Ein kühler, temperaturstabiler Keller wäre dafür

Die Weinlagerung

Moderner Weinkeller: naturkühl oder klimatisiert, dunkel, übersichtlich gegliedert

ideal. Wer über einen solchen nicht verfügt, muss sich etwas einfallen lassen. Er kann sich zum Beispiel einen Weinklimaschrank kaufen. Er kann den Wein aber auch an einem kühlen Ort in der Wohnung aufbewahren oder ihn in der Garage lagern, wenn diese nicht nach Öl und Autoabgasen riecht (was fast immer der Fall ist). Wenn die Flasche dagegen einen Schraubverschluss hat, spielt auch das keine Rolle, denn der »Schrauber« schließt die Flasche hermetisch ab. Fremdgerüche können solch einen Wein nicht beeinflussen. Ihn im Karton oder in der Holzkiste zu lassen, ist sinnvoll, denn die Verpackung schützt den Wein vor Lichteinfluss. Übrigens: Die Flasche muss weder jedes Jahr gedreht noch gestreichelt werden. Wein will Ruhe.

Eine Frage der Lage

Wer je einen Blick in den Keller eines Weingutes oder in die Raritätenkammer einer Weinhandlung geworfen hat, weiß, in welcher Position Wein aufbewahrt wird: liegend. Auch Fachbuchautoren sind einhellig der Meinung, dass der Wein liegen sollte. Der Korken muss immer von Wein umspült sein, damit er nicht schrumpft. Sonst beginnt die Flasche zu lecken. Und mit jedem Tröpfchen, welches verdunstet, nimmt das Oxidationsrisiko zu. Mit den neuen Schraubverschlüssen greift dieses Argument jedoch nicht mehr. Flaschen mit »Schrauber« können ebenso gut stehend aufbewahrt werden. Gleiches gilt natürlich für Flaschen mit Kunststoffstopfen. Auch diese schrumpfen nicht. Inzwischen hat die Korkforschung herausgefunden, dass ein guter Naturkork bei rund 70 Prozent Luftfeuchtigkeit praktisch kein Schrumpfrisiko birgt. Die Gefahr einer Leckage ist also gering. Das bedeutet, dass auch mit Kork verschlossene Flaschen stehend gelagert werden können. Dabei kommt es allerdings auf die Qualität des Korkens an. Den Wein liegend zu lagern ist in jedem Fall sicherer.

Worauf es bei längerer Lagerung von Wein ankommt

Licht: Die Flaschen sollten so dunkel wie möglich liegen, denn Licht lässt im Laufe der Jahre die Farbe des Weins verblassen. Gewisse mikrobiologische Prozesse, die zu einer schnellen Alterung des Weins führen, werden durch Licht ausgelöst. Besonders Champagner ist gegen Lichteinflüsse empfindlich. Der Raum muss nicht vollständig abgedunkelt sein, aber das Licht sollte wenigstens gedämpft sein.

Temperatur: Bei kühlen Temperaturen zwischen 8 °C und 14 °C reift Wein am besten. Das heißt: am langsamsten und am sichersten. Doch wichtiger als die genaue Temperatur ist die Temperaturstabilität. Temperatursprünge zwischen Winter und Sommer von mehr als 10 °C sind auf Dauer nicht gut für den Wein: Er sollte besser bei konstanten 16 °C als bei ständigem Wechsel zwischen 8 und 14 °C gelagert werden.

Luftfeuchtigkeit: Die Luftfeuchtigkeit muss so hoch sein, dass der Korken des Weins nicht austrocknet. Andernfalls schrumpfe er und lasse Luft eintreten, behaupten die Experten. Sie fordern eine Luftfeuchtigkeit von mind. 65 Prozent. Tatsächlich haben Untersuchungen nachgewiesen, dass ein guter Korken in den ersten 25 Jahren so gut wie gar nicht schrumpft. Wohlgemerkt: ein guter Korken.

Geruch: Die Weinflaschen müssen geruchsneutral gelagert werden. Speisegerüche oder Autoabgase beeinträchtigen Duft und Geschmack des Weins sehr schnell. Das gilt nicht für Flaschen mit Schraubverschluss. Bei ihnen findet kein Sauerstoffaustausch statt.

Geräusche: Rein akustische Störungen schaden dem Wein eigentlich nicht. Wenn mit den Geräuschen allerdings

Moderner Weinklimaschrank: vibrationsfrei und geruchsneutral

Vibrationen oder gar Erschütterungen verbunden sind, wird der Reifeprozess des Weins empfindlich gestört. Dies ist zum Beispiel bei herkömmlichen Kühlschränken der Fall, die sich automatisch ein- und wieder ausschalten. Auch Erschütterungen, die durch Auto- oder Bahnverkehr bedingt sind, tun dem Wein nicht gut.

Wie alt kann Wein werden?

Die Fähigkeit, in der Flasche zu reifen, unterscheidet den Wein von allen anderen Getränken. Deshalb geht für viele Weintrinker von alten Weinen eine große Faszination aus. Doch können alle Weine reifen? Und wie lange müssen sie reifen? Tatsächlich haben nur wenige Weine das Potenzial, alt zu werden. Die meisten erreichen ihren Trinkhöhepunkt schon lange vorher. Sie über Jahre zu lagern ist darum nicht sinnvoll. Sie verlieren ihre Frische.

Alte Bordeauxweine: Die Fähigkeit, sich in der Flasche zu verfeinern, macht die Faszination vieler Rotweine aus.

Mythos alter Wein

Wer je das Glück hatte, in seinem Leben einen 1870er Château Lafite-Rothschild, einen 1937er Romanée-Conti oder eine 1925er Trockenbeerenauslese vom Rhein oder von der Mosel zu trinken, wird eine gehörige Portion Ehrfurcht zurückbehalten haben. Aber die Ehrfurcht für gereifte, edle Tropfen ist eigentlich nur bei wenigen Weinen gerechtfertigt: bei alten Bordeaux und Burgundern aus großen Jahrgängen etwa, beim spanischen Vega Sicilia und einer Handvoll anderer Rotweine von der Iberischen Halbinsel, bei einigen Roten aus Italien wie Barolo, Brunello di Montalcino und anderen toskanischen Spitzengewächsen, bei edelsüßen Spezialitäten aus Sauternes, Deutschland und Österreich, bei hochwertigen

Rieslingen und Gewürztraminern, insbesondere solchen mit Restsüße, bei Jahrgangsportweinen und nicht zuletzt bei großen Jahrgangschampagnern oder Prestige Cuvées.

Frühe Trinkreife

Das bedeutet umgekehrt, dass rund 95 Prozent der Weine eine längere Lagerung nicht lohnen oder sie nicht vertragen. Sie sollten jung oder innerhalb von zwei, drei Jahren getrunken werden, solange sie noch frisch sind. Zwar verwandeln sie sich nicht gleich in Essig, aber sie verlieren ihren Biss, schmecken unfrisch und fade. In diese Kategorie gehören fast alle preiswerten Weiß- und Rotweine. Bessere Weine, weiße wie rote, halten sich vielleicht auch ein paar Jahre länger. Aber es lohnt sich meist nicht, sie fünf oder zehn Jahre aufzubewahren. Sie werden durch die Lagerung nicht besser. Außerdem werden viele Weine heute bewusst so konzipiert, dass sie schon früh mit Genuss trinkbar sind.

Schutz gegen Sauerstoff

Wovon hängt die Fähigkeit eines Weins ab, sich in der Flasche zu verfeinern? Einfach ausgedrückt, ist es vor allem seine Fähigkeit, eintretenden Sauerstoff zu binden. Sauerstoff ist der größte Feind des Weins. Er führt – wie man an Weinen beobachten kann, die mehrere Tage lang offen standen – zu Oxidation und schließlich zur Essigbildung. Jene wenigen Milligramm Sauerstoff, die im Laufe der Jahre am Korken vorbei in die Flasche gelangen, reichen aus, damit die Säuren, Ester und Alkohole neue Verbindungen eingehen. Rotweine vertragen in der Regel mehr Sauerstoff, während Weißweine oxidationsanfälliger sind. Rotweine brauchen sogar Sauerstoff, damit das anfangs harte Tannin weicher wird, das Weißweine praktisch nicht besitzen. Damit ist auch klar, welche Rotweine für eine längere Lagerung bestimmt sind – solche mit viel Tannin. Neuere Forschungsarbeiten zur Lagerung des Weins deuten darauf hin, dass zahlreiche chemische Reifevorgänge auch ganz ohne Sauerstoff vonstattengehen. In einer hermetisch von Sauerstoff abgeschlossenen Flasche (die versiegelt ist oder einen Schraubverschluss trägt) entwickelt sich der Wein ebenfalls – nur langsamer als in einer mit Kork verschlossenen.

Alter deutscher Riesling: auch nach Jahrzehnten noch perfekt zu trinken

Die wichtigsten Sauerstoffhemmer

Es sind mehrere Faktoren, die dafür sorgen, dass ein Wein in der Flasche reift – oder auch nicht. Die wichtigsten sind:

Das Tannin: Tannin ist Gerbsäure, und Gerbsäuremoleküle reagieren schnell auf Sauerstoff: Sie binden ihn. Dadurch kann der Sauerstoff den Wein nicht oxidieren. So reifen tanninreiche Rotweine in der Regel besser als tanninarme Weißweine.

Die Säure: Im Wein sind zahlreiche Säuren enthalten. Auch sie konservieren den Wein, verhindern also, dass chemische sowie biologische Prozesse ablaufen, an deren Ende der Verderb des Weins stehen würde (Ascorbinsäure ist als Konservierungsmittel im Wein zugelassen). Allerdings garantiert ein hoher Säuregehalt allein noch kein langes Leben. Sonst wären viele große, säurearme Weine schnell passé, zum Beispiel die langlebigen Weißweine aus dem Burgund.

Der Extrakt: Bei Weinen, die viel Extrakt aufweisen, richtet der Sauerstoff weniger Schaden an – also bei konzentrierten, spät gelesenen Weinen, die mit niedrigen Traubenerträgen produziert wurden, wie etwa vollreife Rotweine oder süße Auslesen.

Der Schwefel: Ein besonders reaktionsfähiger Stoff ist Schwefel, der schnell Sauerstoff bindet und diesen damit unschädlich macht. Deshalb wird er jedem Wein als Konservierungsmittel in Form von schwefliger Säure zugesetzt. Der nicht sofort gebundene Schwefel bleibt quasi als »freier Schwefel« im Wein enthalten und dient als Reserve für den zukünftigen Alterungsprozess des Weins. Er verlangsamt diesen Prozess und sorgt also dafür, dass der Wein reifen kann, nicht altert.

Das Dekantieren

Manchmal sinnvoll, manchmal Angeberei

Bei edlen Rotweinen ist das Dekantieren ein alter und häufig geübter Brauch. Dabei wird der Wein vorsichtig von der Flasche in eine Karaffe umgefüllt, um danach aus der Karaffe ins Glas geschenkt zu werden. Der Umweg über die Karaffe diente ursprünglich dazu, alte Rotweine von ihrem Depot zu trennen. Heute dient das Dekantieren eher dazu, einen jungen Wein atmen zu lassen.

Rotweine, die atmen müssen, werden nach dem Öffnen der Flasche in eine Karaffe mit großem Durchmesser umgefüllt und aus dieser eingeschenkt.

Depot nicht mittrinken

Früher diente das Dekantieren vor allem dazu, einen reifen Bordeaux, Burgunder oder Rioja vom Depot zu befreien, das sich im Laufe der Jahre gebildet hat. Depot nennt man den Satz auf dem Flaschenboden. Er besteht aus feinen, manchmal auch groben Schwebeteilchen, die nichts anderes sind als ausgefälltes Tannin und ausgefällte Farbpigmente. Das Depot wird nicht mitgetrunken. Es muss also verhindert werden, dass es beim Einschenken ins Glas gelangt. Dazu stellt man die Flasche erst einmal senkrecht auf den Tisch, damit sich das Depot auf dem Flaschenboden sammeln kann. Danach gießt man den Wein vorsichtig in die Karaffe. Wenn das Depot am Ende ausfließt, bricht man den Dekantiervorgang ab. Auf diese Weise bleibt der Trub in der Flasche zurück und der klare Wein wird aus der Karaffe ins Glas geschenkt. Aufgrund des Trends, Weine jung zu trinken, gibt es kaum noch eine Notwendigkeit, das Depot vom Wein zu trennen. Heute wird dekantiert, um junge Weine atmen zu lassen.

Geschmackliche Entfaltung

Edle Rotweine haben meist ein oder zwei Jahre im Fass gelegen und sind danach noch mehrere Monate in der Flasche nachgereift. Wenn eine solche Flasche geöffnet

Das Dekantieren

Das Servierkörbchen dient dazu, das Depot alter Weine am Flaschenboden zu sammeln.

wird, entströmt ihr oft ein metallischer oder medizinischer Geruch. Dieser Geruch ist das Resultat von biochemischen Veränderungen in der Flasche. Die Veränderungen sind, auch wenn sie sich in unangenehmen Gerüchen niederschlagen, ein Zeichen dafür, dass der Wein »lebendig« ist. Der Fachmann spricht vom Reduktionsbouquet. In der Regel verschwinden die unangenehmen Gerüche von selbst, wenn die Flasche geöffnet wird und der Wein im Glas ist. Manchmal dauert das fünf, manchmal zehn Minuten, manchmal auch etwas länger. Dieser Prozess kann beschleunigt werden, indem man den Wein dekantiert.

Neue Karaffen

Beim Dekantieren kommt der Wein mit mehr Sauerstoff in Berührung als beim normalen Einschenken aus der Flasche. Dabei kommt dem Wein die Form der modernen Karaffen zugute, die sich deutlich von den traditionellen Dekantierkaraffen unterscheiden: Sie sind bauchiger. Dadurch ist die Kontaktfläche des Weins mit dem Sauerstoff größer als früher. Der Wein hat mehr Gelegenheit zu atmen. Außerdem besitzen viele moderne Karaffen einen langen Hals, in dem sich der Wein beim Einfüllen verwirbelt. Auch dadurch wird der Sauerstoffkontakt intensiviert. Unangenehme Nebentöne (Gärbouquet, Böckser) verfliegen schneller. Das Dekantieren führt aber nicht nur dazu, dass das Bouquet sauberer wird. Der ganze Rotwein wird harmonischer. Denn der Gerbstoff, der die Seele jedes edlen Rotweins ausmacht, ist eine sehr reaktionsfreudige Substanz. Kommt er mit Sauerstoff in Kontakt, reagiert er schnell. Resultat: Das junge, oft noch ein wenig sperrige Tannin wird weicher, der Wein harmonischer.

Dekantierzeit

Je gerbstoffreicher ein junger Wein ist, desto besser bekommt ihm das Dekantieren. Am besten ist es, man lässt den Wein eine Zeit lang in der Karaffe stehen: 15 bis 30 Minuten etwa. Sehr gerbstoffreiche Weine wie junge Bordeaux, Barolo, große toskanische Rotweine, spanische Reservas oder kalifornische Cabernet Sauvignons können auch zwei Stunden und länger in der Karaffe stehen, wenn Zeit dafür ist und der Wein erst später getrunken werden soll. Bei diesen Weinen lohnt sich ein Dekantieren in der Regel auch noch, wenn sie schon zehn oder zwölf Jahre alt sind. Denn die lange Zeit im »Gefängnis« der Flasche hat ihre Spuren hinterlassen. Die geruchlichen und geschmacklichen Unebenheiten können durch Sauerstoffkontakt geglättet werden. Allerdings vollbringt das Dekantieren beziehungsweise die Karaffe keine Wunder. Sie macht aus einem jungen keinen reifen Wein. Und bei wirklich reifen Weinen muss man mit dem Dekantieren eher vorsichtig sein. Sie können durch den plötzlichen Sauerstoffschock Schaden nehmen – im schlimmsten Fall sogar »umkippen«.

Vom Sinn und Unsinn des Dekantierens

So segensreich der Sauerstoffkontakt bei edlen Rotweinen sein kann, so unsinnig ist das Dekantieren bei Alltagsweinen. Diese Weine sind trinkfertig, wenn sie in den Verkauf kommen. Ein Umfüllen in die Karaffe ist Zeitverschwendung. Auch Rotweine der gehobenen Kategorie sind heute meist schon in jungem Stadium perfekt zu trinken. Ein Umfüllen in die Karaffe schadet ihnen zwar nicht, bringt aber auch nichts. Viele Sommeliers wollen, wenn sie dem Gast anbieten, den bestellten Wein zu dekantieren, diesen nur aufwerten. Umgekehrt tun sich viele Gäste wichtig, wenn sie den Ober bitten, einen nicht für die lange Lagerung vorgesehenen Wein in einer Karaffe zu servieren. Weißweine zu dekantieren ist nur in wenigen Fällen sinnvoll: etwa bei weißen Burgundern und Rhôneweinen sowie bei Reserve- und Smaragd-Weinen aus Österreich

Auch junge gehaltvolle Weißweine können dekantiert werden, um zu atmen.

WEIN-ACCESSOIRES

Der Kult um das Zubehör

Manchen Weintrinkern reicht ein guter Wein nicht zum Glück. Sie brauchen mehr: zum Beispiel einen Tropfenfänger um den Flaschenhals, ein digitales Flaschenthermometer, eine Weinkeller-App, versilberte Weinausgießer, Flaschenuntersetzer aus Zinn oder andere Staubfänger. Es gibt aber auch nützliche Accessoires, die dem Trinkvergnügen durchaus förderlich sind.

Wein will richtig behandelt sein, auch bei Tisch. Das heißt: Wenn er gut temperiert ist und das passende Glas bereitsteht, muss er auch korrekt serviert werden. Dazu sind gewisse Hilfsmittel nötig. Einige Accessoires wie Kühler und Karaffe sind unverzichtbare Requisiten für Weinliebhaber. Auch Ausschenktüllen (»Drop Stop«) können sinnvoll sein. Mit ihnen kann man den Wein leichter einschenken und dabei genau dosieren. Allerdings sollte man darauf achten, für Accessoires nicht mehr Geld auszugeben als für den Wein. Auf viele Dinge des boomenden Accessoire-Marktes kann man nämlich leicht verzichten. Monströse Dekantiermaschinen etwa sind Museumsstücke einer verflossenen Grandhotel-Epoche, und silberne Untersetzer für Weinflaschen oder Flaschenumhängeschilder aus Porzellan mit ziseliertem Weinnamen sind teurer Kitsch. Ausschenkhilfen mit automatischer Luftverwirbelung gehören ins Kuriositätenkabinett. Das Geld, das sie kosten, wäre besser in guten Wein investiert.

Ausschenkhilfe
Das Plättchen aus Aluminium-/PET-Laminat wird einfach zur Tülle geformt und in den Flaschenmund gesteckt. Dient dem sicheren, kleckerfreien Einschenken.

Kühlmanschette
Nicht schön, aber nützlich ist die Kühlmanschette, die um die Flasche gewickelt oder in die der Wein wie in eine Tasche gesteckt wird. Sie dient weniger der Kühlung des Weins als vielmehr dem Kühlhalten des vorgekühlten Weins auf der Terrasse oder während des Picknicks.

Flaschenständer
Ersetzt den traditionellen Dekantierkorb für alte Rotweine mit Depot. Durch die Schrägstellung rutscht das Depot an den Rand des Flaschenbodens. Beim Einschenken bleibt die Flasche im Flaschenständer.

Wein-Accessoires

Kunststoffkühler (links)
Im Flaschenkühler aus Acryl (oder aus Ton) bleibt der Wein so kühl, wie er aus dem Keller oder aus dem Klimaschrank kommt.

Sektkübel
Bestes Hilfsmittel, um Sekt oder Champagner herunterzukühlen. Aber auch Weißweine lassen sich im Eisbad gut temperieren. Man braucht allerdings Eiswürfel oder Crushed Ice. Für alle, die sie nicht im eigenen Kühlschrank selbst herstellen: Man kann sie an vielen Tankstellen kaufen. Nicht vergessen, das Eis mit Wasser aufzugießen! Auch Rotweine, die zu warm sind, lassen sich in ein paar Minuten im Eiskübel auf die gewünschte Temperatur bringen.

Dekanter 1
Junge, tanninhaltige Rotweine werden gerne in Karaffen umgefüllt, in denen sie atmen können. Schon nach wenigen Minuten sind sie mit Sauerstoff gesättigt. Sie schmecken fruchtiger, reintöniger, sind weniger verschlossen. Je breiter der Durchmesser des Dekanters, desto größer die Kontaktfläche des Weins mit dem Sauerstoff.

Dekanter 2
Die »Ente« mit den Silberbeschlägen ist nichts anderes als ein dekorativer kleiner Dekanter, wie er gern für Bordeauxweine verwendet wird.

Ausschenkhilfe
So sieht die Ausschenkhilfe aus, bevor sie zu einer Tülle zusammengerollt wird.

Keine Panik bei Weinstein und Bläschen

Wenn der Wein im Glas ist, schlägt die Stunde der Wahrheit. Die kann für unerfahrene Weintrinker manchmal ernüchternd sein: Weinstein im Glas oder Schlieren auf dem Wein. Stimmt was mit ihm nicht? Wenn der Wein dann auch noch »schwefelig« riecht, denken viele, er habe einen Defekt. Doch manches, was zunächst befremdlich wirkt, ist kein Grund zur Beunruhigung.

Weinstein im Glas ist für das Auge störend, stellt aber keine Beeinträchtigung des Geschmacks dar.

Weinstein

Auf dem Boden mancher Weißweinflaschen finden sich kleine, weiße Kristalle. Sie sehen aus wie nicht aufgelöster Zucker. Aber es ist kein Zucker, sondern kristallisierte Säure. Chemisch: Kaliumtartrat, umgangssprachlich: Weinstein. Auch wenn das Vorhandensein von Weinstein in der Flasche für unerfahrene Weintrinker irritierend ist, verdirbt er den Wein nicht. Im Gegenteil: Das Ausfällen von Säure ist ein Indiz dafür, dass der Wein innerlich »lebendig« ist. Er verändert und entwickelt sich.

Kein Makel

Für industrielle Weinerzeuger ist Weinstein allerdings ein Sakrileg. Sie wollen ihre Weine »blitzblank« haben und tun alles, um nicht erwünschte Ausscheidungen zu unterbinden: filtern, schwefeln, gegebenenfalls entsäuern. Der optischen Qualität mögen diese Maßnahmen dienlich sein, der geschmacklichen sind sie eher abträglich, weil sie den Wein unnötig strapazieren. Und Weinstein ist kein Makel. Natürlich kann es passieren, dass die kleinen Kristalle beim Einschenken mit ins Glas gelangen. Der Anblick von Weinstein im Glas mag zwar befremdlich sein, ist aber kein Grund zur Panik. Erstens wird Weinstein in der Regel nicht mitgetrunken. Zweitens würde er, wenn er den-

Weinstein und Bläschen

Bei lange gelagerten Flaschen kann sich Weinstein auch am Korken absetzen.

Bei jungen, spritzigen Weißweinen setzt sich die Kohlensäure am Glas ab.

Bläschen oder Schlieren bei Rotweinen: Indiz für eine ungewollte Nachgärung?

noch in den Organismus gelangte, dort keinen Schaden anrichten.

Spritzige Weißweine

Egal ob Vouvray von der Loire, Sauvignon Blanc aus Südafrika, Riesling von der Mosel oder Grüner Veltliner aus der Wachau: Junge Weißweine entwickeln nach dem Einschenken im Glas manchmal feine Kohlensäurebläschen. Diese setzen sich innen am Glas fest oder steigen an die Oberfläche. Dort können sie sogar feine Schaumschlieren bilden. Doch keine Sorge: Die Weine sind in Ordnung. Der Geschmack wird durch die Bläschen nicht beeinträchtigt. Im Gegenteil: Das CO_2 verstärkt noch den Eindruck von der Frische des Weins. Auch der Geruch ist nicht gestört. Kohlendioxid ist ein geruchloses Gas. Man spricht von »spritzigen« Weißweinen.

Versteckte Kohlensäure

Das CO_2 ist ein Rest der Gärungskohlensäure. Wenn die Weine kühl vergoren und früh abgefüllt wurden, können Reste dieses Gases, das bei jeder Gärung entsteht, noch im Wein enthalten sein. Da das Gas in der Flasche nicht entweichen kann, bleibt es unsichtbar im Wein gelöst – fast wie beim Sekt. Dort übt das Kohlendioxid eine durchaus wohltuende Wirkung aus: Es hilft, den Wein zu konservieren. Er bleibt frisch. Übrigens können auch ältere Weine, wenn sie kühl gelagert wurden und fest verschlossen waren, nach dem Öffnen der Flasche noch Bläschen bilden. Solche Weine, die vor Frische prickeln, schmecken wie jung, auch wenn sie schon zehn oder mehr Jahre im Keller gelegen haben.

Rotwein bläschenfrei

Anders verhält es sich bei Rotweinen: Sie sollten keine Bläschen bilden. Rotweine werden in der Regel im Holzfass ausgebaut. Dort kann etwaige Kohlensäure, die im Wein verblieben ist, entweichen. Und Rotweine werden spät abgefüllt, manchmal erst nach zwei Jahren. Während der Ausbauzeit kommen sie immer wieder mit Sauerstoff in Berührung, so dass das Gärgas austreten kann. Wenn ein Rotwein nach dem Einschenken dennoch Bläschen, gar Schlieren auf der Oberfläche bildet, sollte man den Wein genau prüfen. Möglicherweise ist er vom Kellermeister nicht korrekt stabilisiert worden oder er hat in der Flasche eine unkontrollierte Nachgärung gemacht – mit der Folge, dass die dabei entstandene Kohlensäure samt anderer (manchmal stinkiger) Gasnebenprodukte sich noch im Wein befinden. Eine solche Nachgärung ist bei Weinen, die zu warm gelagert wurden oder eine kleine Restsüße aufweisen (zum Beispiel beim italienischen Amarone) gar nicht so selten. Manchmal hilft Dekantieren. Wenn nicht, bleibt nur, sich mit dem Defekt abzufinden.

Weinstein: Wein harmonisiert sich von selbst

Das Ausfällen von Weinstein tritt vor allem bei stark säurehaltigen Weinen auf. Der Vorgang ist im Grunde nichts anderes als die Kristallisierung des Kalisalzes der Weinsäure. Normalerweise kühlt der Kellermeister nach Beendigung der Gärung beziehungsweise des Ausbaus den Wein noch einmal im Stahltank auf 0°C herunter, damit Hefetrub und andere feste Bestandteile auf den Boden sinken und der Wein sich natürlich klärt. Dabei wird automatisch auch überschüssige Säure in Form von Weinstein ausgefällt und kann leicht aus dem Wein entfernt werden. Doch auch später, wenn der Wein längst in der Flasche und die Flasche beim Weintrinker ist, kann es bei einer kühlen Lagerung (im Keller oder im Weinklimaschrank) zu weiteren Ausfällungen von Weinstein kommen. Das heißt: Es wird Säure abgebaut. Der Wein harmonisiert sich also von selbst.

Kork, Oxidation und andere Weinfehler

Manche Weine schmecken einfach gruselig. Meistens ist es der subjektive Geschmack, der die negativen Empfindungen auslöst. Aber manchmal ist es auch der Wein, der fehlerhaft ist. Oder der Korken. Weinfehler sind heute zwar relativ selten, aber sie kommen vor. Bei wirklich fehlerhaften Weinen gibt es kein Pardon – sie gehören in den Ausguss. Doch einige Weinfehler verschwinden wieder, weil sie gar keine sind.

Korkfehler

Korkschmecker ist der bekannteste und wohl häufigste Weinfehler. Er tritt bei Rot- ebenso wie bei Weißweinen auf. Der Wein schmeckt so, wie der Korken an der Unterseite riecht: muffig, schal, modrig. Ein korkkranker Wein ist ungenießbar. Nicht einmal zum Kochen ist er geeignet. Der Korkton wird übrigens nicht durch Schimmel oder den schwarzen Kellerpilz *(cladosporium cellarii)* hervorgerufen, den man hin und wieder bei älteren Weinen unter der Kapsel findet. Die für den echten Korkton verantwortliche Substanz heißt Trichloranisol (TCA) und ist unsichtbar. Sie geht innerhalb weniger Stunden vom Korken auf den Wein über. Dabei sieht der Korken selbst äußerlich makellos aus.

»Maskierter« Kork

Korkkranke Weine erkennt man normalerweise sofort am Geruch. Doch manchmal entwickelt sich der Fehlton auch langsam, oder er tritt nur beim Schmecken auf – und das auch nur sehr schwach. Fachleute sprechen dann von einem »maskierten« Kork, ein Fehlton, der möglicherweise andere Ursachen hat als eine Kontamination mit TCA: Gärfehler, Reduktionsbouquet oder aber unbekannte und nicht eindeutig feststellbare Auslöser. Mancher dieser Fehltöne verschwindet schnell von selbst, sobald der Wein Luft bekommen hat. Bei anderen stellt sich heraus, dass sie Bestandteil des Weins sind. Ältere Bordeaux entwickeln zum Beispiel häufig eine Würznote, die entfernt an einen Korkton erinnert – aber natürlich kein Korkton ist. Und mancher Korkton ist tatsächlich schlicht Einbildung. Die Grenze zwischen echten Weinfehlern und persönlicher Geschmacksirritation ist fließend.

Brettanomyces

Manche Weine, vor allem rote, weisen schon im Bouquet einen metallisch strengen Geruch auf, der an Kuhstall oder Pferdeschweiß erinnert. Ursache ist eine bestimmte, in Weinbergen vorkommende Hefegattung: *Brettanomyces bruxellensis*. Allerdings tritt der Fehlton erst im Fass auf. Ursache kann mangelnde Hygiene der Weinfässer sein. Lange Jahre galt »Brett« als natürlicher Bestandteil des Aromenspektrums bestimmter Weine (und für manche Leute gilt er auch heute noch als solcher). Doch inzwischen sind sich zumindest die Fachleute einig: »Brett«-Weine sind fehlerhaft. Und der Fehler ist nicht zu reparieren.

Andere Weinfehler

Daneben gibt es zahlreiche andere Weindefekte. Einige sind auf Vinifikationsfehler zurückzuführen. Andere sind das Resultat einer zu langen oder auch zu warmen Lagerung des Weins: Maderisierung, Oxidation, Essigstich. Derartige Weinfehler treten allerdings selten auf. In der Regel verhindert die Weinkontrolle, dass solche Weine überhaupt in Verkehr kommen.

Letzte Bestimmung für einen korkkranken Wein: der Ausguss

Die häufigsten Weinfehler in der Übersicht

Reduktionsbouquet
Duft/Geschmack: Schweiß, Muff, Seife, Stallgeruch, Apothekenschrank
Ursache: typische Nebenprodukte der Gärung, die normalerweise durch Belüftung nach dem Abstich von der Hefe (bzw. nach dem Abzug von der Maische) verschwinden, jedoch im fertigen Wein teilweise auch noch vorhanden sein können und dann erst nach Öffnen der Flasche zutage treten
Bewertung: kein Weinfehler
Auftreten: typisch für junge Weine, die nach dem Öffnen unangenehm bzw. erkennbar streng riechen
Behebung: Wein 10 Minuten im Glas stehen lassen oder dekantieren

Überholzung
Duft/Geschmack: intensiv süße Vanille, getoastetes Holz, frische Sägespäne
Ursache: hervorgerufen durch zu lange Lagerung des Weins in kleinen, neuen Fässern aus Eichenholz (Barriques), auch durch zu starkes Toasten der Fässer vor Gebrauch
Bewertung: kein Weinfehler, aber Qualitätsverlust; unterschiedliche Toleranz von Weintrinker zu Weintrinker
Auftreten: Weiß- und Rotweine

Unfrische
Duft/Geschmack: unfrisch, ein Aroma von faulendem Apfel, bei Rotwein Kamillenoten
Ursache: zu viel Kontakt des jungen Weins mit Sauerstoff, etwa beim Umfüllen von einem Fass ins andere oder bei der Flaschenabfüllung. Auch durch ungenügende Schwefelung kann der Wein schnell unfrisch werden. Manchmal ist auch der Weintrinker schuld, etwa wenn er eine Flasche einen Tag oder mehrere Tage offen stehen lässt.
Bewertung: mehr oder weniger starke Qualitätsminderung des Weins, wird jedoch offiziell nicht als Weinfehler angesehen
Auftreten: tritt sowohl bei Weiß- wie bei Rotweinen auf

Oxidation
Duft/Geschmack: schal, Bratensauce-, Madeira- oder Sherrynoten
Ursache: im Keller praktisch nur durch ungenügende Schwefelung möglich, sodass der Sauerstoff bestimmte Aromaträger im Wein oxidiert. Ansonsten Überalterung
Bewertung: Im Frühstadium spricht man von Firne, später von Oxidation. Im letzten Fall ist der Wein ungenießbar.
Auftreten: bei jungen Weinen sehr selten, eher bei alten Weinen, bei denen sich im Laufe der Jahre der Vorrat an freier schwefliger Säure abgebaut hat; Behebung nicht möglich

Untypischer Alterston (UTA)
Duft/Geschmack: Bohnerwachs, Mottenkugeln, Waschpulver
Ursache: Die genaue Ursache ist unbekannt, aber unreifes Lesegut, das durch zu hohe Erträge im Weinberg hervorgerufen wird, besitzt ein hohes UTA-Potenzial.
Bewertung: Weinfehler
Auftreten: nur bei Weißweinen bekannt

Flüchtige Säure
Duft/Geschmack: Nagellackentferner, Schellack, Lösungsmittel, Uhu-Klebstoff
Ursache: Durch eine zu schnelle Gärung mit zu hohen Gärtemperaturen entsteht vermehrt Essigsäure.
Bewertung: Ab einer Konzentration von 1,2 g pro Liter ist die Säure deutlich schmeckbar, über 1,5 g gilt sie als fehlerhaft. Weintrinker verschiedener Kontinente reagieren unterschiedlich auf flüchtige Säure.
Auftreten: Bei schweren, alkoholreichen Rotweinen wird flüchtige Säure eher toleriert als bei leichten Weißweinen.

Milchsäureton
Duft/Geschmack: Joghurt, Milchpulver, teilweise auch wie Sauerkraut
Ursache: Entsteht durch ungenügende Schwefelung nach der alkoholischen Gärung, das heißt, die Milchsäurebakterien sind weiterhin aktiv und bringen, neben der Milchsäure, andere Nebenprodukte hervor.
Bewertung: Ein leichter Milchsäureton stört die Reintönigkeit des Weins. Ein richtiger Milchsäurestich bewirkt, dass der Wein nicht verkehrsfähig ist. Irreversibler Fehler
Auftreten: Weiß- und Rotweine

Schwefelböckser
Duft/Geschmack: wie abbrennende Streichhölzer, leicht prickelnd oder stechend in der Nase
Ursache: Überschwefelung des Weins
Bewertung: Weinfehler
Auftreten: Tritt meist bei Weißweinen auf und kann das ganze Bouquet verfälschen. Kommt selten bei Rotweinen vor, weil diese weniger stark geschwefelt werden.
Behebung: Durch Lüften des Weins, etwa durch Dekantieren, kann der Schwefelgeruch gemildert werden.

Mercaptan
Duft/Geschmack: faule Eier, Zwiebel, Knoblauch, Blumenkohl
Ursachen: Auslöser ist stets Hydrogensulfit, das bei Stickstoffmangel entweder durch bestimmte Hefen oder durch eine zu warme Gärung, aber auch durch Verwendung bestimmter Fungizide im Weinberg entstehen kann.
Bewertung: irreversibler Weinfehler
Auftreten: heute relativ selten

Fasshygiene: Säuberung mit Dampfstrahl

Sensorik des Weins

Riechen, schmecken und darüber reden: vom Leckerschmecker zum Weinversteher

Mit der Nase genießen: der Wein und die Vielfalt seiner Düfte

Der Duft, den ein Wein verströmt, bahnt sich den Weg über die Nase ins Gehirn, wo er angenehme, wohlige Reize auslöst – guter Wein jedenfalls. Ein durchschnittlich geübtes Gehirn kann 5000 verschiedene Düfte unterscheiden: genug, um einen Wein auch mit der Nase zu genießen. Die Nase ist das physiologisch wichtigste Organ beim Weintrinken.

Das meiste, das man zu schmecken glaubt, riecht man. Ohne Einbeziehung der Nase kann man den Wein nicht verstehen.

Ohne Riechen kein Genuss

Jean Anthelme Brillat-Savarin, Autor des berühmten Werks über die »Physiologie des Geschmacks«, war zeitlebens davon überzeugt, dass »ohne die Mitwirkung des Geruchs keine vollständige Geschmacksempfindung zustande kommt«. Recht hatte er, obwohl es zu Beginn des 19. Jahrhunderts noch keine präzisen neurologischen Kenntnisse von den Riech- und Schmeckvorgängen im Gehirn gab. Wein wird zwar in erster Linie getrunken. Doch ohne die Düfte, die dem Wein innewohnen, ist der Weingenuss nur halb so groß. Das kann jeder ausprobieren, indem er sich beim Trinken die Nase zuhält: Er wird nur wenig schmecken. Heute wissen wir, dass die Nase sogar ein wesentlich sensibleres Sinnesorgan ist als die Zunge.

Physiologie des Riechens

Die Riechschleimhaut ist mit zehn bis 30 Millionen Riechzellen besiedelt, die ein breites Spektrum von Gerüchen unterscheiden können. Aber es gibt nur rund 350 Typen von Rezeptoren auf der Riechschleimhaut. Jeder ist auf eine bestimmte Gruppe von Duftmolekülen spezialisiert. Die Härchen, die an den Riechzellen wachsen (Zilien), wandeln den ankommenden chemischen Duftreiz in elektrische Energie um und leiten diesen über

Nervenbahnen an den Riechkolben weiter. Der Riechkolben ist, medizinisch gesehen, eine Ausstülpung des Gehirns und Teil des Hippocampus, einer zentralen Schaltstation des Gehirns. Der Riechkolben setzt die neuronalen Impulse zu einem Duftmosaik zusammen und leitet dieses über den Hippocampus weiter zur Großhirnrinde (Cortex), die zahlreiche Gedächtnisspeicher enthält.

Geruchsspeicher

Ein durchschnittlich geübtes Gehirn kann etwa 5000 Gerüche unterscheiden. Durch Übung lassen sich auch 10 000 Gerüche speichern. Allerdings werden diese an verschiedenen Stellen der Großhirnrinde »abgelegt«. Die 10 000 Gerüche können unmöglich die gleiche Wichtigkeit und Wertigkeit besitzen. Was den Hippocampus passiert hat, ist beispielsweise nur »präsemantisch« vorhanden: gespeichert wie ein Dokument ohne Namen. So kommt es, dass Weintrinker zwar einen bestimmten Geruch kennen, aber dann nicht näher identifizieren können. Oder sie benennen ihn nach der Situation, in der er ihnen begegnet ist (»duftet wie ein orientalischer Basar«). Neurologen vermuten, dass das Sehzentrum, in dem visuelle Ereignisse gespeichert werden, in den Schaltkreis vom Riechkolben zur Großhirnrinde integriert ist.

Semantisches Gedächtnis

Ein zweiter Nervenstrang vom Riechkolben zu den Geruchsspeichern in der Großhirnrinde verläuft über den Thalamus. Der Thalamus hat besonders ausgeprägte Verbindungen zur Großhirnrinde. Er fungiert als eine Art »Türsteher« für das Gedächtnis: Er entscheidet, welche Informationen (Düfte) so wichtig sind, dass sie durchgelassen werden müssen. Dazu muss er die Düfte natürlich identifizieren. Der Stirnlappen der Großhirnrinde (Cortex orbitofrontal) ist der Ort des »semantischen« Gedächtnisses. Er dient der Bewusstwerdung des Geruchs. Erst wenn der Geruch dort angekommen ist, kann er anschließend auch als »Zimt«, »Kardamom« oder »Vanille« benannt werden.

Gefühlsriechen

Der Cortex orbitofrontal gibt seinerseits Informationen an den Thalamus weiter, die dieser bei seiner Auswahl berücksichtigt. Auch der Hippocampus reagiert auf Impulse aus der Großhirnrinde. Er ist nämlich Teil des limbischen Systems, das für die Gefühlsregungen des Menschen zuständig ist. Das limbische System löst Lust- und Unlustempfindungen aus, auch beim Wein. Extrem »angenehme« oder »unangenehme« Gerüche werden also über den Schaltkreis, in den das limbische System eingebogen ist, »gemerkt« und in der Großhirnrinde gespeichert.

Supernasen

Wie beim Schmecken, so ist auch die Fähigkeit des Riechens bei Menschen unterschiedlich ausgeprägt. Es gibt Supernasen, die auch feinste Nuancen im Wein wahrnehmen, die Normalriechern verborgen bleiben. Und es gibt Geruchstaube, die die Düfte des Weins nur grob wahrnehmen. Die Schwelle, ab der Gerüche wahrgenommen werden, ist bei Menschen unterschiedlich ausgeprägt. Manchmal hat es den Anschein, als gäbe es unter den weiblichen Weintrinkern mehr Supernasen als unter männlichen. Doch wissenschaftlich bewiesen ist diese Beobachtung nicht. Bewiesen ist dagegen, dass die Riechfähigkeit mit zunehmendem Alter abnimmt. Im Gegensatz zum Schmecken kann der Riechsinn jedoch trainiert werden. Das heißt: Auch alte Menschen können eine Supernase haben, während untrainierte, junge Menschen in puncto Wein »Nichtriecher« sein können. Übrigens: Zum Genießen braucht man nicht unbedingt eine Supernase.

Riechen und Schmecken

Die Sinnesorgane der Menschen sind unterschiedlich geschärft. Der eine registriert Düfte, die der andere gar nicht wahrnimmt. Die Wahrnehmung hängt aber nicht nur von der Leistung der Rezeptoren ab, sondern auch von der Leistung des Geschmacksgedächtnisses. Man muss sich auf den Wein konzentrieren, um ihn »zu verstehen«. Das heißt nicht, sich bei jedem Schluck meditativ in den Wein zu versenken. Im Gegenteil: Die Wahrnehmung des Duftes wird dadurch erleichtert, dass man den Wein im Glas kurz kreisen lässt und dann ins Glas hineinriecht. Der zusätzliche Luftkontakt verstärkt den Duft. Doch Vorsicht: Beim Kreisenlassen schwappt der Wein leicht über. Wer keine Übung hat, sollte das Glas nicht freihändig, sondern auf dem Tisch stehend kreisen lassen. So verhindert man, etwas zu beflecken.

Den Wein im Glas kreisen zu lassen erhöht die Duftintensität: Das Riechen fällt leichter.

Ich schmecke, also bin ich

Gibt es Menschen, die eine feinere Zunge haben als andere? Gibt es »Schmeckblinde«, denen die Welt der Aromen verborgen bleibt? Ist die Fähigkeit zu riechen und zu schmecken angeboren? Schwierige Fragen. Sicher ist: Die Sinnesorgane des Menschen sind unterschiedlich geschärft. Neben »Schmeckblinden« gibt es auch »Superschmecker«.

Im Vergleich zur Nase ist die Zunge das weniger entwickelte Sinnesorgan. Aber sie kann schmecken, was die Nase nicht riechen kann.

Geschmacksanatomie

Gaumen, Rachen und Zunge sind mit mehreren tausend Geschmacksknospen besetzt, die auf chemische Verbindungen empfindlich reagieren. Sie fungieren als Rezeptoren für die Reize, die der Wein aussendet, wenn er die Mundhöhle betritt. Die größte Anzahl an Geschmacksknospen befindet sich an der Zungenspitze und den Zungenrändern. Die im Vergleich zum Gaumen rauere Oberfläche der Zunge ist ein Indiz dafür. Die Zunge ist für das Schmecken daher wichtiger als der Gaumen und der Rachenraum. An ihnen finden sich zwar auch Geschmacksknospen, aber deutlich weniger als im vorderen Teil der Mundhöhle.

Verschiedene Papillen

Die Geschmacksknospen werden auch Papillen genannt. Vor allem der vordere Teil der Zunge ist dicht mit ihnen besiedelt. Er trägt deswegen besonders viel zum Geschmacksempfinden bei. Allerdings sind nicht alle Papillen gleich. An der Zungenspitze und an den vorderen Zungenrändern befinden sich vor allem Pilzpapillen. Sie sind besonders fein und sensibel. An den hinteren seitlichen Rändern der Zunge findet man Blätterpapillen, die faltenartig geformt und ebenfalls sehr empfindlich sind. In der Zungenmitte liegen die raueren Wallpapillen. Bei ihnen liegt die Reizschwelle höher. All diese Papillen lösen, wenn sie stimuliert werden, elektrische Impulse aus, die an das Gehirn weitergegeben werden. Dort wird dann das Geschmacksbild des Weins zusammengestellt.

Superschmecker und »Schmeckblinde«

Die Menge der Geschmacksknospen ist von Mensch zu Mensch verschieden. Manchmal beträgt ihre Zahl nur knapp 100, manchmal gut 400 pro Quadratzentimeter – je nach Erbanlagen. Superschmecker mit über 400 Geschmacksknospen reagieren beispielsweise stark auf scharfe Gewürze, während Menschen mit nur 100 Geschmacksknospen fast als »schmeckblind« gelten können. Zumindest ist ihre Wahrnehmungsschwelle stark herabgesetzt. Beide Gruppen umfassen je 25 Prozent der Bevölkerung. Rund 50 Prozent der Menschen gelten als Normalschmecker.

Vier Geschmäcke

Die Zunge kann nur vier Geschmäcke wahrnehmen: süß, sauer, salzig, bitter (der fünfte und jüngste ist umami). Zu feineren Unterscheidungen ist sie nicht fähig. Die Zentren für die Wahrnehmung der Geschmäcke befinden sich in verschiedenen Bereichen der Zunge. Dort konzentrieren sich die entsprechenden Geschmacksknospen. Die Zunge ist also im Vergleich zur Nase das weniger entwickelte Sinnesorgan. Deshalb stellt sich die Frage, weshalb der Mensch, wenn er besser riechen als schmecken kann, den Wein unbedingt trinken will. Der erste Teil der Antwort lautet: Weil er das, was er schmeckt, nicht riechen kann. Zucker und Salz sind geruchsneutral. Bitterstoffe und Säure (sofern sie nicht flüchtig ist) nimmt die Nase ebenfalls nicht wahr. Sie müssen mit der Zunge erschmeckt werden. Trinken ist also für alle wichtig.

Der Tastsinn

Der zweite Teil der Antwort lautet: Der Mensch ist ein biologisches Wesen, das Nahrung braucht, um zu leben. Wein ist seinem Ursprung nach Nahrung, und die biologische Prägung des Menschen veranlasst ihn instinktiv, sich Nahrung einzuverleiben. Deshalb will er auf das »Verschlingen« des Weins nicht verzichten. Hinzu kommt, dass die Geschmacksknospen auch tasten. Sie sind mit dem Trigeminusnerv verbunden, über den die Tastempfindungen ans Gehirn geleitet werden. Mit der Zunge wird daher auch die Viskosität (Dickflüssigkeit), die Textur des Weins (Tannin, Bläschen), seine Samtigkeit (oder Rauheit) und seine Temperatur erlebt. All das sind Empfindungen, auf die ein Weintrinker nicht verzichten möchte. Sie gehören zum Genießen dazu.

Die Schmeckriecher

Zunge und Nase ergänzen sich so gut, dass der Weintrinker oft gar nicht weiß, welche Eindrücke die Nase und welche die Zunge liefert. Wahrscheinlich riecht er das meiste, was er zu schmecken glaubt. Die Nasenschleimhaut ist nämlich auch vom Rachen aus zugänglich. Von dort gelangt der Duft des Weins beim Schlucken zurück in die Nasenhöhle und löst jene Empfindungen aus, die wir dann als »guten Geschmack« bezeichnen. Fachleute sagen dazu retronasales Riechen. Übrigens: Die Schmeckfähigkeit nimmt im Laufe des Lebens kontinuierlich ab – im Gegensatz zur Riechfähigkeit. Mit 80 Jahren besitzt der Mensch nur noch ein Drittel der Geschmacksknospen, die er 60 Jahre früher noch aufwies. Dieser Abbauprozess kann nicht aufgehalten werden.

Die Zunge – letzte »Kontrollstelle« vor dem Schlucken

Die Zunge ist das wichtigste Schmeckorgan. Es ist die letzte »Kontrollstelle« vor dem Einverleiben des Weins. Schmeckt dieser nicht, weil er zu sauer oder zu bitter ist oder ihm sonst ein Makel anhaftet, weist die Zunge ihn instinktiv zurück. Schmeckt er dagegen »lecker«, lässt sie ihn passieren. Die verschiedenen Papillen sind jedoch nicht gleichmäßig auf der Zunge verteilt. Die feinen Pilzpapillen konzentrieren sich im vorderen Teil der Zunge. Sie reagieren insbesondere auf Süße und Säure. An den hinteren Zungenrändern, wo die Blätterpapillen sitzen, nehmen wir vor allem salzige Eindrücke wahr. Der Zungengrund mit den Wallpapillen reagiert dagegen vornehmlich auf Bitterstoffe. Um den ganzen Geschmack des Weins auszukosten, ist es daher wichtig, ihn über die gesamte Zunge laufen zu lassen. Das »Schlürfen«, also das Einsaugen des Weins zusammen mit Luft, ist zwar nicht sehr fein (und sollte in Gesellschaft vermieden werden), intensiviert aber den Geschmack. Durch »Kauen« oder »Wiegen« des Weins auf der Zunge verteilt man ihn besser im Mund und nimmt dann das Tannin besser wahr.

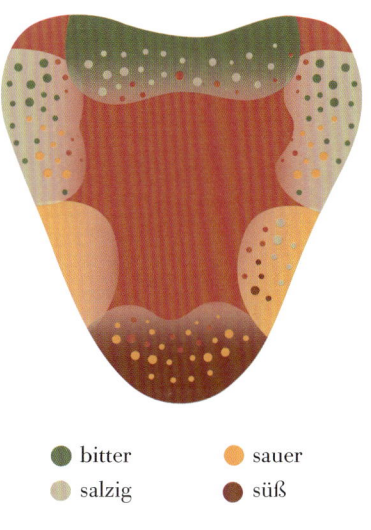

- bitter
- salzig
- sauer
- süß

Die Papillen der Zunge nehmen jeweils einen anderen Geschmack wahr.

Die Aromen des Weins

Ordnung im Chaos der Aromen

Gute Weine erkennt man daran, dass sie nie gleich schmecken, auch wenn sie aus derselben Gegend, aus demselben Jahr und von der gleichen Rebsorte stammen. Mal weisen sie eine Geschmacksnuance mehr auf, mal eine weniger. Die Aromen des Weins zu beschreiben ist darum ein faszinierendes Unterfangen. Es erfordert Konzentration und Assoziationskraft beim Verkosten. Wer sich die Aromen bewusst macht, genießt Wein nicht nur mit den Sinnen, sondern auch mit dem Verstand.

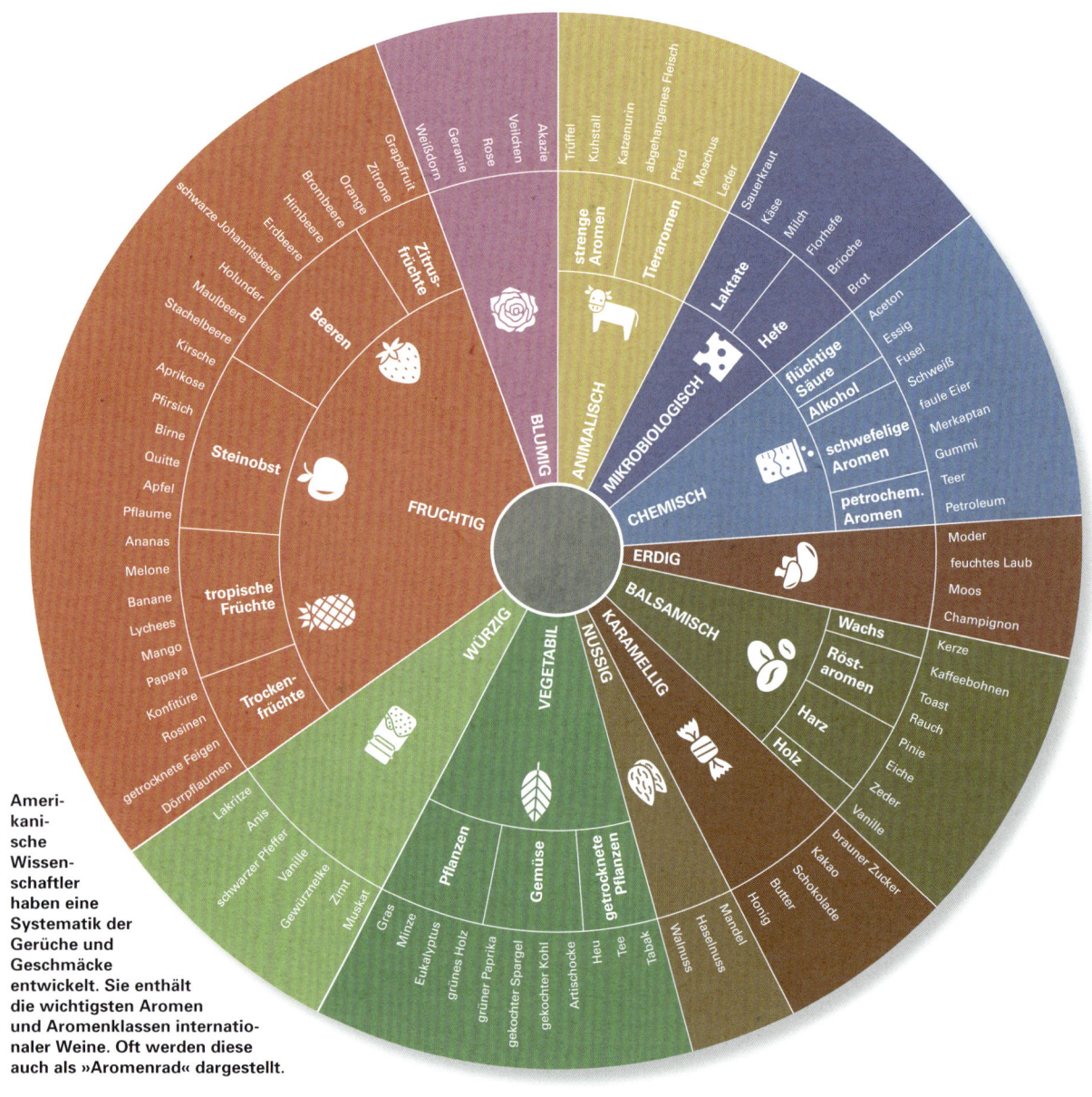

Amerikanische Wissenschaftler haben eine Systematik der Gerüche und Geschmäcke entwickelt. Sie enthält die wichtigsten Aromen und Aromenklassen internationaler Weine. Oft werden diese auch als »Aromenrad« dargestellt.

Analyse des Aromas

Duft und Geschmack sind die wichtigsten organoleptischen Eigenschaften des Weins. Zusammen bilden sie sein Aroma. Dieses Aroma wahrzunehmen, ist eine Sache. Die andere ist, das Aroma zu beschreiben. Sicher, man kann einen Wein auch genießen, ohne sein Aroma zu analysieren. Man muss nicht aufzählen, an welche Gerüche und Geschmäcke der Wein erinnert. Aber für die Schärfung der eigenen Sinne und zur Verständigung mit den Mittrinkenden ist es manchmal nützlich, sein Aroma in Worte zu fassen.

Primäraromen

Zunächst unterscheidet man zwischen den Primär-, Sekundär- und Tertiäraromen. Mit Primäraroma bezeichnet man dabei die Düfte und Geschmacksnuancen, die bereits in den Trauben angelegt sind und die sich später im Wein wiederfinden: also blumige, fruchtige oder würzige Noten. Diese rebsortentypischen Aromen sind Bestandteil der DNA der jeweiligen Sorte. Man findet sie im Wein zu 20 Prozent wieder, solange er jung ist. Typisch für Weißweine sind Apfel-, Birnen- und Pfirsicharomen, während Rotweine oft Kirsch-, Himbeer- oder Brombeeraromen aufweisen. Und weil der Alkohol das Aroma verstärkt, sind die Primäraromen im jungen Wein sehr viel intensiver als in einer Weinbeere.

Sekundäraromen

Als Sekundäraroma werden die Bouquet- und Geschmacksstoffe bezeichnet, die während der Gärung entstehen. Dabei handelt es sich um erdige, mineralische, vegetabile oder balsamische Aromenprofile, die in den Trauben nur als geschmacksneutrale Aromavorstufe vorhanden waren und erst während der Gärung in »aroma-aktive« Moleküle transformiert werden. Sie hängen unter anderem von den Hefestämmen ab, aber auch von der Reife der Trauben, also von der Menge des Traubenzuckers und der Zusammensetzung der Säuren. Typische Sekundäraromen sind Butter, Brot, Teer, schwarzer Pfeffer, Tabak und Trüffel.

Tertiäraromen

Mit Tertiäraromen sind Duft- und Geschmacksnoten gemeint, die sich erst während des Reifeprozesses des Weins im Fass und insbesondere später in der Flasche entwickeln. Dabei fallen die einst fruchtigen und würzigen Moleküle auseinander, verbinden sich mit anderen Molekülen zu oftmals langen Ketten und geben dem Wein einen veränderten Geschmack. Ein großer Teil dieser Reifearomen geht auf den Einfluss des Sauerstoffs zurück. Aber auch ohne Sauerstoff reift der Wein und verändert seine aromatische Struktur, er wird würzig, petrolig, schokoladig, pilzig. So entwickeln sich neue Duftsensationen. Am Ende des Reifeprozesses sind die Primär- und Sekundäraromen völlig verschwunden. Es dominieren die Tertiäraromen wie Portwein, Trockenfrüchte, Kamille, Champignons.

Systematik der Aromen und Aromenklassen

Die Beschreibung der Aromen, die im Wein vorkommen, bringt oft eigentümliche, bisweilen sogar bizarr klingende Begriffe hervor. Sie basieren natürlich auf subjektiven Geruchsassoziationen der Weinkoster. Selten treten diese Aromen in Reinform auf, fast immer zusammen mit anderen Düften. Was unangenehm klingt, muss deswegen nicht negativ gemeint sein, auch wenn manchmal schwer zu verstehen ist, warum ein »schokoladiger« Wein nicht unbedingt süß und ein »erdiger« Wein tatsächlich auch gut schmecken kann. Die Qualität eines Weins hängt davon ab, wie reich, vielfältig und komplex sein Aroma ist – und vor allem auch wie harmonisch. Ein hochwertiger Wein besitzt immer viele Sekundär- und Tertiäraromen, während Primäraromen allein einen Wein eindimensional erscheinen lassen. Um eine gewisse Ordnung in die Welt der Düfte und Geschmäcke zu bringen, haben Wissenschaftler und Weinexperten eine Systematik entwickelt, die die wichtigsten Aromen und Aromenklassen auflistet.

Primäraromen		Sekundäraromen		Tertiäraromen	
Limone	Gras	Honig	schwarzer Pfeffer	Dörrobst	Süßholz
Grapefruit	Brennnessel	Litschi		Marmelade	Vanille
Akazienblüte	Grüner Spargel	Quitte		Rosinen	Lederpolitur
Veilchen	Grüne Paprika	Birne		Portwein	Karamell
Rosen		Ananas		Gewürznelke	Teer
Kirsche		Papaya		Olivenöl	Lakritze
Schwarze Johannisbeere		Mango		Kakao	Champignons
Himbeere		Banane		Schokolade	Moos (Waldboden)
Preiselbeere		Walnuss		Kaffeebohnen	Tabak
Brombeere		Butter		Zedernholz	
		Brotkruste (Hefe)			
		Safran			

Die Weinbau-länder

Stärken, Schwächen und Besonderheiten der wichtigsten Weinbauländer der Welt

Wein, der aus der Kühle kommt

Vor hundert Jahren waren die Weißweine aus Deutschland die gesuchtesten und teuersten der Welt. Heute entdecken die Menschen die Qualität der Weine von Rhein, Main, Mosel, Neckar und ihrer Nebenflüsse wieder. Der Riesling erlebt eine Renaissance. Weiß- und Grauburgunder erobern die Märkte. Silvaner und Spätburgunder finden immer mehr Liebhaber. Inzwischen sind ein Drittel der Weinberge bereits mit roten Reben bestockt.

Reben in Lieser an der Mittelmosel: Die Renaissance des Rieslings hat den deutschen Weinbau erfasst.

Ahr

Winzige, aber wichtige Rotweinnische südlich von Bonn, die trotz ihrer nördlichen Lage eines der wärmsten deutschen Anbaugebiete ist. Dort wird seit jeher Rotwein produziert: früher vor allem Blauer Portugieser, heute Spätburgunder und ein wenig Frühburgunder. Die Trauben ergeben auf den wärmespeichernden Schieferböden samtig weiche Weine. Im oberen Ahrtal, das im Einflussbereich kühler Luftströmungen liegt, wird auch ein wenig Riesling angebaut.

Mosel

Ein klassisches Riesling-Anbaugebiet mit zartfruchtigen, filigranen Weinen, die trotz der relativ niedrigen Alkoholgehalte Spitzenqualitäten ergeben können. Von leichten Kabinettweinen über Spätlesen sowie edelsüßen Varianten (Auslesen, Beerenauslesen, Eisweine) wird das gesamte Spektrum produziert. Wegen des hohen Säuregehalts sind die meisten Weine mit Restsüße abgepuffert. Die Weinberge bestehen durchweg aus Schiefer, fallen steil zur Mosel ab und sind teilweise nur mit Seilzügen zu bewirtschaften. Riesling ist mit mehr als 60 Prozent Anteil die Leitsorte (danach folgen Müller-Thurgau, Elbling, Spätburgunder).

»Terrassenmosel«: An der Untermosel zwischen Pünderich und Koblenz stehen die Reben auf kleinen Terrassen im Steilhang. Die Weine sind körperreicher als vom Rest der Mosel.

Mittelmosel: der repräsentativste Teil der Mosel, von Trier bis Zell reichend, mit zahlreichen Großen Lagen. Dort dominiert der blaue Devon-Schiefer.

Ruwer: kleiner Nebenfluss der Mosel mit kühlem Klima und entsprechend leichten, aber sehr mineralischen Weinen.

Saar: Nebenfluss der Mosel, von dessen Schieferhängen die mineralischsten Rieslinge mit dem höchsten Säuregehalt kommen. Seit der Klimaerwärmung haben sich die Qualitäten dramatisch verbessert. Eine Spezialität der Saar sind Eisweine.

Obermosel: von Konz (bei Trier) bis Perl an der französischen Grenze reichender Abschnitt, an dessen Ufern nicht nur Riesling, sondern auch Müller-Thurgau, Weißburgunder, Spätburgunder und Elbling angebaut wird – jene Sorte, die zu römischen Zeiten die Leitsorte an der Mosel war.

Nahe
Bodenmäßig ein sehr heterogenes Anbaugebiet mit entsprechend großer Sortenvielfalt, die von Weiß- und Grauburgunder über Silvaner, Müller-Thurgau bis hin zu Riesling reicht. Letzere ergibt zweifellos die spannendsten Weine. In ihren besten Qualitäten gehören die Nahe-Rieslinge zu den Topweinen in Deutschland. Das Anbaugebiet liegt um das gleichnamige Flüsschen, das bei Bingen in den Rhein mündet. Weinbauzentrum ist die Stadt Bad Kreuznach.

Franken
Ein weit auseinandergezogenes Anbaugebiet am Main mit den besten Silvanern Deutschlands, einigen beeindruckenden Rieslingen, sehr guten Weißburgundern sowie ein wenig Spätburgunder. Außerdem werden Müller-Thurgau, Bacchus, Rieslaner und Grauburgunder angebaut. Typisch ist die Bocksbeutelflasche. Franken teilt sich traditionell in drei Bereiche auf.
Maindreieck: das Gebiet um Würzburg mit Muschelkalkböden, die straffe, mineralische Weine hervorbringen.
Steigerwald: das Gebiet um Iphofen und Castell mit Gipskeuperböden, auf denen die kräftigsten, langlebigsten Weine wachsen.
Mainviereck: das Gebiet zwischen Wertheim, Miltenberg und Aschaffenburg mit Buntsandstein- und Urgesteinsböden.

Saale-Unstrut
Nördlichstes Anbaugebiet Deutschlands zwischen Jena und Freyburg,

wo auf den warmen Muschelkalkböden der Flusshänge insbesondere Müller-Thurgau, Silvaner und Dornfelder gut gedeihen. Seit einigen Jahren werden auch Weißburgunder und Traminer angebaut.

Sachsen
An den steilen, teils terrassierten Hängen des Elbtals zwischen Meißen und Dresden erbringen Weiß- und Grauburgunder gute Qualitäten. Eine regionale Spezialität ist der Goldriesling.

Rheingau
Kleines, aber bedeutendes Anbaugebiet, das von Hochheim am Main über Wiesbaden, Eltville, Oestrich-Winkel, Rüdesheim bis nach Lorch reicht. Dort wachsen auf Schiefer- und Kalkmergelböden kräftige und relativ körperreiche Rieslinge, die traditionell im sogenannten Halb-

Anbaufläche: 102 000 ha
Produktion: 7,4 Mio. hl
Anteil Rot-/Weißwein: 33 %/66 %
Konsum: 24 l pro Kopf/Jahr (mit Schaumwein)

Quelle: Statistisches Bundesamt 2017

stückfass (600 Liter) vergoren und ausgebaut werden. Das Gebiet ist von mehreren illustren Schlössern gekrönt, etwa Schloss Johannisberg und Schloss Vollrads. Neben dem Riesling wird etwa zwölf Prozent Spätburgunder angebaut, der größte Teil bei Assmannshausen.

Mittelrhein
Überaus mineralisch-schlanke Weine aus den steilen Seitentälern des Rheins zwischen Bacharach und Königswinter bei Bonn. Die Rieslinge sind schlanker und säurebetonter als das Rheingauer Pendant.

Riesling, aber nicht nur

Riesling ist die bedeutendste Rebsorte Deutschlands, auch die häufigste. Aber sie ist nicht die einzige weiße Rebsorte. Je weiter südlich man geht und je wärmer es wird, desto häufiger trifft man auf Weiß- und Grauburgunder, Sauvignon Blanc, vereinzelt auch auf Chardonnay. Vor allem aber nimmt der Rotwein zu, besonders der Spätburgunder. Mit der Klimaerwärmung werden zunehmend auch Syrah, Merlot und Cabernet angebaut.

Eine der herausragenden Lagen in Deutschland: der Rote Hang am Rhein zwischen Nierstein und Nackenheim

Rheinhessen

Das größte deutsche Weinanbaugebiet, in Rheinland-Pfalz gelegen. Viel durchschnittlicher Wein aus rund 20 Sorten, gute bis hochklassige Weine aus Silvaner, Sauvignon Blanc, Scheurebe, Weiß- und Grauburgunder und Riesling. Sie wachsen in mehreren Nischen. Bei den Rotweinen hat der Spätburgunder den Portugieser verdrängt.

Rheinterrasse: Südlich von Mainz beginnende Steillage, die früher »Rheinfront« hieß und bis Ostheim bei Worms reicht. Besonders im Bereich des »Roten Hangs« bei Nackenheim, Nierstein, Oppenheim wachsen einige der feinsten Rieslinge Deutschlands.

Nördlicher Wonnegau: Bei Westhofen (nordwestlich von Worms) beginnende Abbruchkante eines

Kalkplateaus, die sich über Gundersheim nach Flörsheim-Dalsheim zieht und einige grandiose Rieslinge hervorbringt.
Südlicher Wonnegau: Von unterirdischen Kalkfelsbänken durchzogene Nische um die Dörfer Mölsheim und Hohen-Sülzen direkt an der Grenze zur Pfalz, aus der ebenfalls druckvolle, langlebige Rieslinge kommen.
Rheinhessische Schweiz: um Siefersheim und Wöllstein gelegene Nische östlich von Bad Kreuznach, wo auf vulkanischen Böden sehr eigenwillige, aber hochfeine Weine wachsen.
Bingen: Auf den Quarzit- und Schieferverwitterungsböden oberhalb des Ortes Bingen entstehen hochklassige und völlig eigenständige Weine.
Rheinhessisches Westplateau: zwischen Gau-Algesheim und Appenheim gelegenes Kalkplateau, das steil zum Welzbach abfällt und einige hochmineralische Rieslinge hervorbringt.

Pfalz

Zweitgrößte Anbauregion Deutschlands, die von Grünstadt im Norden bis zur französischen Grenze im Süden reicht und entlang der Deutschen Weinstraße verläuft, der wohl größten Feiermeile Deutschlands. Die Pfalz weist viele unterschiedliche Terroirs auf. Riesling ist die Hauptrebsorte. Die Pfalz steht traditionell für trockene Weine.
Mittelhaardt: Im nördlichen Teil der Pfalz liegen so berühmte Weinbauorte wie Kallstadt, Ungstein, Wachenheim, Forst, Ruppertsberg, Deidesheim sowie Gimmeldingen. Dort wachsen herausragende Rieslinge auf Buntsandstein, Lehm oder vulkanischen Verwitterungsböden. Aus der Rheinebene kommen eher einfache Weine: Silvaner, Müller-Thurgau, Weiß- und Grauburgunder sowie roter Dornfelder.

Südpfalz: Beginnt bei Maikammer und zieht sich am Fuße des Pfälzer Walds bis nach Schweigen hin. Neben Riesling wachsen dort insbesondere exzellente Weiß- und Grauburgunder, zudem hervorragende Spätburgunder (inzwischen aber auch Merlot, Cabernet Sauvignon, Syrah).

Hessische Bergstraße

Kleinstes deutschen Anbaugebiet um Bensheim herum mit teils hervorragenden Rieslingen.

Baden

Heterogenstes und wärmstes deutsches Anbaugebiet, das von Heidelberg bis zum Bodensee reicht. Rund ein Drittel der Produktion ist Spätburgunder, zwei Drittel Weißwein. Die typischen weißen Sorten sind Grau- und Weißburgunder sowie Gutedel und ein bisschen Riesling. Müller-Thurgau ist jedoch die häufigste weiße Sorte. Die wichtigsten Unterzonen sind:
Kraichgau: zwischen Heidelberg und Bruchsal mit gemischtem Sortiment, Spezialität ist Auxerrois.
Ortenau: zwischen Baden-Baden und Offenburg, bekannt für Riesling.
Breisgau: zwischen Offenburg und Freiburg gelegen mit einem breiten Spektrum an Qualitäten, Fokus auf Burgundersorten.
Kaiserstuhl und Tuniberg: vulkanische Erhebungen zwischen Freiburg und dem Rhein, stark bei Spätburgunder und weißen Burgundersorten.
Markgräfler Land: von Freiburg bis kurz vor Basel reichend, typisch für Gutedel und hoch geschätzt für Burgunderweine.

Württemberg

Weißweine machen nur 30 Prozent der Produktion aus, allen voran der Riesling. Ansonsten ist Württemberg ein »Rotweinländle«: hellroter

Trollinger-Trauben in Württemberg

Trollinger, süffiger Schwarzriesling, würziger Lemberger, samtiger Spätburgunder sowie Cuvées aus allen möglichen Sorten einschließlich Cabernet Dorsa, Acolon und neuerdings auch Cabernet Franc, Merlot, Syrah. Es gibt vier große Weinbaubereiche:
Unterland: Die Gegend zwischen Heilbronn und Ludwigsburg ist die Urheimat des Trollinger
Remstal: am nordöstlichen Stadtrand von Stuttgart, beste Rieslinge, Lemberger, Spätburgunder.
Oberer Neckar: um Tübingen herum, ausdehnungsmäßig unbedeutend wie die wenigen Weinberge um Lindau am Bodensee.

Die Grande Nation des Weins

Dass Gott, wenn es ihn gibt, in Frankreich lebt, ist für viele Weintrinker eine unumstößliche Wahrheit. Nirgendwo auf der Welt werden Weine hergestellt, die ähnlich hoch geschätzt werden wie Bordeaux, Burgunder und Champagner. Doch Frankreich lässt sich nicht auf drei große Namen reduzieren. Es hat zahlreiche Anbaugebiete, aus denen gute, manchmal auch großartige Weine kommen, selbst wenn sie seltener Schlagzeilen machen.

Château Nozet in Pouilly-sur-Loire ist Sitz der Domaine de Ladoucette.

Champagne

Ein 34 500 Hektar großes Anbaugebiet östlich von Paris um die Städte Reims und Épernay, in dem nahezu ausschließlich Schaumwein nach der klassischen Methode hergestellt wird (Flaschengärung). Die Trauben für den Champagner sind Pinot Noir, Pinot Meunier sowie Chardonnay. Ihre Besonderheit: Sie wachsen auf weißen Kreideböden, die ihnen einen unvergleichlichen, mineralischen Geschmack geben.

Loire

Die Loire ist ein Fluss von mehr als 1000 Kilometern Länge. Ihre Ufer sind fast durchgängig mit Reben bestanden. Die Weine sind teils weiß, teils rot und rosé, teils schäumend, teils edelsüß und sind mehr als zwei Dutzend Appellationen zugeordnet. Die mittlere und obere Loire ist für ihre prächtigen Schlösser, die den Fluss säumen, oft berühmter als die Weine.

Sancerre und Pouilly: Die besten Weißweine kommen von der oberen Loire und heißen Sancerre und Pouilly-Fumé. Nirgendwo in Frankreich gibt es bessere Sauvignon Blanc als dort.

Touraine: An der mittleren Loire westlich von Tours wachsen die besten Rotweine. Sie heißen Bourgueil und Chinon und sind aus Cabernet-Franc-Trauben gekeltert. Im Osten wird aus den weißen Chenin-Blanc-Trauben teils schäumender, teils stiller Vouvray erzeugt, der nicht selten eine schmeckbare Restsüße aufweist.

Anjou und Saumur: Weiter flussabwärts nimmt die Rebendichte zu. Um Angers trifft man vor allem Pineau de la Loire an, wie die Chenin Blanc dort heißt. Aus ihr werden, von wenigen Ausnahmen abgesehen, schlichte Weiß- und Roséweine sowie einige feine edelsüße Spezialitäten gewonnen wie Côteaux de Layon, Quarts de Chaume, Bonnezeaux. Saumur ist vor allem eine Schaumweinappellation. Von dort kommt der größte Teil des Crémant de Loire.

Muscadet: An der Mündung der Loire um die Stadt Nantes wächst ein frischer, trockener Weißwein aus Muscadet-Trauben. Er wird »sur lie«, also auf der Hefe, abgefüllt.

Chablis

Aus dem nördlichsten Zipfel Burgunds, nahe der Stadt Auxerre gelegen, kommen stahlige Weißweine aus Chardonnay-Trauben, die sehr

FRANKREICH

Anbaufläche: 787 000 ha
Produktion: 37 Mio. hl
Anteil Rot-/Weißwein: 70%/30%
Konsum: 27 l pro Kopf/Jahr (ohne Schaumwein)

Quelle: OIV 2017

illy-Vinzelles, Pouilly-Loché, Viré-Clessé und Pouilly-Fuissé. Die besten Weißweine dieser Appellationen stehen denen der Côte de Beaune nicht nach.

Burgund – Beaujolais

Das Beaujolais ist die Heimat der Gamay-Traube. Aus ihr werden fast alle Rotweine um die Stadt Roanne erzeugt. Gehobene Qualitäten kommen als Beaujolais-Villages auf den Markt. Über ihnen stehen nur noch sieben Crus, die kraftvolle, alterungsfähige Beaujolais-Weine hervorbringen, die in den letzten Jahren wieder zu Ehren kommen: St. Amour, Juliénas, Chénas, Moulin-à-Vent, Fleurie, Chiroubles, Morgon.

Elsass

Westlich des Rheins, am Fuß der Vogesen, wachsen stoffiger Riesling, vollmundiger Pinots Gris (Grauburgunder, früher auch Tokay genannt), kräftiger Silvaner, duftiger Gewürztraminer, zarter Weißburgunder (Pinot Blanc), leichter Auxerrois und delikater Pinot Noir.

Jura

Aus der bergigen Region im Osten Frankreichs nahe der Grenze zur Schweiz kommen zahlreiche einfache und einige sehr charaktervolle Weine. Die Appellationen Arbois und Côteaux de Jura liefern eher einfache Weine, die aus Chardonnay oder Pinot Noir (gern mit der Lokaltraube Poulsard verschnitten) gewonnen werden. Die interessanteren Weine werden aus der weißen Savagnin erzeugt, die den sherry-ähnlichen Vin Jaune ergibt.

fein sein können. Die Spitze bilden die Premiers Crus und die Grands Crus. Der Petit Chablis aus dem erweiterten Anbaugebiet ist dagegen sehr einfach.

Burgund – Côte de Nuits

Die Hügelkette südlich von Dijon ist die Heimat edelster roter Burgunderweine, die aus Pinot Noir gewonnen werden. Sie heißen nach den Dörfern Gevrey-Chambertin, Morey-St.-Denis, Chambolle-Musigny, Vougeot, Vosne-Romanée und Nuits-St-Georges.

Burgund – Côte de Beaune

In der Umgebung der Stadt Beaune wachsen der berühmte rote Corton, der Beaune sowie Pommard, Volnay und Santenay (alle aus der Pinot-Noir-Traube). Noch berühmter sind allerdings die Weißweine: etwa Corton-Charlemagne, Meursault, Puligny-Montrachet, Montrachet, Chassagne-Montrachet (alle aus der Chardonnay). Die Aligoté-Traube ergibt ebenfalls gute, aber einfachere Qualitäten.

Burgund – Côte Chalonnaise

Westlich der Stadt Chalon gelegenes, vielgestaltiges Anbaugebiet mit mehreren bekannten Appellationen, in denen Pinot Noir und Chardonnay angebaut werden. Von Nord nach Süd: Rully (vorwiegend Weißwein), Mercurey (vorwiegend Rotwein), Givry (fast nur Rotwein), Montagny (nur Weißwein).

Burgund – Mâconnais

Fast 90 Prozent aller Weine um die namensgebende Stadt Mâcon herum sind hier weiß und aus Chardonnay gewonnen. Die Sorte ergibt kräftige, qualitativ oft unterschätzte Weine. Die berühmtesten sind Pou-

135

Bordeaux – bester Grund für Wein

Manchmal scheint es, als sei Bordeaux die Sonne, um die sich alle anderen Rotweinplaneten drehen. Tatsächlich ist Bordeaux einzigartig. Aber im Süden und Südwesten Frankreichs gibt es noch andere Appellationen, die gute Weine hervorbringen – auch wenn ihnen der Glanz fehlt, den Bordeaux ausstrahlt.

Der Glanz des Bordeaux geht von einer Handvoll Luxusweinen aus. Doch Bordeaux steht auch für unzählige preiswerte, wenig bekannte und dennoch hervorragende Rotweine.

Bordeaux

Mit seinen 120 000 Hektar Rebflächen kommt knapp ein Drittel aller französischer Weine aus Bordeaux, überwiegend rote. Die größten und mengenmäßig bedeutendsten Appellationen sind Bordeaux AC und Bordeaux Supérieur. Daneben gibt es 52 weitere Appellationen. Einige genießen Weltruhm, andere sind selbst Kennern unbekannt, obwohl sie teilweise respektable Weine zu einem Bruchteil des Preises hervorbringen, der für die berühmten Crus Classés aufgerufen wird.

Linkes Ufer: Auf den kieshaltigen Böden links der Gironde liegen die berühmtesten Appellationen: Margaux, St.-Julien, Pauillac, St.-Estèphe. Sie bilden das Herz des Médoc. Die Basis aller Weine von dort ist die Cabernet Sauvignon. Merlot, Cabernet Franc und Petit Verdot gehen nur in kleinen Anteilen ein.

Rechtes Ufer: Auf den sandig-lehmigen Böden nördlich des Flusses Dordogne gedeiht Merlot optimal. Sie dominiert die Weine von Pomerol und St.-Émilion (flankiert von Cabernet Franc), den zwei berühmtesten Appellationen. Dazu kommen ein knappes Dutzend kleine »Satelliten«-Appellationen.

Graves: Das südlich von der Stadt Bordeaux gelegene Anbaugebiet liefert neben guten Rotweinen (vor allem aus Pessac-Léognan am südlichen Stadtrand) die wohl besten Weißweine der Gegend. Sie werden aus Sémillon und Sauvignon Blanc gewonnen.

Barsac und Sauternes: Die beiden Dörfer sind für ihre edelsüßen Weine berühmt, insbesondere Sauternes. Sie werden aus edelfaulen Sémillon- sowie Sauvignon-Blanc-Trauben gewonnen.

Entre-Deux-Mers: Ausgedehntes, zwischen Dordogne und Garonne gelegenes Anbaugebiet mit einer Vielzahl von Weinen einfachen, teils auch gehobenen Zuschnitts. Die Rotweine sind meist aus Merlot, die Weißen aus Sauvignon Blanc, Muscadelle und Sémillon gekeltert.

Südwesten

Der Landstrich zwischen Toulouse und den Pyrenäen ist die unbekannteste Weingegend Frankreichs. Von dort kommen viele rustikale Rot- und urwüchsige Weißweine. Bekannt sind der rote Cahors (Malbec mit Merlot und Tannat) und der bernsteinfarbene edelsüße Jurançon (Petit Manseng).

Côteaux de Languedoc

Der Küstenstrich zwischen Nîmes bis über Narbonne hinaus ist ein einziger Rebengarten, jedoch mit ganz unterschiedlichen Böden und Klimata. Das Sortiment reicht von süffigen Landweinen (Vin de Pays d'Oc) bis zu hochklassigen Rotweinen (die häufigsten Rebsorten sind Carignan, Grenache, Cinsaut, Mourvèdre, Syrah und Merlot), dazwischen werden aber auch einige Weißweine erzeugt (aus den Sorten Picpoul, Clairette, Bouboulenc, Marsanne, Roussane).

Roussillon

Der südlichste Zipfel Frankreichs ist vor allem berühmt für seine alkoholverstärkten Süßweine wie Banyuls, Maury und weißer Rivesaltes. In den letzten Jahren kommen jedoch von experimentierfreudigen Erzeugern auch viele hochklassige, trockene Rotweine.

Rhône

Riesiges Anbaugebiet im Süden Frankreichs, das fast nur Rotwein produziert. Der bekannteste ist der Côtes du Rhône. Insgesamt gibt es links und rechts des mächtigen Stroms mehr als 30 verschiedene Appellationen.

Nördliche Rhône: Auf den heißen Schieferhängen zwischen den Städten Vienne und Valence wachsen fast ausschließlich Rotweine. Sie heißen Côte Rôtie, Saint-Joseph, Crozes-Hermitage, Hermitage und Cornas, werden reinsortig aus Syrah erzeugt und gehören teilweise zu den besten und teuersten Rotweinen Frankreichs – etwa der Hermitage. Die einzige Weißweinappellation heißt Condrieu, Heimat der Viognier-Traube.

Südliche Rhône: Südlich von Montélimar dominiert die Grenache. Von den flussnahen, steinigen Anbauflächen zwischen Avignon und Orange kommt der wohl beste Rotwein der Gegend, der Châteauneuf-du-Pape. Er darf aus 13 verschiedenen Rebsorten gekeltert werden, neben Grenache beispielsweise noch aus Mourvèdre, Cinsaut und Syrah. Im hügeligen Hinterland wachsen zwei ebenfalls ausgezeichnete Rotweine, die wegen des kalten Mistral, der aus den Bergen weht, weniger mächtig, dafür feiner ausfallen: Gigondas und Vacqueyras. Aber auch die Côtes du Rhône-Villages-Weine sind mitunter exzellent. 21 Gemeinden sind berechtigt, den Ort, aus dem die Weine kommen, an den Weinnamen anzuhängen: so etwa Chusclan, Séguret, Valréas. Weißwein wird nur wenig erzeugt – Roussanne, Marsanne, Bourboulenc sind die Hauptsorten.

Provence

Früher war die Provence für ihre kräftigen, dunklen Rotweine aus Mourvèdre-, Grenache- und Cinsaut-Trauben bekannt, heute kommen von den Hügeln um die Orte Aix, Bandol, Palette und Cassis zu über 80 Prozent Roséweine.

Die kleine Kapelle über der Rhône ist das Symbol des Hermitage-Hangs.

Con amore – Italien liebt Wein

Die Toskana und das Piemont sind die bekanntesten Weinbaugebiete Italiens – aber bei Weitem nicht die einzigen. Keine der 20 Regionen des Landes, vom Aostatal bis hinunter nach Sizilien, ist ohne Wein. Seine Vielfalt und Besonderheit verdankt Italien den autochthonen, also einheimischen Rebsorten.

Friaul

Der Nordosten Italiens ist eines der renommiertesten Anbaugebiete für Weißwein. Von dort kommen kräftige, körperreiche Weißweine, vor allem aus den Sorten Friulano (früher Tocai genannt), Pinot Bianco, Pinot Grigio, Sauvignon, Chardonnay. Neuerdings wird auch viel Glera für die Produktion von Prosecco angebaut. Die Liste der autochthonen Weine wird von Ribolla Gialla, Malvasia (Istriana), Picolit (für Dessertweine) sowie Vitovska angeführt. Bei den Rotweinen dominiert Merlot. Die autochthonen roten Rebsorten Refosco, Pignolo, Schioppettino und Tazzelenghe spielen zwar quantitiv keine sehr große Rolle, sind qualitativ aber teilweise gut.

Wahrzeichen des Weindorfs Serralunga d'Alba, das im Herzen des Barolo-Gebiets liegt, ist die Burg mit ihren drei gänzlich unterschiedlich gestalteten Türmen.

Venetien

Die Region zwischen Gardasee und Venedig ist einer der größten Weinproduzenten Italiens. Sie ist die Heimat des Prosecco, des wohl erfolgreichsten Weins des Landes. Er wächst vor allem in der Provinz Treviso. Dazu kommen Weißweine wie der Soave, Gambellara, Custoza und Lugana. Die bekanntesten Rotweine sind Bardolino, Valpolicella und der mächtige Amarone (aus den Sorten Corvina, Corvinone, Rondinella und Molinara). Urwüchsige Rotweine liefert die alte Sorte Raboso, während in den Colli Euganei um Abano Terme sowie um Breganze herum gute Weine aus Cabernet Sauvignon und Merlot kommen. Nicht der beste, aber der kommerziell wohl erfolgreichste Rote Venetiens ist der schlichte Merlot del Piave. Nicht zu vergessen der Pinot Grigio: Die Trauben für diesen Bestseller kommen zwar meist aus anderen Regionen (etwa Trentino), aber mehrere große Kellereien stehen in Venetien.

Lombardei

Industriell geprägte Region um die Stadt Mailand, deren Wohlstand nicht auf Wein basiert, in der aber viel Wein konsumiert wird. Der erfolgreichste lombardische Wein ist der Franciacorta, ein hochklassiger Schaumwein mit Flaschengärung, dessen Reben um den Iseo-See herum wachsen. Das Oltrepò Pavese weiter südlich ist durch Pinot Nero bekannt, aus der ebenfalls gute Schaumweine nach der Flaschengärmethode erzeugt werden (daneben viel Pinot Grigio und Chardonnay). Der westliche Teil des Anbaugebiets für den weißen Lugana liegt in der Lombardei. Außerdem gehört das Valtellina, das längste Alpental, zur Lombardei. Dort werden aus der Nebbiolo – lokal »Chiavennasca« genannt – charaktervolle Rotweine gewonnen.

Südtirol und Trentino

Mineralisch-fruchtbetonte Weißweine aus Weißburgunder, Sauvignon Blanc und Gewürztraminer sind die Stärken des Südtiroler Weinbaus, im Süden auch der Chardonnay und Pinot Grigio. Bei den Roten dominiert zwar immer noch die Vernatsch-Traube, sie ist aber stark zurückgegangen. Aber: Den verbliebenen hellroten Südtiroler Vernatsch, Kalterersee und St. Magdalener schlägt derzeit wieder eine kleine Welle der Sympathie entgegen. Stolz sind die Südtiroler auf ihren dunkelroten Lagrein aus der gleichnamigen autochthonen Sorte. Im Eisacktal werden Sylvaner, Grüner Veltliner, Riesling und Kerner angebaut. Das Trentino ist der größte Pinot-Grigio-Produzent Italiens – allerdings landen die Weine oft in anonymen Verschnitten. Wesentlich respektabler sind Chardonnay und Pinot Nero. Beide Sorten werden zudem zur Schaumweinproduktion verwendet: Trentodoc heißt der nach der klassischen Methode erzeugte Schaumwein. Unter den Rotweinen ragen der Teroldego sowie einige Cabernet-/Merlot-Cuvées heraus.

Piemont und Aostatal

Berühmteste Vertreter sind der roten Barolo, Barbaresco und Roero, alle um die Stadt Alba herum gewachsen und alle aus der Nebbiolo-Traube gewonnen. Von den Hügeln um Asti kommen die besten Barbera-Weine, außerdem schäumender, süßer Moscato d'Asti. Südlich von Alessandria ist die Heimat des weißen Gavi, der aus der Cortese-Traube bereitet wird. Derzeit ist allerdings der (noch) seltene, aber charaktervollere Timorasso der Favorit der Weinkenner. Ein anderer guter Weißwein ist der Arneis, der aus der gleichnamigen Traube erzeugt und überwiegend im Roero angebaut wird. Im teilweise französischsprachigen Aostatal werden neben Chardonnay, Malvoisie (Pinot Gris), Pinot Noir und Gamay 13 autochthone Sorten – weiß und rot – angebaut, die auf Namen hören wie Enfer d'Arvier, Fumin, Prié Blanc, Torrette, Humagne Rouge, Cromassa, Prëmetta, Petite Arvine.

Ligurien

Im Abschnitt von Genua bis zur französischen Grenze werden, passend zur Fischküche, zwei saftige Weißweine – Pigato und Vermentino – sowie ein einfacher Rotwein erzeugt, der Rossese di Dolceacqua (Traube: Dolcetto). Der bekannteste Weißwein im Abschnitt von Genua bis La Spezia ist der Cinque Terre (Trauben: Vermentino, Albarola und Bosco).

Anbaufläche: 695 000 ha
Produktion: 50 Mio. hl
Anteil Rot-/Weißwein: 45 %/55 %
Konsum: 36 l pro Kopf/Jahr

Quelle: OIV 2017

139

Im Schlepptau der Toskana

Die Weine der Toskana sind das Zugpferd der italienischen Weinwirtschaft. Ihr Erfolg war der Weckruf für die anderen benachbarten Regionen des Landes. Inzwischen ist auch der Süden aufgewacht, allen voran Sizilien, Apulien und Kampanien. Mehr noch: Er ist erblüht.

Sangiovese-Ernte im Chianti Classico: Nirgendwo sonst bringt die klassische Rotweintraube der Toskana so gute Qualitäten wie zwischen Florenz und Montepulciano.

Emilia-Romagna

In der Region gibt es viel Massenwein, aber auch immer mehr gehobene Qualitäten. Dazu zählen die weißen Albana- und Pignoletto-Weine zwischen Imola und Ravenna, Cabernet-/Merlot-Cuvées aus den Hügeln Bolognas sowie ausgezeichneter Sangiovese di Romagna. Sehr gefragt ist derzeit der Lambrusco, ein urtümlicher, schäumender (oder perlender) Rotwein, der in seiner trockenen Version nichts mit dem berüchtigten süßen Industrie-Lambrusco zu tun hat.

Toskana

Nirgendwo sonst bringt die Sangiovese-Traube so gute Qualitäten wie in der Toskana. Sie bildet die Basis der meisten Rotweine. Die bekanntesten heißen Chianti Classico, Vino Nobile di Montepulciano und Brunello di Montalcino. Darüber hinaus gibt es zahlreiche Nischen, in denen die Rotweine ganz oder teilweise aus Sangiovese gewonnen werden, etwa in Carmignano, Lucca, Montecucco, Orcia, in der Maremma sowie im Chianti. Dazu kommen vermehrt hochwertige Einzelweine aus Merlot, Cabernet Sauvignon, Cabernet Franc und Syrah, die unter der Bezeichnung »Supertuscan« zusammengefasst werden. An der Mittelmeerküste um Bolgheri und Suvereto sind die Rotweine fast ausschließlich aus diesen Sorten gekeltert. Weißweine sind selten. An der Küste wird viel einfacher Vermentino erzeugt, in San Gimignano der Vernaccia. Eine Spezialität ist der süße Vin Santo, der aus getrockneten Trauben gewonnen wird.

Umbrien und Latium

Der bekannteste Wein Umbriens ist weiß: der Orvieto (aus Grechetto und anderen Trauben). Die besten Weine der Region sind jedoch rot: der schwere, tanninreiche Sagrantino di Montefalco (Traube: Sagrantino) und der Torgiano (Sangiovese und Canaiolo). Die anderen Rotweine sind in der Regel ein Mix aus Sangiovese und internationalen Sorten. In der südlich anschließenden Region Latium werden mangels hochwertiger autochthoner Trauben viele internationale Sorten angebaut. Die bekanntesten Weißen heißen Frascati und Est! Est!! Est!!! In einzelnen Nischen entstehen auch gehobene Qualitäten.

Marken und Abruzzen

Aus den beiden zwischen Apennin und Adria gelegenen Regionen kommen gleich mehrere interessante Weißweine: aus den (nördlicheren) Marken Verdicchio, aus den Abruzzen Trebbiano d'Abruzzo sowie Pecorino und Passerina, zwei lange Zeit vergessene autochthone Sorten, die zu neuem Glanz auferstanden sind. Die Rotweine sind meist aus Montepulciano-Trauben gekeltert, oft unter Zusatz von Sangiovese oder anderen Sorten. Die bekanntesten sind der Rosso Conero, der Rosso Piceno und der Montepulciano d'Abruzzo.

Kampanien und Basilikata

Die bedeutendsten Rotweine der beiden Regionen sind aus Aglianico-Trauben gewonnen: der Taurasi und der Aglianico del Vulture, beide tanninhart und langlebig. Die anderen Rotweine bestehen meist aus einer Cuvée von Aglianico und Piedirosso. Kampanien ist außerdem ein Schatzkästlein für Weißweine aus antiken Sorten: Falanghina, Fiano und Greco.

Apulien

Eine Region für Massenwein entdeckt die Qualität. Aglianico, Nero di Troia und Montepulciano ergeben im Norden kräftige, tanninreiche Rotweine (Castel del Monte), Negroamaro und Primitivo im südlichen Salento und Tarantino weiche Rote. Dazu eine Vielzahl leichter, charmant blumiger Weißweine, auch aus internationalen Reben.

Kalabrien

Die Region besitzt viele noch wenig bekannte autochthone Sorten, etwa Arvino Nero, Gaglioppo, Greco Bianco, Mantonico Bianco, Magliocco, Nerello und Pecorello. Die Weine aus ihnen sind überraschend gut, haben dennoch aber bestenfalls nationale, häufig nur regionale Bedeutung.

Sizilien

Die rote Nero d'Avola wächst überall auf der Insel (außer am Ätna) und bringt warme, fruchtig-würzige Rotweine mit meridionalem Einschlag hervor. Unter den internationalen Reben ist die Syrah die häufigste. Am Ätna werden die Rotweine aus Nerello-Trauben gekeltert. Für die Weißweine der Insel werden meist Grillo, Inzolia, Grecanico und Catarratto verwendet, an den Lavahängen des Ätna die Sorte Carricante.

Sardinien

Die besten Weißen kommen von der Vermentino-Traube, die vor allem im Norden in der Gallura weit verbreitet ist. Die Rotweine werden aus den alten Sorten Cannonau, Carignano, Monica und Bovale, zunehmend aber auch aus internationalen Reben gewonnen.

Der Tempel von Segesta: Die Griechen brachten den Wein nach Sizilien.

Spanien auf der Überholspur

Viel Wein besaß Spanien schon immer, aber nie so viel guten Wein wie heute. Die Karriere, die das Land auf der Iberischen Halbinsel gemacht hat, ist atemberaubend. Rioja, Ribera del Duero und Priorato sind die führenden Anbaugebiete. Aber auch aus vielen kleinen, noch wenig bekannten Bereichen kommen inzwischen exzellente und nicht selten überraschend preisgünstige Rotweine.

Moderne Weingut-Architektur in Rioja: Bodegas Ysios

Somontano und Ampurdán – Costa Brava

Somontano ist ein kleines, an den Südhängen der Pyrenäen gelegenes Anbaugebiet mit eher kühlem Klima, aus dem elegante Rotweine kommen (Garnacha, Tempranillo, Cabernet Sauvignon, Merlot, Pinot Noir), die in den letzten Jahren beträchtliches Aufsehen erregt haben. In den höheren Lagen wachsen zudem Chardonnay- und Chenin-Blanc-Reben. In Ampurdàn direkt an der französischen Grenze gibt es Weiß- und Rotweine aller möglichen Sorten sowie Geschmacksrichtungen.

Penedès

Die Heimat des Cava. Aus der Hügelzone südwestlich von Barcelona kommen einfache, frische Weißweine, die größtenteils versektet werden. Weiße Stillweine spielen keine große Rolle, eher schon Rotweine, wobei diese gleichermaßen aus einheimischen als auch internationalen Sorten erzeugt werden.

Priorato

Eines der kleinsten, aber qualitativ hochwertigsten Anbaugebiete mit großartigen Rotweinen, die zu den besten und teuersten in ganz Spanien gehören. Sie werden vor allem aus den Sorten Cariñena und Garnacha erzeugt. Die Böden bestehen aus schwarzem Schiefer. Wie ein Ring legt sich die DO Monsant um das Priorat. Die Weine werden oft als preiswerte Alternative zum Priorato bezeichnet.

Costers del Segre und Pla de Bages

Um die Stadt Lleida im Hinterland von Barcelona gelegene Appellation, in der neben den traditionellen Sorten auch erfolgreich Chardonnay, Sauvignon, Merlot und Cabernet angebaut werden. Pla de Bages ist eine junge, aufstrebende Appellation nördlich von Barcelona, aus der viel Grundwein für die Cava-Produktion kommt, aber auch gute Rotweine aus alten katalanischen Rebsorten wie Ramón Roqueta und Masies d'Avinyó, die die spanischen Picapoll und Macabeo zunehmend verdrängen.

Calatayud, Cariñena und Campo de Borja

Calatayud ist eine junge DO südlich von Zaragossa mit vollmundigen Rotweinen (oder Rosés) aus Garnacha, Tempranillo, Cariñena, Monastrell sowie aus der weißen Viura-Traube. Aus dem benachbarten Cariñena kommen ähnlich körperreiche Rotweine, während das hoch gelegene Campo de Borja für seine knorrig-eleganten Rotweine, vor allem aus alten Garnacha-Reben, aber auch aus jungen Bordeaux-Sorten bekannt ist.

Rioja

Riesiges, historisch stark von Bordeaux geprägtes Anbaugebiet am Ebro, in dem aus Tempranillo (mit Zusätzen von Garnacha, Mazuelo, Graciano und anderen Sorten) feine Crianzas und teilweise überaus langlebige Reservas und Gran Reservas erzeugt werden. Zentrum ist Rioja Alta um die Städte Haro und Logroño. Die interessantesten Weine kommen heute aus Rioja Alavesa am Fuße des Kantabrischen Gebirges. Und Rioja Baja im Westen ist bereits mediterran geprägt, von dort kommen weichere und einfachere Weine.

Navarra

An Rioja anschließendes Gebiet südlich von Pamplona aus dem sowohl moderne Rotweine (aus Tempranillo mit Merlot oder Cabernet Sauvignon) als auch kräftige Rosés (Garnacha) kommen, aber auch jede Menge Massenwein.

Bierzo, Ribeira Sacra und Valdeorras

Aufstrebende Weinanbaugebiete in Nordspanien. In Bierzo werden aus Garnacha, Tempranillo und insbesondere Mencía teilweise beachtliche Rotweine erzeugt. Gleiches gilt für Valdeorras und Ribeira Sacra, wobei letztere DO auch frische, gehaltvolle Weiße produziert (aus Albariño, Loureira, Godello und Treixadura).

Rias Baixas

An der galicischen Atlantikküste um die Hafenstadt Vigo gelegenes Anbaugebiet mit kühlem, feuchtem Klima. Dort werden aus der Albariño-Traube, die fast ausschließlich angebaut wird, säurefrische, »salzige«, teilweise sehr gute Weißweine gewonnen, die viele für die besten Spaniens halten.

Anbaufläche: 950 000 ha
Produktion: 35 Mio. hl
Anteil Rot-/Weißwein: 75 %/25 %
Konsum: 21 l pro Kopf/Jahr

Quelle: OIV 2017

Der Süden: heiß und trocken

Spaniens Mitte und der Süden ächzen unter der Hitze. Doch was wenige wissen: Der größte Teil der Weinberge liegt auf Hochebenen von bis zu 950 Metern. Dort ist es nachts kühl, die Weine behalten ihre Frische. Das größere Problem ist die Trockenheit. Oft regnet es sechs Monate lang nicht. Ohne künstliche Bewässerung ist Weinbau vielerorts nicht möglich.

Die Burg von Peñafiel in der Provinz Valladolid ist umgeben von den Rebflächen der Ribeira del Duero, dem größten Weinbaubereich Spaniens.

Ribera del Duero

Östlich von Valladolid gelegenes Anbaugebiet mit schweren, teilweise extrem langlebigen, hochfeinen Rotweinen auf der Basis von Tempranillo. Die Sorte wird lokal Tinto Fino genannt. Die Weinberge liegen teils im Tal des Duero, teils auf 950 Metern Höhe.

Toro und Cigales

Nahe der Stadt Valladolid gelegene Anbaugebiete, die insbesondere für Rotwein bekannt geworden sind. In den Weinbergen von Toro stehen noch viele alte Rebstöcke der Sorte Tinta del Toro, einer Tempranillo-Mutation mit kleinen, dickschaligen Beeren. Sie ergibt dunkle, konzentrierte Weine, die sehr fein und teuer sein können. Auch aus Cigales kommen kräftige, teilweise ausgezeichnete Rote. Sie bestehen aus Tinta del País (Tempranillo) sowie Garnacha. Bekannt ist Cigales aber vor allem auch für die Claretes: feinfruchtige Rosés, die unter der Bezeichnung Cigales Nuevo bereits im November nach der Lese in den Verkauf gelangen.

Rueda

Im einsamen Hochland von Kastilien-Léon gelegen, ist Rueda eine der wichtigsten Weißwein-Appellationen Spaniens. Die Weine bestechen durch ihre leichte, mineralische Art. Sie werden traditionell aus der Verdejo-Traube gewonnen. Aber auch Viura und Sauvignon Blanc sind zugelassen.

Mentrida
Nördlich von Toledo gelegene DO, in der hauptsächlich Garnacha angebaut wird. Von alten Rebstöcken kommen teilweise sehr gute Weine.

Utiel-Requena
Große, im Hinterland von Valencia gelegene DO mit dunklen, strukturierten Rotweinen aus Tempranillo und Bobal. Sehr populär sind die feinfruchtigen Rosados, die nur aus Bobal gekeltert werden.

Jumilla und Yecla
Die trockene und heiße Weinregion um die Stadt Murcia im Südosten Spaniens bringt teilweise sehr gute Rotweine hervor, typischerweise aus der Monastrell- Traube. Yecla liegt im äußersten Norden der Provinz Murcia und ist eine bergige Region mit urwüchsigen Rotweinen aus verschiedenen Sorten, darunter viele unveredelte, alte Monastrell-Rebstöcke.

Mallorca
Der überwiegende Teil des mallorquinischen Weins ist rot, gewonnen aus der autochthonen Callet oder in einer Cuvée mit einem halben Dutzend anderer Rebsorten. Binissalem (zwischen Palma und Inca) und Pla di Levant im Osten sind die beiden einzigen DOs der Insel. Die meisten mallorquinischen Weine verzichten jedoch auf die Angabe der DO.

La Mancha
Flächenmäßig größte Weinregion Europas im heißen Zentralspanien südlich von Toledo. Neben Massen einfacher Landweine kommen von dort auch beachtliche Rotweine, vor allem aus Cencibel, Moravia, Garnacha und Cabernet Sauvignon.

Valdepeñas
Anbaugebiet im Hochland von La Mancha mit eigener DO. Bringt glutvolle Rotweine mit milder Säure hervor, meist aus Cencibel (Tempranillo) oder als Cuvée unter Einschluss von Cabernet Sauvignon.

Jerez, Montilla-Moriles und Malaga
Aus den drei andalusischen Anbaugebieten kommen schwere, alkoholverstärkte Weine, viele natursüß (aus Trauben, die auf dem Boden in der Sonne getrocknet wurden). Die feinsten Weine sind die Sherrys aus Jerez.

Kanarische Inseln
Auf allen Inseln wächst in kleinen Nischen Wein. Auf Teneriffa und Gran Canaria befinden sich die weitläufigsten Rebflächen. Erzeugt werden einfache, aber solide Rot- und Weißweine, meist aus den Sorten Listán Blanco und Listán Negro. Da die Kanarischen Inseln nie von der Reblaus befallen wurden, gibt es dort noch viele autochthone, seltene Sorten.

Alte, im Weitstand gepflanzte Rebstöcke der Sorte Tempranillo, die in der Rotweinenklave Toro einfach »Tinta de Toro« heißt

ÖSTERREICH

Eine Weinnation erfindet sich neu

Nach dem Weinskandal 1985 hat Österreich gezeigt, dass es mehr zu bieten hat als Sachertorte, Wiener Schnitzel und Kaiserschmarrn. Auf seine Weine ist das Land heute ebenso stolz wie auf seine Leib- und Magengerichte – zu Recht. Selbst der Grüne Veltliner, früher Inbegriff des einfachen, »heurigen« Weins, gehört in der Spitze zu den besten Weißweinen der Welt. Bei den Roten hat der Blaufränkisch Klasse bewiesen – in der Cuvée oder pur.

Weinberge bei Spitz an der Donau in der Wachau, einem der renommiertesten Weißweinanbaugebiete Österreichs

Traisental
Kleines, kühles Weißweinanbaugebiet, das sich vom Südufer der Donau bis nach St. Pölten hinzieht und exzellente Grüne Veltliner und Rieslinge hervorbringt.

Wachau
Renommiertestes Anbaugebiet Österreichs, gelegen zwischen Spitz und Mautern an der Donau. Von den steilen Urgesteins- und Lössterrassen kommen mit die besten Grünen Veltliner Österreichs und einige große, langlebige Rieslinge. Die opulentesten Weine tragen die Bezeichnung »Smaragd« auf dem Etikett, die leichteren »Federspiel«, die ganz leichten »Steinfeder«.

Kamptal
Etwas kühleres Grundklima als die nahe Wachau, aber ähnliche Lehm-, Löss- und Urgesteinsböden – das Terroir für zupackende Grüne Veltliner und hochfeine Rieslinge. Deren Stilistik reicht vom einfachen »Heurigen« bis zum langlebigen Spitzenwein. Darüber hinaus wird ein wenig Weiß- und Grauburgunder sowie Zweigelt und Pinot Noir angebaut.

Kremstal
Der Wachau vorgelagertes Anbaugebiet mit ähnlicher Bodenstruktur, teils etwas wärmerem Klima und gleich guten, in der Spitze majestätischen Grünen Veltlinern und Rieslingen.

Wagram
Das Anbaugebiet reicht von Klosterneuburg bis Feuersbrunn bei Krems und wurde früher Donauland genannt. Weine: Weißweine nahezu aller Sorten und Zweigelt.

Weinviertel
Weitläufiges, nördlich von Wien beziehungsweise an der tschechischen Grenze gelegenes Anbaugebiet, dessen typischer Wein der pfeffrige Grüne Veltliner ist.

Wien

Die Reben wachsen am nördlichen Stadtrand bei Grinzing, Neustift, Sievering und Nussdorf: neben einfachem Heurigen auch beste Rieslinge, Weißburgunder, Traminer. Typisch ist der Wiener Gemischte Satz mit eigener DAC.

Carnuntum

Östlich von Wien an der Donau gelegenes Anbaugebiet mit explosiven Zweigelts und dunkelfruchtigen Blaufränkisch-Weinen, dazu ein wenig Grüner Veltliner.

Neusiedlersee

Das Anbaugebiet reicht von Jois über Neusiedel bis an die ungarische Grenze. Gols ist vor allem für Rotweine aus Zweigelt und Blaufränkisch berühmt (und für seine trockenen Weißweine aus den Burgundersorten), während der sogenannte Seewinkel südlich der Stadt Frauenkirchen das weltweit größte zusammenhängende Anbaugebiet für Süßwein bildet.

Leithaberg

Einst Neusiedlersee-Hügelland genannt, seit 2009 nun Leithaberg. Herausragend sind die mineralischen Weißweine aus Weißburgunder und Chardonnay sowie die kräftigen Blaufränkischen und – aus den höheren Lagen – Pinot Noir. Der süße Ruster Ausbruch ist eine Klasse für sich.

Rosalia

Aus der kleinsten DAC-Zone Österreichs zwischen Mattersburg und Pöttelsdorf im Burgenland kommt viel Rotwein, vor allem Blaufränkisch, aber auch Zweigelt.

Mittelburgenland

Auch Blaufränkischland genannt, weil diese Sorte den Hauptteil der Rotweintrauben um die Gemeinden Horitschon und Deutschkreutz liefert. Der klassische Blaufränkisch ist meist reinsortig gekeltert, die Spitzenweine sind oft Cuvées unter Einschluss von Zweigelt, Cabernet, Merlot und anderen.

Südburgenland

Kleine, aber hochwertige Rotweinenklave um Eisenberg mit eigener DAC, wo vor allem Blaufränkisch angebaut wird. Bei Rechnitz wächst auch Welschriesling.

Steiermark

Aus der Südlichen Steiermark, eine DAC, kommen vor allem körperreiche Sauvignons, mächtige Chardonnays (Morillon) sowie die säure-

Blaufränkisch – die renommierteste Rotweintraube Österreichs wird in Deutschland Lemberger genannt.

rebetonten Gelben Muskateller. Das Vulkanland Steiermark (DAC) im Südosten hat ein breiteres Weinsortiment: Es reicht von Welschriesling über weiße Burgunder, Gewürztraminer, Sauvignon bis zu Zweigelt und Merlot. Die Weststeiermark (DAC) ist die Heimat der Blauen Wildbacher, die vor allem für roséfarbene Schilcher verwendet wird.

Thermenregion

Einst bekannt für ihren Gumpoldskirchener, heute insbesondere für elegante, trockene Weiße aus den einheimischen Sorten Zierfandler, Rotgipfler und Neuburger und aus den Burgundersorten geschätzt.

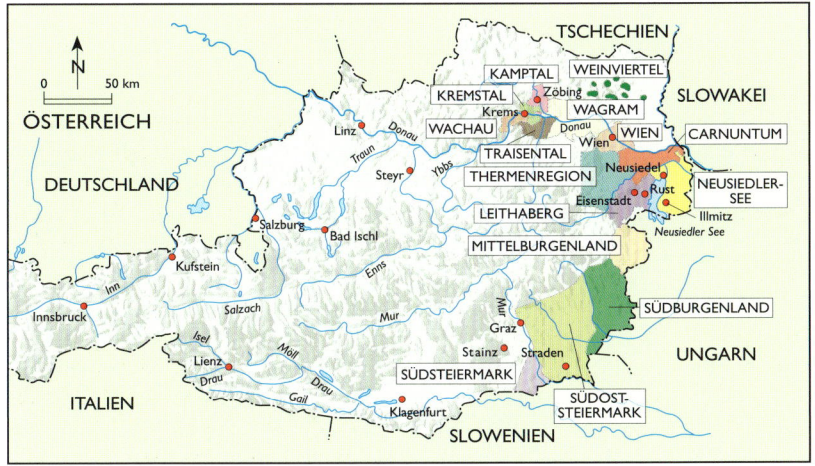

Anbaufläche: 46 500 ha
Produktion: 2,4 Mio. hl
Anteil Rot-/Weißwein: 30%/70%
Konsum: 27 l pro Kopf/Jahr
Ursprungsbezeichnungen: DAC (Districtus Austriae Controllatus)

Quelle: OIV 2017

Unterwegs in Richtung Gipfel

Jahrelang waren die Eidgenossen vor allem für ihre streng vor ausländischer Konkurrenz geschützten Weißweine bekannt. Seitdem die Importbeschränkungen gefallen sind, hat sich der Wind gedreht. Nicht nur, dass sich die Zahl spannender Weißweine auffällig erhöht hat, plötzlich gibt es auch ambitionierte Pinot Noirs aus Graubünden, feine Cornalins aus dem Waadtland und urwüchsige Merlots aus dem Tessin.

Zürich, Schaffhausen und Aargau

In diesen Kantonen, insbesondere am Zürichsee, gibt es wenig zusammenhängende Rebfläche, aber viele Nischen. Das Rebenspektrum ist breit. Müller-Thurgau, Chardonnay, Räuschling, Pinot Gris und vermehrt Pinot Noir werden angebaut, vor allem am Zürichsee und in Schaffhausen.

Bündner Herrschaft

Kleiner Weinbauflecken im Graubündner Rheintal nördlich von Chur, der für seine großartigen Pinot Noirs und für seine feinen Rieslinge, Weißburgunder und fassvergorenen Chardonnays berühmt ist.

Neuenburg

Teilweise recht gute Chasselas-Weine und frische, charaktervolle Rosés, die unter dem Namen Œil de Perdrix auf den Markt kommen und aus der Blauburgunder-Traube gewonnen werden.

Waadt

In den Weinbergen um den Genfer See werden fast ausschließlich weiße Chasselas-Reben angebaut. Sie ergeben einfache, süffige Weine, die traditionell einen biologischen Säureabbau durchlaufen. Vereinzelt sind sie aber auch von beachtlicher Qualität, etwa in den Steillagen am Genfer See (Dézaley, Saint Saphorin und Epesses).

Wallis

An den steilen Hängen des Unterwallis werden vor allem Chasselas-Reben für den weißen Fendant angebaut. Daneben werden Pinot Noir und Gamay für den roten Dôle kultiviert. Neuerdings werden dort auch reinsortige Pinot Noirs von respektabler Qualität erzeugt. In höheren Lagen findet man zahlreiche Spezialitäten wie Petite Arvine, Amigne, Humagne Rouge, Cumalin und Heida, aus denen teils hochspannende, teils urtümliche Weine gewonnen werden – allerdings nur in Kleinstmengen.

Tessin

Aus zahllosen schwachen Rotweinen aus dem italienischsprachigen Teil der Schweiz sind in den letzten Jahrzehnten viele respektable, gar bedeutende Merlot-Weine entstanden: die besten tanninbetonten Roten des Landes.

Genf

Relativ großes Anbaugebiet zwischen Genf und der französischen Grenze, bekannt für trinkfreundliche Weißweine und herzhaft fruchtige Rote aus allen möglichen Sorten, vorrangig aber Chasselas und Pinot Noir.

Anbaufläche: 15 000 ha
Produktion: 900 000 hl
Anteil Rot-/Weißwein: 55 %/45 %
Konsum: 44 l pro Kopf/Jahr

Quelle: OIV 2017

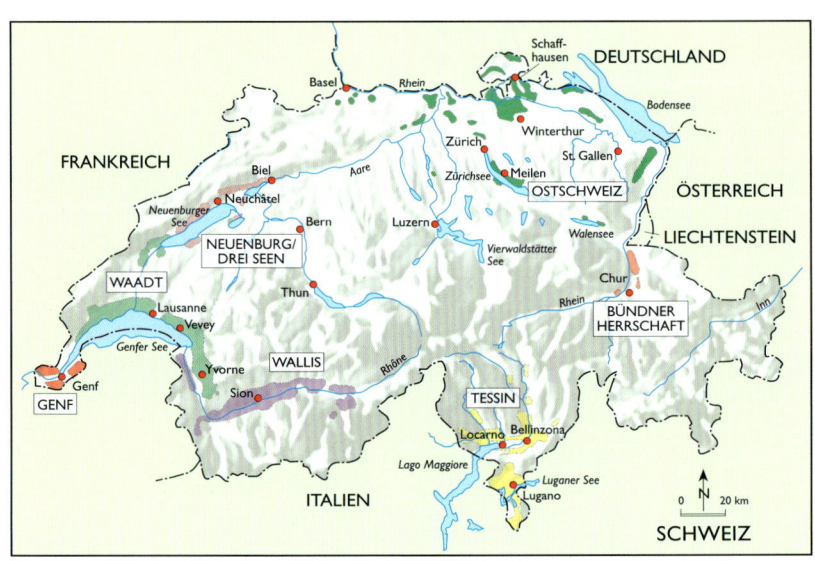

Wo der Crémant in Strömen fließt

Luxemburg ist ein Zwerg unter den Wein erzeugenden Nationen in Europa. Seine Rebfläche ist weniger als halb so groß wie die des Rheingaus. Dafür konsumieren die Luxemburger umso mehr Wein – nicht nur, aber auch sehr gern den eigenen. Besonders groß ist der Durst nach Crémant de Luxembourg, dem heimischen Schaumwein. Riesling hat im Großherzogtum nur eine untergeordnete Stellung.

Die Obermosel zwischen Wasserbillig und Schengen bildet die Grenze zwischen Luxemburg und Deutschland.

Wenig Riesling

Die Weinberge des Großherzogtums liegen an der Obermosel zwischen Wasserbillig und Schengen. Sie befinden sich in den Hanglagen, nur an wenigen Stellen auch in Steillagen, die zur Mosel hinabfallen. In diesem flachsten Teil des Landes bildet die Mosel auf 42 Kilometer die Grenze zu Deutschland. Das Klima dort ist deutlich wärmer als an der Saar oder an der Mittelmosel, weshalb Riesling im Rebensortiment Luxemburgs nur eine untergeordnete Stellung einnimmt. Sein Anteil liegt bei etwa 13 Prozent. Er wird meist fruchtig, seltener halbtrocken und fast nie trocken ausgebaut.

Auxerrois auf dem Vormarsch

Insgesamt werden neun verschiedene Rebsorten angebaut. Die Müller-Thurgau, die in Luxemburg Rivaner genannt wird, dominiert das Rebsortiment, ist aber deutlich auf dem Rückzug. Elbling, eine traditionelle Luxemburger Spezialität, ist wegen ihrer allzu leichten und neutralen Art ebenfalls bei den Konsumenten in Ungnade gefallen. Größerer Beliebtheit erfreut sich dagegen Auxerrois, ein Abkömmling des Weißburgunders. Sie ergibt duftige Weine mit mittlerem Körper und milder Säure. Daneben gibt es kleinere Bestände von Pinot Blanc und Pinot Gris, die ebenfalls zunehmen, allerdings auf niedrigem Niveau. Pinot Noir ist die einzige rote Sorte Luxemburgs. Sie ergibt qualitativ sehr gute Weine. Eine Spezialität ist der Crémant de Luxembourg, ein flaschenvergorener Schaumwein, der sich im Lande größter Beliebtheit erfreut.

Anbaufläche: 1300 ha
Produktion: 140 000 hl
Anteil Rot-/Weißwein: 5 %/95 %
Konsum: 56 l pro Kopf/Jahr

Quelle: OIV 2017

Portugal setzt auf Rot

Die Weine Portugals bestehen nicht nur aus Portwein und Madeira. In den letzten Jahren nahm die Produktion und Qualität von trockenen Weinen dramatisch zu. Aus dem Douro-Tal, aus Dão und Alentejo kommen schwere, tanninreiche Rote von einer Klasse, wie man sie vorher nicht kannte. Der kühle Norden steuert leichte, rassige Vinho Verdes bei.

Alentejo

Einsame und heiße, an der Grenze zu Spanien gelegene Region, die neben Korkeichen auch größere Rebflächen aufzuweisen hat. Die Tempranillo, die hier Aragonés genannt wird, bildet das Rückgrat der Weine. Neben einfachen Landweinen aus lokalen Sorten werden aus ihr auch hochklassige DOC-Weine erzeugt, die zumeist schwer und feurig sind, aber durchaus auch spektakulär ausfallen können.

Bairrada

Großes Rotweingebiet südlich der Stadt Porto in der Nähe des Atlantiks (Traube: Baga), das viele Massenweine, darüber hinaus aber auch einige langlebige und charaktervolle Gewächse hervorbringt. Die wenigen Weißweine (Traube: Bical) können ebenfalls von beachtlicher Qualität sein.

Dão

Anbaugebiet südlich des Douro, in dem trockene Rotweine aus heimischen Rebsorten (Tinta Roriz, Touriga Nacional, Bastardo und Jaen) gekeltert werden. Im Vergleich zu den Douro-Weinen sind sie schlanker und weniger alkoholreich, leicht erhöht in der Säure und damit ein wenig fruchtiger, gleichzeitig aber auch tanninreicher und sehr reifebedürftig. Die granithaltigen Urgesteinsböden geben ihnen eine große Finesse. Viele halten sie für die besten Rotweine Portugals. Auf jeden Fall sind sie die teuersten.

Douro

Am Oberlauf des Flusses Douro wachsen auf teilweise steilen Terrassenweingärten die Trauben für den Portwein (Touriga Nacional, Tinta Barroca, Touriga Roriz, Tinto Cão und andere), den bedeutendsten roten Likörwein der Welt. Der Wein wird in den Quintas, also in den Weingütern vor Ort gekeltert um dann in den riesigen Lagerhäusern von Vila Nova de Gaia, einem Stadtteil von Porto, zu reifen. Dort haben rund 50 Portweinfirmen ihren Sitz. Inzwischen steigen allerdings immer mehr Weingüter auf trockene Rotweine um. Die besten bestechen mit üppiger Frucht und reichem Tannin. Sie sind langlebig, schwer, opulent, fein.

Vinho Verde

Leichte, frische Weißweine aus der kühlen, regenreichen Provinz Minho im Norden Portugals. Die meisten werden aus Loureiro, Azal, Arinto, Trajadura gekeltert, zunehmend auch aus Alvarinho (die im spanischen Rias Baixas Albariño heißt). Seit sich die Weinindustrie des Vinho Verde angenommen hat, ist der Wein zwar erfolgreich, aber qualitativ wenig interessant.

Anbaufläche: 194 000 ha
Produktion: 6,6 Mio. hl
Anteil Rot-/Weißwein: 66 %/34 %
Konsum: 44 l pro Kopf/Jahr

Quelle: OIV 2017

Weitere Anbaugebiete

Aus der Estremadura nördlich von Lissabon kommt viel Weißwein, aus dem Ribatejo an den Ufern des Tejo-Flusses auch guter Rotwein. An der Algarve gibt es vier kleinere Appellationen, die meist schwere, alkoholreiche Weine produzieren.

Spät, aber glücklich angekommen

Griechenland hat mehr zu bieten als geharzten Retsina und süße Likörweine von den Ägäischen Inseln. Neben trockenen Qualitätsweinen aus weißen Assyrtiko- und roten Xinomavro- oder Agiorgitiko-Trauben werden zunehmend hochwertige Cuvées unter Einschluss internationaler Sorten hergestellt – das Ausland goutiert sie.

Ägäis

Die nördliche Ägäis ist die Heimat der Süßweine, erzeugt auf der Basis von Alexandermuskat. Auf Pagos wird ein rustikaler, tanninreicher Rotwein aus der Mandelaria erzeugt. Aus Rhodos kommt ein herzhafter Weißwein aus Aidani-Trauben, aus Samos vom Gelben Muskateller. Die besten Weine aber kommen von der windumtosten Insel Santorin. Dort ergibt die Assyrtiko-Rebe rauchig-mineralische, säurebetonte Weißweine, die im gesamten Mittelmeerraum ihresgleichen suchen.

Ionische Inseln

Die bekanntesten und wohl besten Weine kommen von der Insel Kephalonia: Kräftige Weißweine von der Robola-Rebe, die mit der italienischen Ribolla identisch ist.

Makedonien und Thrakien

Nordgriechische Provinzen, aus denen einige der besten Roten des Landes kommen: Naoussa, Goumenissa, Amynteon, Côtes de Meliton. Die Basis dieser Weine bildet die Xinomavro-Traube. Sie wird gern mit Merlot, Syrah oder Cabernet Sauvignon verschnitten. Es werden aber auch Weißweine und Rosés erzeugt. In der Provinz Thrakien konzentriert sich der Weinbau um die Stadt Drama.

Peloponnes

Mengenmäßig bedeutendste griechische Weinbauregion, die eine Vielzahl einfacher, aber auch einige sehr gute Weine hervorbringt. Edle Rotweine aus Agiorgitiko und aus Cabernet Sauvignon sowie würzige Weiße aus der Moschofilero- und Roditis-Traube tauchen nun immer häufiger auf: besonders in Achaia um die Stadt Patras und in Nemea, dem größten sowie bekanntesten Anbaugebiet des Peloponnes.

Thessalien

Viele einfache, trockene Weißweine aus einheimischen Sorten, etwa der Anchialos, erzeugt aus Roditis-Reben. Zunehmend an Bedeutung gewinnen die Roten, etwa der Rapsani, ein Verschnitt von Xinomavro mit Stavroto und Krassato.

Kreta

Die Insel wartet mit hervorragenden trockenen Rotweinen aus den Sorten Mandilaria und Kotsifali auf, daneben einfache, aber urwüchsige Weißweine aus der Vilana-Traube.

Anbaufläche: 115 000 ha
Produktion: 3,6 Mio. hl
Anteil Rot-/Weißwein: 20%/80%
Konsum: 26 l pro Kopf/Jahr

Quelle: OIV 2017

Im Land der Mädchentraube

Rumänien ist ein schlafender Riese. Ob er jemals aufwachen wird, ist ungewiss. Die aktuelle Situation ist ernüchternd. Die Rebfläche schrumpft, viele Weinberge liegen brach. Und der nationale Markt wird überschwemmt von billigen Markenweinen großer Konzerne. Doch es rührt sich etwas im Lande. Mutige einheimische Winzer und einige ehrgeizige ausländische Investoren demonstrieren, wie gut rumänischer Wein sein kann.

Weinberge am Kloster Saon bei Tulcea in der Region Dobrudscha

Der Westen
Im Banat an der serbisch-ungarischen Grenze werden sowohl die einheimischen Fetească-Reben in all ihren Spielarten als auch Blaufränkisch, Muskat-Ottonel, Furmint, Welschriesling und Kadarka angebaut. Auf dem Vormarsch befinden sich allerdings auch hier Cabernet Sauvignon und Merlot. Die weiter nördlich gelegene Region Crişana mit ihren Sandböden liefert einfache Weine.

Das Landesinnere
Im Karpatenbogen liegt Siebenbürgen, wo die Rebfläche stark zersplittert ist. Weinbauzentrum ist die Stadt Alba Iulia. Die Weinberge ziehen sich bis auf 700 Meter Höhe. Produziert wird fast ausschließlich Weißwein (aus den Sorten Fetească Regală, Welschriesling, Sauvignon Blanc, Pinot Gris, Muskat-Ottonel, Gewürztraminer). In seinen besten Qualitäten sind sie frisch, säurebetont und fruchtig.

Der Süden
Zwischen Karpaten und der Donau liegt die Walachei. Sie teilt sich in zwei Großzonen: Oltenien und Muntenien. Beide zusammen produzieren mehr als ein Viertel des rumänischen Weins. Die Weinberge liegen am Fuße der Karpaten und ziehen sich auch hier bis auf eine Höhe von 700 Metern. Angebaut werden Fetească Neagră (Schwarze Mädchentraube), Cabernet Sauvignon, Merlot, Pinot Noir und Burgund Mare (Blaufränkisch). Weißweine werden dort aus Fetească Albă (Weiße Mädchentraube), Fetească Regală (Königsast), Welschriesling, Muskat-Ottonel, Sauvignon Blanc und Tamâioasă Românească (rumänische Weihrauchtraube) erzeugt. Eine bedeutende Unterzone befindet sich in Muntenien. Sie heißt Dealu Mare und liefert die wohl besten Rotweine des Landes.

Der Osten
Zwischen der Donaumündung und der Schwarzmeerküste liegt das Anbaugebiet Dobrudscha. In dem warmen, von Meeresbrisen gekühlten Klima entstehen milde Rotweine und frische Weißweine im mediterranen Stil. Viele werden lieblich ausgebaut. Das Land produziert nicht nur Menge, sondern besitzt auch qualitatives Potenzial. Das größte Anbaugebiet Rumäniens ist Moldau, westlich des Grenzflusses Prut gelegen. Dort werden meist schlichte Weiß- und Rotweine erzeugt, vornehmlich aus den einheimischen Sorten.

Anbaufläche: 190 000 ha
Produktion: 4 Mio. hl
Anteil Rot-/Weißwein: 60%/40%
Konsum: 4 l pro Kopf/Jahr

Quelle: OIV 2017

Tendenz: mächtig aufstrebend

Bulgariens Weinbau ist über 3000 Jahre alt, aber durch die Islamisierung, später durch den Kommunismus immer wieder zurückgeworfen worden. Heute beginnt das Land aufzublühen. Im Gegensatz zu seinen Nachbarn haben die Bulgaren (und ausländische Investoren) frühzeitig auf internationale Rebsorten gesetzt und können so einen großen Teil ihres Weins exportieren.

Transdanubien

In der warmen Donauebene im Norden des Landes dominiert die einheimische Gamza-Rebe, die einfache, um nicht zu sagen schlichte Rotweine ergibt. Sie wird zunehmend durch Cabernet Sauvignon und Merlot verdrängt. Auch bei den Weißweinen sind internationale Sorten wie Chardonnay, Sauvignon Blanc, Riesling und Gewürztraminer auf dem Vormarsch.

Struma-Tal

Eines der besten Rotweinanbaugebiete im Südwesten Bulgariens ist Harsovo an der mazedonisch-griechischen Grenze. Dort werden aus der einheimischen Sorte Melnik ein schwarzroter, körper- und alkoholreicher Rotwein erzeugt. Allerdings wird die Sorte zunehmend durch Merlot und Cabernet Sauvignon, teilweise auch durch Chardonnay zurückgedrängt. Eine Spezialsorte ist die weiße Keratzuda.

Thrakien

Die größten Rotweingebiete liegen in Thrakien zwischen dem Balkangebirge und der griechischen Grenze bei Plovdiv, Stara Godora und Sliven. Dort wachsen auf fruchtbaren Böden und in warmem Klima große Mengen an Cabernet Sauvignon und Mavrud, letztere eine einheimische Sorte, die satte, dunkelrote Weine ergibt. Auch wenn sie im Rückzug begriffen ist, sehen einige Winzer eine Zukunft für sie. Aber auch Merlot und Syrah bringen teilweise sehr gute Qualitäten, etwa im Bessa-Tal. 30 Prozent der Weinberge Thrakiens sind mit weißen Weißweinsorten bestockt. Hier sind Muskat-Ottonel, Dimyat, Chardonnay, Pinot Gris und Gewürztraminer führend.

Schwarzmeerregion

Der größte Teil des bulgarischen Weins kommt aus dem hügeligen Hinterland der Stadt Varna am Schwarzen Meer. Angebaut werden vor allem leicht vermarktbare Sorten wie Chardonnay, Ugni Blanc, Sauvignon Blanc, Weißer Muskateller, dazu kommen ein paar einheimische Weißweinreben wie Misket und Dimyat, die zwar nicht auf den internationalen Märkten, dafür jedoch bei den Schwarzmeertouristen gut ankommen.

Die spitzen Gipfel der sogenannten Melnik-Pyramiden liegen an den südwestlichen Ausläufern des Pirin-Gebirges.

Anbaufläche: 110 000 ha
Produktion: 2 Mio. hl
Anteil Rot-/Weißwein: 66%/34%
Konsum: 15 l pro Kopf/Jahr

Quelle: OIV 2017

Weg mit den Kitschweinen!

Erlauer Stierblut und süßer Kadarka – mit solchen Kitschweinen hat Ungarn jahrzehntelang einheimische und ausländische Weintrinker beglückt. Die neue Generation ungarischer Winzer besinnt sich auf andere Stärken: charakterstarke einheimische Reben, hochwertige Böden, das trockene und warme Klima – und Villányi, Ungarns südlichste Weinregion, die zu den beste Rotweingebieten des Landes zählt.

Alföldi
In der warm-heißen Tiefebene zwischen Donau und Tisza steht über die Hälfte aller ungarischen Reben. Aus Csongrád, Hajós-Baja und Kunság kommen große Mengen einfacher Weine aus allen möglichen Rebsorten, aber insbesondere Rotweine.

Nord-Transdanubien
Große Anbauregion nördlich des Plattensees mit einer Vielzahl von Weißweingebieten (von Ászár-Neszmély bis Balaton-Felvidék) sowie der Kékfrankos- (Blaufränkisch-) Nische Sopron nahe der Grenze zum österreichischen Burgenland. Die Region profitiert teilweise vom kontinentalen Klima sowie von der relativ hohen Luftfeuchtigkeit und intensiven Sonneneinstrahlung, die die Nähe zum See mit sich bringt. Auch um den Plattensee wachsen vollmundige, wuchtige Weine, die nicht selten eine kleine Restsüße aufweisen. Die dominierenden Sorten sind neben den weißen Kéknyelü (Blaustengler) und Welschriesling (Olaszriesling) vor allem Pinot Gris (Szürkebarát) und Riesling (Rajnai Rizling).

Nordungarn
An den südlichen Hängen des Matra-Massivs um die Stadt Eger wachsen ausgezeichnete Weißweine aus der Leányka-Traube und berühmte Rote aus Kadarka- und Kékfrankos-Trauben (die früher als Stierblut bekannt waren). Der berühmteste Wein Ungarns ist jedoch der edelsüße Tokajer, der aus Furmint, Hárslevelű (Lindenblättrige), Sárgamuskotály (Gelber Muskateller) und Oremus-Trauben gekeltert wird. Weil der Süßweinmarkt international schwächelt, kommen nun auch zunehmend trockene Weißweine acs dem Anbaugebiet von Tokaj-Hegyalja.

Süd-Transdanubien
In den Anbaugebieten südlich des Plattensees bis hin zur kroatischen Grenze findet man eine teilweise hochwertige Rotweinproduktion, insbesondere in Villány-Siklós und Szekszárd. Die wichtigsten roten Reben sind Kékfrankos (Blaufränkisch), Kadarka und Blauer Portugieser (Kékoportó). Dazu kommen Pinot Noir (Nagyburgundi), Merlot (Médoc Noir) und Cabernet Sauvignon. Während bei den Genossenschaften das Qualitätsdenken noch unterentwickelt ist, drehen kleine Erzeuger mächtig an der Qualitätsschraube. Deren Rotweine bekommen zahlreiche Auszeichnungen und erzielen bereits hohe Preise auf dem Markt.

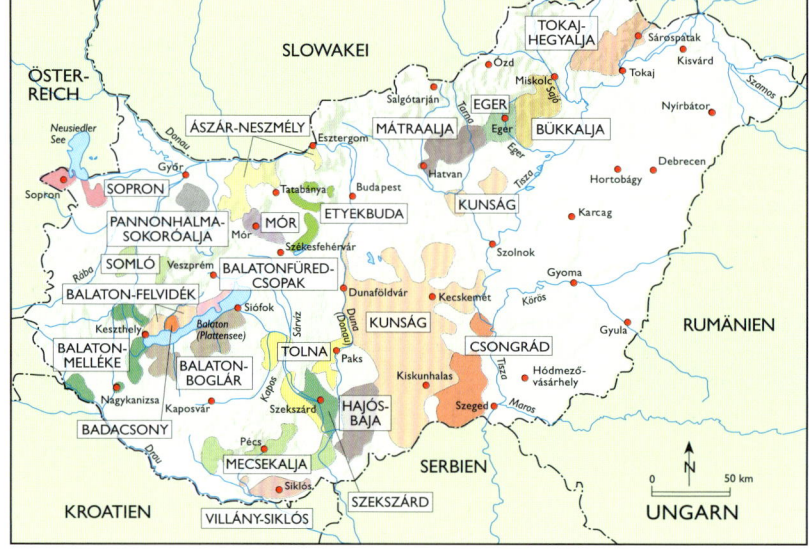

Anbaufläche: ca. 62 000 ha
Produktion: ca. 2,8 Mio. hl
Anteil Rot-/Weißwein: 35 %/65 %
Konsum: 29 l pro Kopf/Jahr

Quelle: OIV 2017

Wein im Schatten des Biers

Beide Länder sind traditionelle Biertrinkernationen. Doch auch Wein spielt eine Rolle, eine immer größere sogar. Der warme Süden beider Länder erbringt vor allem süffige Weiß- und leichte Rotweine, die unter Aufbietung allen folkloristischen Pomps vor Ort für Touristen ausgeschenkt werden. Ohne den Tourismus ist der Weinbau besonders in Tschechien nicht rentabel. Allerdings ist in beiden Ländern immer mehr Winzerehrgeiz zu spüren.

Die größten Rebflächen Tschechiens befinden sich in Mähren an den Ufern der Donau oder in deren Seitentälern.

Weinland Tschechien
Rebfläche: 17 000 ha
Produktion: 600 000 hl
Anteil Rot-/Weißwein: 30 %/70 %
Konsum: 7,5 l pro Kopf/Jahr

Weinland Slowakei
Rebfläche: 20 000 ha
Produktion: 370 000 hl
Anteil Rot-/Weißwein: 25 %/75 %
Konsum: 15 l pro Kopf/Jahr

Quelle: OIV 2017

Tschechien

Von wenigen Weinbergen an den Ufern von Elbe, Moldau und Ohre im böhmischen Teil Tschechiens abgesehen, findet der Weinbau des Landes im Süden statt, in Mähren. Er ist nicht nur historisch, sondern auch geografisch von der Nähe zu Österreich geprägt. Grüner Veltliner (Veltlínské Zelené), Welschriesling (Rizling Vlašský) sowie die Müller-Thurgau sind die häufigsten Rebsorten. Gern werden sie mit mehr oder weniger Restsüße ausgebaut. Im Kommen sind Riesling, Chardonnay, Grauburgunder, Sauvignon Blanc, die sich bei den Einheimischen in Brünn (Brno), dem Zentrum des Weinbaus, und in der Hauptstadt Prag steigender Beliebtheit erfreuen. Bei den Rotweinen liegen Blaufränkisch (Frankovka), Zweigelt, Pinot Noir und St. Laurent (Vavrinké) vorn. Auch einige autochthone Sorten wurden wieder neu entdeckt.

Slowakei

Das größte und älteste Weinanbaugebiet des Landes liegt in den Kleinen Karpaten (Malokarpatská) um die Hauptstadt Bratislava. Dort werden überwiegend einfache, trinkfreundliche Rebsortenweine aus Welschriesling und Grüner Veltliner erzeugt, zunehmend auch aus Riesling, Grau- und Weißburgunder, Chardonnay sowie Gewürztraminer. Eine, allerdings rare, Spezialität sind Eisweine. In wärmeren Bereichen der Südslowakei wächst auch Rotwein, vorrangig Blaufränkisch und Zweigelt. Der österreichische Einfluss ist nach dem Fall des Eisernen Vorhangs deutlich spürbar. Die Weinberge dort ziehen sich von der Donau bis tief ins Hinterland hinein. Bei Nitra (Nitrianská) reichen sie bis auf 800 Meter Höhe und liefern teilweise ausgezeichnete Qualitäten, vor allem im edelsüßen Bereich. Die besten Süßweine kommen aber aus dem äußersten Südosten an der ungarischen Grenze. Drei Dörfer dort haben das Recht, ihren Wein Tokaji zu nennen.

Sich seines Potenzials bewusst

Slowenien ist ein aufstrebendes Weinbauland. Auch wenn die Rebfläche schrumpft, die Zahl der hochklassigen Weine nimmt von Jahr zu Jahr zu. Die Weißweine haben in der Spitze bereits das Qualitätsniveau der Nachbarn Steiermark und Friaul erreicht. Allerdings wird nur ein kleiner Teil der Weinproduktion Sloweniens exportiert. Die meisten ihrer Weine trinken die Slowenen selbst – und sie lieben es immer noch gern süß.

Weinberge um Jeruzalem im hügeligen Hinterland von Maribor

Podravje

In den sechs Anbaugebieten im Nordosten des Landes (von Prekmurske Gorice bis Haloze) besteht 97 Prozent der Produktion aus Weißen, vor allem lieblich ausgebautem Welschriesling. Die neue Garde der jungen Produzenten im Tal der Drava favorisiert allerdings den trockenen Ausbau von Chardonnay, Sauvignon, Furmint und Pinot Gris. Als beste Anbauzone der Region werden das Hügelland von Ljutomer-Ormož (vor allem Weinberge rund um Jeruzalem) und die Steillagen des benachbarten Haloze eingestuft. Dort werden aus Riesling, Welschriesling und Furmint Weltklassesüßweine erzeugt.

Posavje

Das Sava-Tal (Dolenjska, Bizeljsko-Sremič, Šmarje-Virštajn) ist das kleinste Weingebiet. In der feuchten, recht kühlen Region werden vor allem Tafelweine erzeugt. Die Hauptsorten: Šmetovka, Welschriesling, Blaufränkisch und Kraljevina.

Primorje

Aus den vier Subzonen des Adria-Küstenlands kommen die meisten Roten des Landes. Sie werden aus Merlot, Cabernet Sauvignon, Pinot Noir und vor allem Refosco erzeugt. Mengenmäßig dominieren jedoch auch hier die Weißweine. Die besten werden aus Chardonnay, Sauvignon Blanc und Pinot Gris hergestellt und stammen aus Brda (gegenüber dem friaulschen Collio auf der italienischen Seite der Grenze). Nicht zu unterschätzen sind aber auch die einheimischen Sorten Rebula und Malvasia. Sie alle ergeben kräftige, sehr lebendige, eher jung als alt zu trinkende Weine, die in den letzten Jahren enorm an Qualität und Ansehen gewonnen haben.

Anbaufläche: 16 000 ha
Produktion: 1 Mio. hl
Anteil Rot-/Weißwein: 40%/60%
Konsum: 43 l pro Kopf/Jahr

Quelle: OIV 2017

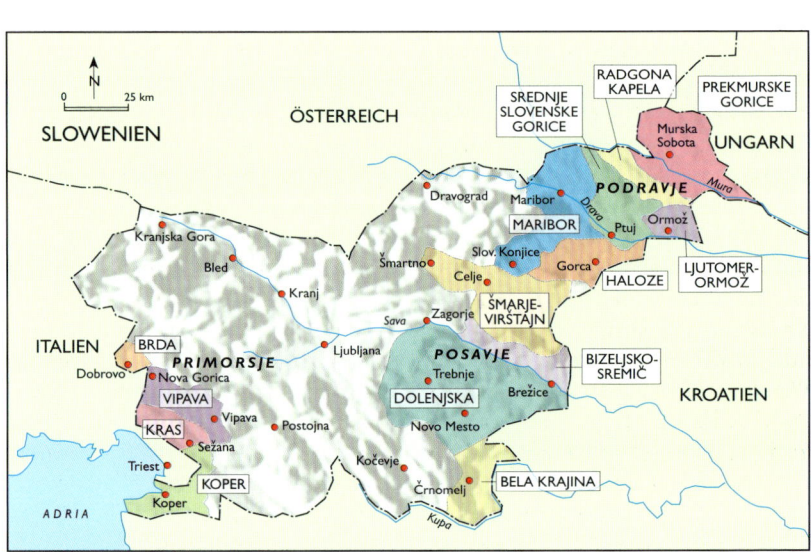

Auf der Suche nach Identität

Kroatien befindet sich im Spannungsfeld zwischen Weltoffenheit und Versunkenheit im Gestrigen. Einerseits kommen aus dem Land an der Adria einige hochspannende Weiß- und Rotweine, wie man sie bei den anderen Mittelmeeranrainern nicht so leicht findet. Auf der anderen Seite gibt es noch die behäbigen Weißen und die schwerblütigen Roten, die dem Land wie Blei an den Füßen hängen. Hoffnung macht die neue Winzergeneration.

Der Küstenbereich

In Istrien und auf den der Adria vorgelagerten Inseln sind die weiße Malvazija und der rote Refošk weit verbreitet, aus dem der Teran gewonnen wird, der bekannteste Rotwein Nordkroatiens. Außerdem ist dieser Teil eine Hochburg des Natural Wine. An der dalmatinischen Küste von Rijeka bis nach Dubrovnik ist vor allem die rote Sorte Plavac Mali anzutreffen. Aus ihr werden Weine unterschiedlicher Qualität und Geschmacksrichtung erzeugt – von süß bis durchgegoren. Hervorragende Qualitäten wachsen auf den steilen, teilweise 350 Meter zum Meer abfallenden Terrassen um Split und den vorgelagerten Inseln. Die berühmtesten kommen von der Halbinsel Pelješac: Postup und Dingač, beide schwer und langlebig. Daneben gibt es Nischen mit unbekannten Rebsorten wie Prošip und Grk (auf der Insel Korčula), mit den weißen Bogdanuša (Insel Hvar) und Vugava (Insel Vis).

Das kontinentale Hinterland

Die Weißweinhochburg des Landes liegt im bergigen Hinterland Kroatiens zwischen Drau (Drava) und Sava. Es besteht aus sieben Weinbauzonen (von Plešivica bis Podunavlje) und ist der Sitz der großen, einst staatlichen Weingüter. In dem warmen Klima wachsen volle, für den heimischen Bedarf oft lieblich ausgebaute Weißweine aus Welschriesling, Chardonnay, Pinot Blanc, Riesling und Sauvignon Blanc. Die Produktion trockener Weine nimmt jedoch deutlich zu. Die besten sind von großer Fülle und von erlesener Feinheit. Der Rotwein spielt in diesem Teil des Landes nur eine untergeordnete Rolle, nimmt aber an Bedeutung zu. Die wichtigste rote Rebsorte dort ist Blaufränkisch. Dazu kommen in den letzten Jahren vermehrt Pinot Noir und Merlot.

Anbaufläche: 32 000 ha
Produktion: 1,9 Mio. hl
Anteil Rot-/Weißwein: 30%/70%
Konsum: 28 l pro Kopf/Jahr

Quelle: OIV 2017

Jenseits des Amselfelder

Bis weit in die 1970er-Jahre hinein war der meistgetrunkene Rotwein in Deutschland der Amselfelder. Der liebliche Markenrotwein kam vom Balkan. Er war ein wichtiger Devisenbringer für das frühere Jugoslawien. Heute gibt es ihn nicht mehr. Die Balkankriege haben den Weinbau auf dem Balkan zum Erliegen gebracht und eine jahrtausendealte Tradition zerstört. Inzwischen erholt er sich wieder.

Bosnien-Herzegowina: Weinberge am Fluss Neretva

Serbien
Trotz Rückgangs der Rebfläche um 80 Prozent ist Serbien auch nach dem Zerfall Ex-Jugoslawiens das größte Weinland auf dem Balkan. Erzeugt wird viel Fassware für die internationalen Märkte sowie einfache, meist liebliche Weine für den nationalen Konsum. Angebaut werden Gamay, Cabernet Sauvignon, Merlot und Pinot Noir, aber auch einheimische Sorten wie Prokupac und Smederevka.

Kosovo
Die frühere südserbische Provinz, die inzwischen ihre Selbstständigkeit erklärt hat, war die Heimat des Amselfelder. Über die heutige Weinproduktion gibt es wenig Information. Der Export des einstmals blühenden Weinlandes ist weitgehend eingeschlafen, der Weinkonsum der mehrheitlich muslimischen Bevölkerung gering.

Montenegro
Fast die Hälfte der Rebfläche ist für Tafeltrauben reserviert, die andere dient der Weinerzeugung. Mit der Vranac besitzt Montenegro eine Sorte, die sehr gute Rotweine hervorbringt. Weißwein spielt nur eine geringe Rolle.

Bosnien-Herzegowina
In dem ausdehnungsmäßig großen, aber fast durchgehend bergigen Land wurde und wird kaum Weinbau getrieben. Von den wenigen Rebflächen kommen aber einige sehr solide Weine, vor allen weiße aus der Sorte Žilavka. Auch die rote Sorte Blatina bringt um Mostar im herzegowinischen Teil des Landes gute Ergebnisse. Trotz der schwierigen Gegenwart ein aufstrebendes Weinland.

Nordmazedonien
Die Traubenproduktion ist groß, die Weinproduktion gering. Und der weitaus größte Teil des Weins wird zu Verschnittzwecken fassweise ins Ausland verkauft. Individuelle Flaschenweinabfüllungen sind also selten. Die Weinberge sind zu 80 Prozent mit Rotweinsorten bestockt, das Spektrum reicht von den einheimischen Plovdina und Kratosija über Kardarka, Prokupak, Refošk bis zu Vranac. Internationale Sorten werden vermehrt angebaut.

Albanien
Angesichts der Tatsache, dass über die Hälfte der Bevölkerung muslimischen Glaubens ist, sind 8,5 Liter Wein, die jeder Albaner statistisch pro Jahr trinkt, recht viel. Doch Wein ist in dem Land vor allem Lebensmittel. Er dient der Bevölkerung als Nahrungsmittel – sowohl als Tafeltraube als auch in seiner flüssigen Form.

	Anbaufläche	Produktion	Konsum pro Kopf/Jahr
Serbien	54 000 ha	2,3 Mio hl	33 l
Bosnien-Herzegowina	5 700 ha	47 000 hl	3,3 l
Montenegro	9 100 ha	161 000 hl	23 l
Nordmazedonien	25 000 ha	1 000 hl	10 l
Albanien	9 200 ha	181 000 hl	8,5 l

Quelle: OIV 2014

Überall prickelt und perlt es

Mit der Klimaerwärmung werden in England und Wales plötzlich nicht nur Äpfel, sondern auch Trauben reif. Wein ist kein Hobby mehr von adeligen Landbesitzern und Obstbauern, sondern ein Business für Weinenthusiasten und ein Investment für Kapitalanleger. Selbst das Champagnerhaus Taittinger hat schon im Süden Englands eine Dependence eingerichtet. Das Ziel ist eindeutig: Schaumwein zu produzieren, der so gut ist wie Champagner.

Der Süden und Südosten

Die neuen Weinberge Englands liegen in den atlantisch kühlen Grafschaften im Süden und Südosten der Insel: Hampshire, Surrey, Sussex, Kent und Essex. Dort, wo früher Wiesen und Äcker lagen, findet man heute immer öfter Rebpflanzungen. Angebaut werden vor allem Chardonnay, Pinot Noir und Pinot Meunier – jene Rebsorten, aus denen auch der Champagner hergestellt wird. Die Jahresdurchschnittstemperatur liegt in diesem Teil Englands bei 9,2 °C – nur wenig niedriger als in der Champagne vor 15 Jahren. Die klimatischen Voraussetzungen sind also mittlerweile ähnlich wie in Frankreich. Und was die Böden betrifft: Sie bestehen vielfach aus der weißen Belmnit-Kreide, wie man sie an vielen Ecken der Champagne ebenfalls antrifft. Der Südosten Englands gehört zudem zum Pariser Becken, in dem auch Reims liegt, das Zentrum der Champagne. Die schäumenden Weine dürfen natürlich nicht Champagner heißen. Sie heißen English Sparkling Wine. Oder kürzer: English Fizz. Die besten sind auf Augenhöhe mit guten Champagnern. Allerdings kosten sie auch keinen Penny weniger.

Der Südwesten

In den warmen und vom Golfstrom profitierenden Grafschaften Cornwall, Devonshire und Dorset ist die Weinbergdichte deutlich geringer.

»So easy to like!«, schrieb die britische Weinkritikerin Jancis Robinson einmal über die zunehmende Anzahl hervorragender Schaumweine von der Insel.

Aber die Rebflächen nehmen kontinuierlich zu. Vor allem trifft man dort weniger frühreife Sorten wie Müller-Thurgau, Bacchus oder andere deutsche Kreuzungsreben an, sondern immer häufiger Chardonnay, Weißburgunder und Pinot Noir. Selbst in warmen Nischen der weiter nördlich gelegenen Grafschaften Summerset und Berkshire hat der Weinbau Fuß gefasst. Erzeugt werden insbesondere Weißweine, Rosés und Schaumweine.

Wales

Die walisischen Weinberge sind die ältesten Großbritanniens. Bereits die Römer pflanzten an der warmen Südküste Reben. Der eigentliche »Boom« vollzog sich jedoch erst im letzten Jahrzehnt. Heute gibt es in Wales rund 20 Weingüter, die zusammen etwa 100 000 Flaschen produzieren: in erster Linie Weißwein aus Seyval Blanc, Müller-Thurgau, Reichensteiner sowie Bacchus, aber auch Dornfelder und Pinot Meunier findet man hin und wieder in den Weinbergen.

Anbaufläche: 1 800 ha
Produktion: 467 000 hl
Konsum: 24 l pro Kopf/Jahr

Quelle: Industry Data/Stats 2016

Amphoren statt Fässer

Die transkaukasische Region gilt als Wiege des Weinbaus. Schon vor 8000 Jahren wurde dort nachweislich Wein erzeugt – erst aus Wildreben, dann aus Reben, die von Menschenhand kultiviert worden waren. Bis heute spielt der Wein in den Anrainerstaaten des Kaukasus eine wichtige Rolle, auch im muslimisch geprägten Aserbaidschan, vor allem aber in Georgien. Das Land hat sich zu einem Hotspot für Natural Wines entwickelt.

Georgien

Die ehemalige Sowjetrepublik, seit 1991 ein selbstständiger Staat, hat seitdem knapp die Hälfte seiner Rebfläche verloren. Das Land verfügt aber immer noch über respektable 48 000 Hektar Weinreben, darunter viele autochthone Sorten. Zentrum des Weinbaus ist die Region Kachetien im Osten des Landes. Am Fuße des Kaukasus um die Stadt Telavi herum befindet sich der größte Teil der Weinberge. Bei den weißen Sorten dominiert die Rkatsiteli, bei den roten die Saperavi. Letztere ergibt tanninstarke und langlebige Weine, die beträchtliche Feinheit entwickeln können. Neben Cabernet Sauvignon, Merlot, Syrah und Pinot Noir werden auch zunehmend alte Sorten kultiviert, die selbst in wissenschaftlichen Nachschlagewerken selten aufgeführt sind: etwa Mtsvane, Qisi, Khikhvi, Budeshuri, Mtsivana, Sapena, Kunsi oder auch Tavkveri. Der größte Teil des Weins ist industrieller Natur, doch die Zahl der individuellen Winzerweine nimmt zu. Teilweise werden sie mit Stielen und Schalen (Weißweine) vergoren, nicht selten in Tonamphoren. Kachetien ist ein Hotspot für Natural Wines geworden. Das zweite große Anbaugebiet heißt Kartlien und liegt nordwestlich von Tiflis. Dort ist die Sektindustrie zu Hause.

In Georgien wird Wein in Tonamphoren vergoren, die in der Erde versenkt sind.

Aserbaidschan

In dem wohlhabenden Land am Kaspischen Meer werden zwar viele Trauben produziert, aber der größte Teil des Anbaus besteht aus Tafeltrauben. Die Weinproduktion ist gering – gerade 16 000 Hektar stehen unter Reben, die meisten im subtropisch warmen Flachland um die Hauptstadt Baku am Kaspischen Meer. Angebaut werden vor allem Sorten wie Rkatsiteli, Saperavi, Matrassa, Sinandali, Chinuri, Kakhet, Voskeat, Pinot Noir, Cabernet Sauvignon, Aligoté und Chardonnay. Die Weine sind eher einfach und meist süß. Russland ist der größte Abnehmer.

Armenien

Der größte Teil der Trauben, die in Armenien erzeugt werden, wird zu Branntwein verarbeitet. Er ist das bevorzugte Getränk der Armenier. Wein selbst hat keine große Tradition. Trotzdem gibt es einige interessante Weingüter im Lande, die gute, teilweise sogar ausgezeichnete Weine hervorbringen, etwa aus der roten Sorte Areni Noir. Sie kommen von Winzern, die im Westen oder im benachbarten Georgien geschult worden sind. Ihre Weinberge liegen südöstlich der Hauptstadt Eriwan im Arpa-Tal auf bis zu 1300 Metern Höhe.

	Anbaufläche	Produktion	Konsum pro Kopf/Jahr
Georgien	48 000 ha	7 Mio hl	20 l
Aserbaidschan	16 000 ha	90 000 hl	0,7 l
Armenien	17 000 ha	68 000 hl	1,7 l

Quelle: OIV 2014

Geschrumpfte Riesen

Unter den drei Weinnationen Russland, Ukraine, Moldawien ist letztere mit Abstand die mit der größten Rebfläche. Am meisten Wein produziert wird jedoch in Russland, obwohl die Rebfläche dort nur halb so groß ist. Die Qualität der russischen Weine ist bescheiden, die der moldawischen schwankend. Die Ukraine hat durch die russische Annexion der Krim ihr wichtigstes Weinanbaugebiet verloren und ist nur noch ein Weinzwerg.

Moldawien

Zur Zeit der Sowjetunion war Moldawien der größte Weinlieferant Russlands. Mit der Selbstständigkeit ging der russische Absatzmarkt verloren. Die Rebfläche halbierte sich nahezu. Durch EU-Hilfen und private ausländische Investitionen wurde der totale Zusammenbruch verhindert. Allerdings produziert Moldawien immer noch mehr Wein als Deutschland (auch viele Tafeltrauben und Rosinen). Der größte Teil landet auf westlichen und asiatischen Spotmärkten: vor allem Verschnittwein für länderübergreifende Cuvées oder Markenweine. Die eigene Flaschenweinproduktion ist dagegen gering. Die Rebflächen befinden sich in der Mitte und im Süden des Landes. Bălţi, Codru, Nistreana (bekannt für seine Rotweine) und Cahul sind die wichtigsten Anbauzonen. Das kontinentale Klima sorgt im Binnenland für heiße, trockene Sommer, im Süden mildert das nahe Schwarze Meer die Hitze. Die Böden sind fruchtbar, Arbeitskräfte billig. Mehr als zwei Drittel der moldawischen Produktion sind Weiße, neuerdings häufig gewonnen aus Sorten wie Aligoté, Chardonnay, Sauvignon Blanc, Pinot Gris, aber auch aus Traditionssorten wie Rkatsiteli, Fetească Albă und Fetească Regală. Auch der Stil der Weine hat sich geändert. Heute sind sie trockener. Schaumwein ist ein wichtiger Zweig der Weinwirtschaft geworden.

Ukraine

Durch die Annexion der Krim hat die Ukraine ihr wichtigstes und glanzvollstes Anbaugebiet verloren. Gut 30 000 Hektar standen dort unter Reben (produziert wurde der Krimsekt in Kellereien in Kiew, Lemberg, Bachmut und Odessa). Heute befinden sich die größten Rebflächen in der Region Odessa am Schwarzen Meer, kleinere in Transkarpatien im Norden. Viele Weinberge sind erneuerungsbedürftig. Auch das Rebensortiment ist von den Markterfordernissen noch weit entfernt.

Russland

Fast die gesamten Rebflächen des Landes liegen im Nordkaukasus, also in Krasnodar, in Dagestan und (nach der Annexion) auf der Krim, die zur Zarenzeit ein glanzvolles, in Ukraine-Zeiten zumindest großes Anbaugebiet war. Der größte Teil ist von schlichter Qualität und wird meistens restsüß ausgebaut. Die Zahl trockener, technisch sauberer Weine nimmt aber zu.

Die Krim war vor der Annexion Russlands das wichtigste Anbaugebiet der Ukraine.

	Anbaufläche	Produktion	Konsum pro Kopf/Jahr
Moldawien	114 000 ha	1,6 Mio hl	10 l
Ukraine	49 000 ha	900 000 hl	1,5 l
Russland	62 000 ha	6,2 Mio hl	1,8 l

Quelle: OIV 2014/2017

Weinbau am Rande Europas

An der südlichen Peripherie Europas sind die Temperaturen hoch und die Niederschläge gering. Trotzdem gibt es auf Zypern und in der Türkei eine lange Tradition des Weinbaus. Heute werden sogar verstärkt Reben angebaut – nicht für traditionelle Dessertweine, sondern für Weine modernen Stils. Möglich ist der Weinbau allerdings nur in meernahen und in hohen Lagen, wo es nachts abkühlt.

Reben in Anatolien: Wein und Islam schließen sich nicht aus.

Zypern

Weinbau findet auf Zypern fast nur im griechischen Teil der Insel statt. Die Reben stehen am Fuße des Troodos-Gebirges und ziehen sich bis auf 900, in Einzelfällen auch bis auf 1500 Meter Höhe. Autochthone Reben machen knapp die Hälfte des Rebenbestands aus, etwa Mavro, Maratheftiko, Ophthalmo (rot) und Xynisteri (weiß). Die meisten sind wurzelecht, weil die Reblaus nie nach Zypern kam. Unter den internationalen Sorten ist Syrah auf dem Vormarsch. Neben den rund 50 kleinen Privaterzeugern gibt es auch vier Großkellereien, die exportieren. Der historisch berühmteste Wein ist der süße Commandaria aus rosinierten Trauben.

Türkei

Die Türkei liegt nach Rebfläche auf Platz fünf in der Welt. Aber 95 Prozent der Trauben dienen der Produktion von Rosinen und Tafelobst. Die Menge der Trauben, aus denen Wein erzeugt wird, ist sehr gering. Obwohl Weingenuss eine jahrhundertelange Tradition in der Türkei hat, bremsen Religion und Gewohnheit den Alkoholkonsum in dem überwiegend islamischen Land deutlich (eine Ausnahme ist Raki, der aus Trauben und Rosinen gewonnene Anisschnaps). Doch der wenige Wein, der erzeugt wird, ist häufig von ausgezeichneter Qualität und steht den Weinen anderer Mittelmeeranrainer nicht nach. Die meisten sind aus einheimischen Sorten gekeltert, die außerhalb der Türkei zwar völlig unbekannt sind, aber gute Qualitäten bringen. Die wichtigsten Namen: Öküzgözü, Bogazkere und Kalecik Karası sowie die weißen Narince, Yapıncak, Vasilaki und Emir. Und natürlich werden auch Sauvignon Blanc, Viognier, Cabernet Sauvignon, Merlot und Syrah angebaut. Die meisten Weingüter befinden sich in der Marmara-Region im europäischen beziehungsweise asiatischen Hinterland von Istanbul. Dieser Teil der Türkei ist orthodox-christlich geprägt. Das zweite große Anbaugebiet liegt an der Ägäisküste um die Stadt Izmir. Im moderat warmen Klima dort wachsen fruchtige Weiß- und gehaltvolle Rotweine. Die spannendsten Weine kommen aus dem heißen Landesinnern, aus Zentralanatolien: tanninstarke Rotweine und körperreiche Weißweine. Die Rebflächen ziehen sich hoch bis auf kühle 950 Meter. Kleinere Weinberge findet man in Südostanatolien und am Schwarzen Meer. Den rund 100 Boutique-Gütern stehen fünf Großkellereien gegenüber.

	Anbaufläche	Produktion	Konsum pro Kopf/Jahr
Türkei	502 ha	615 hl	1,1 l
Zypern	9 000 ha	117 000 hl	17 l

Quelle: OIV 2014

Spannender Naher Osten

Wein ist prominenter Bestandteil der Geschichte Israels und des Libanon: im Alten wie im Neuen Testament wird Wein rund 400 Mal erwähnt. Die Gegenwart des Weinbaus ist ungleich schwieriger – nicht nur wegen der politischen Verhältnisse, sondern auch wegen widriger natürlicher Gegebenheiten. Immerhin: Der Libanon konnte wieder an seine Glanzzeiten anknüpfen. Israel hat sie noch vor sich.

Rebgärten im Judäischen Bergland, eine Weinbauregion westlich von Jerusalem

Libanon

Zwischen 1920 und 1946 war der Libanon französisches Mandatsgebiet. In dieser Glanzzeit des Weins blühte die Weinwirtschaft des Landes auf. Bis heute sind französische Einflüsse deutlich erkennbar. Die großen »Château«-Weine sind zumeist wuchtige und barriquegereifte Cuvées auf der Basis von Cabernet Sauvignon. Daneben werden Cinsaut, Carignan, Mourvèdre und Grenache eingearbeitet oder auch etwas Merlot und Syrah. Bei den Weißen wird vorrangig auf Sauvignon Blanc, Sémillon, Clairette und Chardonnay gesetzt. Lokale Sorten wie Merweh und Meroué spielen keine große Rolle. Das Niveau der besten Weinerzeuger ist sehr hoch. Zentrum des Weinbaus ist das Bekaa-Tal, eine Hochebene zwischen Libanon-Gebirge und den Höhen des Anti-Libanon an der Grenze zu Syrien. Das Tal ist sonnenreich, verfügt über ausreichend Niederschläge und kühle Höhenlagen, die sich bis auf 1000 Meter ziehen.

Israel

Aufstrebende Erzeugernation mit vielen belanglosen Industrieweinen und einer kleinen Menge Weltklassewein. Rund 90 Prozent des israelischen Weins kommt von Großkellereien, deren Geschäftsmodell es ist, die Welt mit koscherem Wein zu versorgen. Die damit verbundenen Vorschriften sind leider nicht immer der Qualität des Weins zuträglich (zum Beispiel die Erhitzung auf über 80 °C, um sie »meschuwal« zu machen, sodass sie auch von Nichtjuden ausgeschenkt werden dürfen, ohne ihren Koscherstatus zu verlieren). Immerhin bemühen sich auch die Großkellereien um eine bessere Qualität. Rund 80 Prozent der koscheren Weine sind mittlerweile trocken (während sie früher fast alle restsüß waren). Die Spitzenweine sind alle nicht koscher und kommen fast ausschließlich von kleinen Erzeugern bis hinunter zu Garagen- und Boutique-Weingütern. Die ausgedehntesten Rebflächen findet man in Galiläa im Norden und auf den Golanhöhen. Dort ziehen sich die Weinberge bis auf 900 beziehungsweise 1200 Meter Höhe. In diesen »cool climate areas« werden nicht nur gute Weißweine (vor allem Chardonnay, Sauvignon Blanc), sondern auch eindrucksvolle Rote erzeugt (Cabernet Sauvignon, Syrah, Merlot, Carignan, Mazuelo). Bis zu 700 Meter hoch liegen die Weinberge in Judäa westlich von Jerusalem, wo sich ebenfalls zahlreiche Wein-Start-ups niedergelassen haben. In Samson an der Küste, in Shomron südlich von Tel Aviv und in der Wüste Negev sind ebenfalls Weingärten anzutreffen.

	Anbaufläche	Produktion	Konsum pro Kopf/Jahr
Libanon	14 000 ha	80 000 hl	1,8 l
Israel	8 100 ha	246 000 hl	1 l

Quelle: OIV 2017

Wein am Kap der Guten Hoffnung

Südafrikas Weine haben seit Ende der Apartheid im Jahr 1991 einen steilen Aufstieg erlebt. Das lässt sich nicht nur auf untadelige Qualitäten zurückführen, sondern auch auf sonnendurchflutete Weinlandschaften, die Menschen aus aller Herren Länder magisch anziehen. Reiche Südafrikaner investieren ebenso in Wein wie kapitalkräftige Ausländer. Die Weinwirtschaft boomt, und ein Ende des Booms ist nicht abzusehen.

In Stellenbosch wachsen die Reben am Fuße des Drakenstein-Gebirges.

Constantia

Kleines Anbaugebiet um Kapstadt mit kühlem und feuchtem Meeresklima. Die Winde, die von der False Bay her wehen, sorgen für Frische und haben Constantia zu einem Weißweingebiet gemacht. Besonders Sauvignon Blanc bringt gute Ergebnisse. Erst in letzter Zeit werden verstärkt auch rote Sorten angebaut für geschmeidige Merlot- und gehaltvolle Cabernet-Weine.

Franschhoek

Kleine, zum Weinbaugebiet Paarl gehörende Enklave, die sich mit vielen »Show Wineries« zu einem Zentrum des Weintourismus entwickelt hat. Die besten Franschhoek-Weine wachsen in höheren Tallagen, wo die kühlen Nächte dafür sorgen, dass die Weine frisch bleiben und expressiv fruchtig ausfallen. Merlot, Syrah und Pinotage gelingen besonders gut.

Paarl

Große Teile dieses bedeutenden Anbaugebiets liegen im Einflussbereich eines sehr warmen Binnenklimas und sind deshalb besonders für Cabernet Sauvignon, Merlot und Syrah geeignet. In der Vergangenheit wurden in Paarl, dem Sitz der beiden südafrikanischen Weingiganten KWV und Nederburg, große Mengen Port, Sherry und Brandy erzeugt. Heute wandert der Weinbau in die kühleren Teile des Anbaugebiets ab, etwa an die Hänge des Drakenstein-Gebirges. Dort wachsen die Reben für ausgezeichnete trockene Rotweine und einige bemerkenswerte Weiße.

Robertson

Großes, trocken-heißes Anbaugebiet am Breede River, rund zwei Autostunden nördlich von Kapstadt, bekannt vor allem wegen der Masse an einfachen Tafelweinen, die dort erzeugt werden. Daneben kommen aus Robertson aber auch qualitativ hochwertige Weine, insbesondere Syrah und Cabernet Sauvignon, aber auch Colombard, Chenin Blanc, Chardonnay und Sauvignon Blanc.

Stellenbosch

Um die Universitätsstadt herrscht die größte Weingutdichte – die Region liefert 16 Prozent der südafrikanischen Weinproduktion. In Stellenbosch gibt es zahlreiche Nischen mit ganz unterschiedlichen Böden und Kleinklimata. In den kühlen, meernahen Zonen werden ausgezeichnete Chardonnays und Sauvignon Blancs gewonnen. Ansonsten dominieren Merlot, Cabernet Sauvignon und Pinotage. Letztere ist übrigens eine spezifisch südafrikanische Rebe, die 1925 von dem Weinbauprofessor Abraham Isak Perold (1880–1941) in Stellenbosch aus Pinot Noir und Cinsaut gekreuzt wurde.

Swartland

Großes und heterogenes Weinanbaugebiet mit sehr warmen Unterzonen und kühlen Nischen, in der Vergangenheit berühmt für vollblütige, schwere Rotweine. Heute ist es zu einem Zentrum des alternativen Winemaking geworden. Von dort kommt eine neue Generation südafrikanischer Rot- und Weißweine, die nicht internationalen Stilistiken nacheifert, sondern ihre Akzente auf Eleganz, Trinkfluss und Langlebigkeit legt. Sie kommen von sehr alten »bush vines« (Buschreben), häufig aus Sorten wie Syrah, Mourvèdre, Cinsaut, Pinotage und Chenin Blanc. Die Weinberge werden nicht bewässert, und die Erträge sind gering.

Andere Weinbauzonen

Ein noch kaum erschlossenes Weinanbaugebiet ist das kühle Durbanville vor den Toren von Kapstadt. Es liegt im Einflussbereich kühlen atlantischen Klimas und ist sowohl für Weiß- als auch für Rotweine geeignet. Andere »cool climate areas« sind Somerset West, das Teil von Stellenbosch ist, außerdem Elgin sowie Walker Bay, das zum Anbaugebiet Overberg gehört.

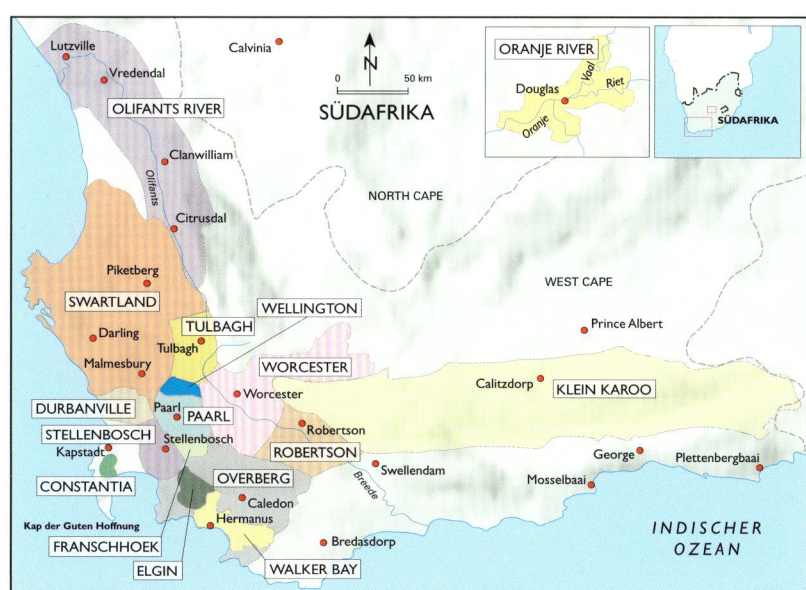

Häuser im kapholländischen Stil findet man in der gesamten Kapprovinz.

Anbaufläche: 95 700 ha
Produktion: 11 Mio. hl
Anteil Rot-/Weißwein: 45 %/55 %
Konsum: 7,8 l pro Kopf/Jahr

Quelle: South African Wine Industry 2017

KALIFORNIEN

Auf dem Highway zum Welterfolg

Selbst die versnobtesten Europäer können sich der Einsicht nicht verschließen, dass die kalifornischen Weine in der Spitze zur Weltklasse gehören. Das gilt vor allem für Cabernet Sauvignon, Merlot und Chardonnay. Auch Pinot Noir, Syrah und Zinfandel ergeben in Kalifornien herausragende Qualitäten. Doch die Weinindustrie versteht unter Qualität etwas anderes: Weine nach dem Geschmack des Publikums. Und die ist stark im »sunny state«.

Das Prestige-Weingut Opus One im kalifornischen Napa Valley wurde einst als Joint Venture von Robert Mondavi und Philippe de Rothschild gegründet.

Napa Valley

Kaliforniens bestes und touristisch attraktivstes Anbaugebiet, vor allem für Rotweine. Nördlich der Stadt Napa wachsen praktisch nur noch Cabernet Sauvignon und Merlot. Nur im äußersten Norden, dem wärmsten Teil, wird zusätzlich ein wenig Zinfandel angebaut. Im kühleren südlichen Teil, in Los Carneros, trifft man auch und vor allem auf die Rebsorten Chardonnay und Pinot Noir.

Sonoma County

Besteht aus mehreren Unterzonen. Die kühlsten Anbaugebiete sind der westliche Teil von Los Carneros, Russian River, Mendocino und Sonoma Coast. Alle liefern beste Weißweine (vor allem Chardonnay) und exzellente Rote (Pinot Noir). Das Dry Creek Valley ist dagegen warm und gilt als bestes Anbaugebiet für Zinfandel. Aus dem eigentlichen Sonoma Valley kommen gute Merlots und Cabernets.

Santa Cruz Mountains und Monterey

Kühle Anbaugebiete südlich der San Francisco Bay. Vor allem Monterey, das im direkten Einflussbereich des pazifischen Klimas liegt, bringt ausgezeichnete Chardonnays und Pinot Noirs hervor, während aus den Santa Cruz Mountains großartige Rotweine kommen.

Livermore Valley und Lodi

Im Hinterland der San Francisco Bay gelegen, werden diese beiden Anbaugebiete nur wenig von kühlen Luftströmungen berührt. In diesem warmen Klima gedeihen fast alle Rebsorten. Während das Livermore Valley viele kleine, besucherfreundliche Weingüter aufweist, so dominieren in Lodi weinbauliche Großfarmen. Von ihnen kommt ein Großteil der Trauben für die Weinindustrie des Landes. Auch renommierte Güter im Napa Valley und anderswo beziehen einen Teil ihres »Rohstoffs« von diesen Farmen.

Paso Robles

Weitläufiges, sehr ländliches Anbaugebiet mit warmem Klima, in dem Viehzucht und Getreide traditionell wichtiger als Wein sind. Dennoch kommen aus Paso Robles einige der besten Zinfandels Kaliforniens. Auch Merlot und Syrah sind stark vertreten.

Central Valley

Heißes, nur durch künstliche Bewässerung landwirtschaftlich nutzbares Gebiet, das von Sacramento bis nach Bakersfield reicht. Dort wächst der größte Teil des kalifornischen Weins. Er landet aber meist in schlichten, häufig auch schlechten oder belanglosen Industrieabfüllungen.

Edna Valley und Arroyo Grande

Diese beiden im Einflussbereich kühler Meereswinde liegenden Anbaugebiete an der Pazifikküste sind insbesondere bekannt für knackigfrischen Chardonnay, Sauvignon, Pinot Gris, Viognier und andere Weißweine. Auch Pinot Noir und Syrah gelingen in diesen »cool climate areas« gut.

Santa Barbara County

Von Santa Maria bis fast nach Los Angeles reichend, beherbergt dieser südliche Teil Kaliforniens mehrere wichtige Weinbaugebiete. Die bedeutendsten sind das Santa Maria und Santa Ynez Valley, deren Klima von kühlen Nebeln geprägt ist, die vom Pazifik herüberwabern. Aus ihnen kommen mit die üppigsten, säurebetontesten Chardonnays und die feinsten Pinot-Noir-Weine Kaliforniens. Daneben werden zunehmend auch Syrah sowie einige italienische Sorten wie Sangiovese und Barbera angebaut.

Anbaufläche: 450 000 ha
Produktion: 25,7 Mio. hl
Anteil Rot-/Weißwein: 60 %/40 %
Konsum: 11,8 l pro Kopf/Jahr

Quelle: OIV 2017

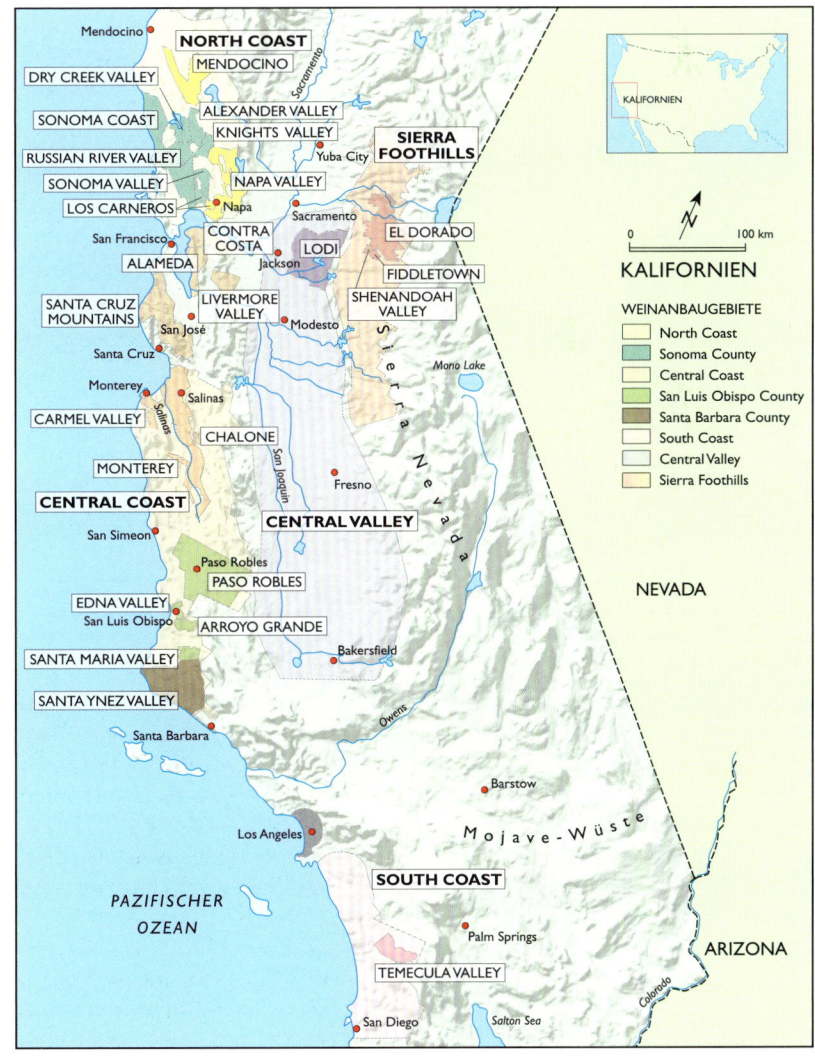

Unterschiedliche Nachbarn

Angesichts der Dominanz Kaliforniens gerät manchmal in Vergessenheit, dass auch in anderen Bundesstaaten der USA Wein produziert wird. Die größten und bekanntesten Bundesstaaten sind Oregon und Washington. Oregon ist der Gegenentwurf zu Kalifornien: kühl, kleinteilig, fast nur auf Pinot Noir fokussiert. Washington ist dagegen heiß, trocken und auf Bordeaux-Sorten konzentriert.

Weinbau in Washington: Der größte Teil der Reben wächst an den Ufern des mächtigen Columbia River.

Oregon

Der nördliche Nachbar Kaliforniens ist erst in den 1960er-Jahren auf den Wein gekommen. Vorher wurde zwar ebenfalls Wein erzeugt, aber aus Äpfeln, Erdbeeren und anderen Obstsorten. In den 1970er-Jahren gab es in Oregon dann schon über ein Dutzend Winerys. Danach schwappte der Weinboom von Kalifornien vollends herüber. Heute zählt der Bundesstaat 720 Wein erzeugende Betriebe: meist kleine, aber feine Boutique-Güter, die mit höchstem Einsatz arbeiten, um Weine von Weltklasse zu erzeugen. Dabei konzentrieren sich die Anstrengungen der Winzer vor allem auf eine Rebsorte: Pinot Noir. Mit ihr sind knapp 75 Prozent aller Weinberge bestockt (Gesamtrebfläche: 12 000 Hektar). Vor allem im Willamette Valley, das von Portland bis nach Eugene reicht, reiht sich Weinberg an Weinberg. Eigentlich ist es dort zu warm für diese Sorte, die eher kühle Temperaturen braucht, aber die kalten Luftströmungen, die regelmäßig vom Pazifik her in das Tal eindringen, dämpfen die Hitze. Pinot Noir aus Oregon ist so zum Inbegriff für einen der feinsten Burgunderweine der Welt geworden. Die einzige Sorte, die in nennenswerter Menge neben Pinot Noir existiert, ist die Pinot Gris. Aus ihren Trauben werden einfache, herzhafte Alltagsweine gekeltert – gewissermaßen bessere Pinot Grigios. Chardonnay, Riesling, Cabernet Sauvignon spielen nur eine untergeordnete Rolle.

Washington

Nach Kalifornien ist der Bundesstaat Washington der zweitgrößte Weinproduzent der USA. Anders als Oregon begannen italienische und deutsche Auswanderer schon im 19. Jahrhundert, neben Weizen und Obst auch Reben anzubauen. Die eigentliche Hinwendung zum Wein setzte in den 1960er-Jahren ein. Die Rebpflanzungen befinden sich nicht an der Pazifikküste, sondern im Landesinnern. Hinter den 4 000 Meter hohen Cascade Mountains, dem Küstengebirge, erstreckt sich eine warm-heiße Halbwüste, die nur an wenigen Stellen landwirtschaftlich nutzbar ist: nämlich dort, wo der mächtige Columbia River und seine Nebenflüsse Wasser herbeitransportieren. Felder, Wiesen und Weinberge müssen bewässert werden. Die durchschnittliche Niederschlagsmenge liegt bei gerade einmal 150 Millimeter pro Jahr. Cabernet Sauvignon, Merlot, Syrah und ein Dutzend weiterer Sorten aus aller Welt ergeben hier mächtige, gut strukturierte Weine mit viel Fruchtgeschmack. Bei den Weißweinen dominieren Chardonnay, Sauvignon Blanc, Viognier sowie ein bisschen Riesling. Insgesamt stehen im Bundesstaat Washington 17 000 Hektar Land unter Reben.

Some more Icewine, please!

Die Kanadier lieben Wein. In den urbanen Zentren des Landes ist er ein hoch respektiertes Getränk. Weniger bekannt ist, dass Kanada auch eigenen Wein hat – sehr guten sogar. Er wächst sowohl im Osten als auch im Westen des Landes. Die Mengen sind gering, exportiert wird wenig. Und wenn, dann »Icewine«. Kanada ist der größte Eisweinproduzent der Welt. Allerdings ist kanadischer Icewine etwas anderes als europäischer Eiswein.

Niagara Pensinsula

Größtes und bedeutendstes Weinanbaugebiet, auf der Halbinsel zwischen dem Lake Ontario und dem Lake Erie gelegen. Erzeugt werden vor allem Weißweine aus Chardonnay und Riesling, dazu kleinere Mengen Pinot Noir und noch kleinere Mengen Cabernet Franc. Die Spezialität ist jedoch »Ice Wine«. Er hat das Gebiet weltberühmt gemacht. Da die Temperaturen regelmäßig auf minus 10 °C, manchmal sogar bis auf minus 20 °C fallen, frieren die Trauben großflächig ein. So ist Kanada zum größten Produzenten dieser Weinspezialität in der Welt aufgestiegen. Im Unterschied zum deutschen Eiswein dürfen die Trauben, aus denen Ice Wine in Kanada erzeugt wird, nicht von Edelfäule befallen sein. Da die Fröste in der Provinz Ontario bereits früh auftreten, häufig schon im Oktober, ist diese Bedingung relativ leicht zu erfüllen. Zu diesem Zeitpunkt haben die Beeren in der Regel noch keine Botrytis entwickelt. Kleinere kanadische Weinanbaugebiete findet man in Prince Edward County und Nova Scotia.

British Columbia

Die westlichste Provinz Kanadas ist das zweitgrößte Weinanbaugebiet des Landes. Es umfasst knapp 2000 Hektar Rebfläche, von denen ein großer Teil noch mit Hybridreben bestockt ist (etwa der Sorte Vidal Blanc). Das Hauptanbaugebiet ist der Lake Okanagan, ein 130 Kilometer langes Hochtal im Regenschatten der Cascade Mountains. Es ist durch hohe Tagestemperaturen und einen starken Temperaturabfall in der Nacht gekennzeichnet. Außerdem herrscht ein extrem trockenes Klima mit nicht mehr als rund 250 Millimeter Niederschlag im Jahr. Die Reben müssen bewässert werden. Auf Moränensand und Flusskiesel wird dort viel Weißwein erzeugt, insbesondere Pinot Gris, aber auch Riesling und Gewürztraminer. Auch die Rotweine sind von sehr guter Qualität. Es dominieren Bordeaux-Sorten, dazu kommen Pinot Noir und ein bisschen Syrah. Die Rebflächen sind eingerahmt von schneebedeckten Berggipfeln sowie Seen, in denen sich der blaue Himmel spiegelt – ein wunderbares Naturschauspiel. Im benachbarten Similkameen Valley herrschen ganz ähnliche Bedingungen. Kleinere Weinbauzonen befinden sich um die Stadt Vancouver im Vallée du Fraser und auf der Île de Vancouver, wo es allerdings wesentlich kühler und regenreicher ist.

Kanadischer »ice wine« wird unter dem geschützten Namen »Icewine« vertrieben. Der Süßwein darf unter diesem Namen ausschließlich aus Kanada kommen.

Anbaufläche: 12 600 Hektar
Produktion: 600 000 hl
Konsum: 15,7 l pro Kopf/Jahr

Quelle: OIV 2014

Garten Eden des Rotweins

An Sonne mangelt es Chile nicht. Rebkrankheiten sind so gut wie unbekannt. Die Arbeitskräfte sind billig, und Rebland ist im Überfluss vorhanden. Ein Paradies für Wein, speziell für roten? Tatsächlich sind die Voraussetzungen kaum irgendwo auf der Welt so gut, um kostengünstig große Mengen qualitativ guter Weine zu erzeugen. Aber Chile will mehr. Das Land will Weine mit Charakter erzeugen.

Gauchos inspizieren die Reben in Chile nicht selten zu Pferde.

Valle Central

Mehr als 90 Prozent der Rebflächen Chiles liegen im Valle Central, einer 400 Kilometer langen Hochebene, die bei Santiago beginnt und bis nach Chillán im Süden reicht. Sie ist – von Norden nach Süden – in die Anbaugebiete Maipo, Rapel, Curicó und Maule unterteilt. Cabernet Sauvignon, Merlot, zunehmend auch Carmenère und Syrah können dort nahezu jedes Jahr voll ausreifen. Die Weine sind dunkel in der Farbe, süß im Tannin, moderat in der Säure und faszinieren durch ihre saubere, makellose Fruchtigkeit: Cassis-Geschmack pur. Und die Jahrgangsunterschiede sind gering. Ein großer Teil der Reben ist noch unveredelt, da die Reblaus in Chile (bisher) keinen Schaden angerichtet hat.

Aconcagua

Lang gestrecktes, zum Pazifik hin offenes Tal am Fuße des gleichnamigen Andengipfels nördlich von Santiago, in dem wegen der kühlen Pazifikwinde einige der besten Rotweine Chiles wachsen.

Casablanca

Die besten Weißweine Chiles kommen aus dem kühlen Valle de Casablanca im Hinterland der Stadt Valparaíso. Sie werden überwiegend aus Chardonnay und Sauvignon Blanc erzeugt.

San Antonio-Leyda

Neues, kleines Anbaugebiet vor allem für Weißwein südlich von Valparaíso im Einflussbereich des kühlen Pazifiks. Weine: Sauvignon Blanc und etwas Pinot Noir.

Anbaufläche: ca. 200 000 ha
Produktion: 9,9 Mio. hl
Anteil Rot-/Weißwein: 80 %/20 %
Konsum: 14 l pro Kopf/Jahr

Die zweite Geburt des Malbec

Argentinien ist der viertgrößte Weinproduzent der Welt. Die Reben wachsen im Westen des Landes am Fuße der Anden. Zentrum des Weinbaus ist die Stadt Mendoza. Die besten argentinischen Weine sind rot, und einer ist besonders erfolgreich: der Malbec. Doch Argentinien hat mehr zu bieten als Wein: spektakuläre Landschaften und kühne, moderne Weingutsarchitekturen.

Mendoza

Aus der Provinz Mendoza kommen die besten argentinischen Rotweine. Vor allem die Sorte Malbec, die ursprünglich aus Bordeaux stammt, dort aber praktisch ausgemustert wurde und nur noch im Anbaugebiet von Cahors weiterlebt, ergibt im trocken-heißen Klima Mendozas Weine von großer Tiefe und Haltbarkeit. In ihren besten Qualitäten ist sie sogar Cabernet Sauvignon und Merlot überlegen. Die Malbec-Weine sind inzwischen der wichtigste Exportartikel des argentinischen Weinbaus. Daneben werden viele italienische (Sangiovese, Barbera, Bonarda, Nebbiolo) und spanische Sorten (Tempranillo) angebaut. Das Hochland von Mendoza ist trocken und muss künstlich bewässert werden. Das geschieht, indem das Schmelzwasser der Anden über ein verzweigtes Kanalsystem auf die landwirtschaftlichen Flächen geleitet wird.

Tupungato

Ein sehr kühles, 800 bis 1300 Meter hohes Anbaugebiet südlich von Mendoza, das sich mit knackigen Chardonnay- und Pinot-Noir-Weinen zum Hotspot entwickelt hat.

Río Negro

Größtes Anbaugebiet im kühlen Süden rund um den Río-Negro-Fluss und der einzige Weinbereich, der nicht im Andenvorland liegt. Von dort kommen knackige, fruchtige Merlots und Cabernets sowie einige gute Weißweine und interessante Pinot Noirs.

Salta

Die nördlichste Weinbauprovinz Argentiniens, wo auf bis zu 3000 Metern Höhe die Rebsorte Torrontés angebaut wird, die würzig-trockene Weißweine ergibt.

Reben bei Mendoza am Fuße der Anden

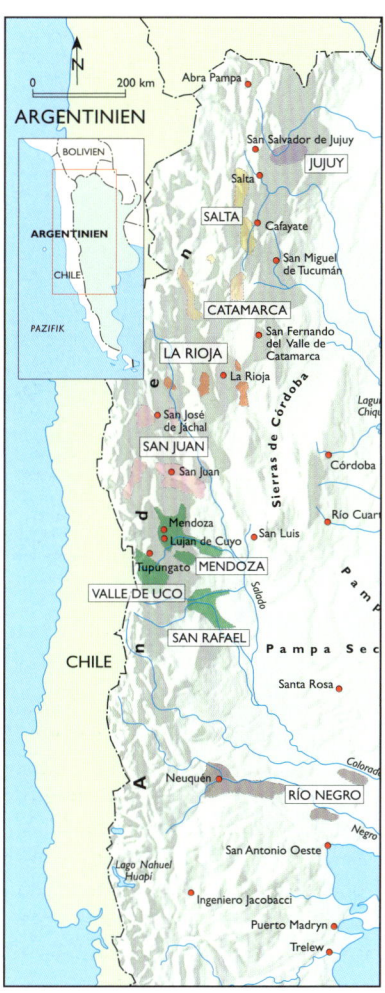

Anbaufläche: 228 000 ha
Produktion: 12,1 Mio. hl
Anteil Rot-/Weißwein: 80 %/20 %
Konsum: 25 l pro Kopf/Jahr

Quelle: OIV 2014

Down Under im Weinrausch

Nirgendwo auf der Welt ist die Weinindustrie so mächtig wie in Australien. Aber nirgendwo gibt es auch so viele gut gemachte, ja charaktervolle Weine von Großkellereien wie auf dem Fünften Kontinent. Längst ist es nicht mehr der Shiraz allein, der für den guten Ruf des Landes sorgt. Auch die Weißweine haben ihren Anteil am anhaltenden Boom in »Down Under«. Sie haben aus Dosenbiertrinkern eine Nation von Weingenießern gemacht.

Aus kühlklimatischen Zonen wie Orange und Tumbarumba kommen in New South Wales die interessantesten Weine.

New South Wales

Nördlich von Sydney liegt das Hunter Valley, das sich wegen der Schönheit seiner Landschaft zu einem touristischen Hotspot entwickelt hat, während der Weinbau dort an Bedeutung verliert. In teilweise subtropischem Klima werden vorrangig Shiraz und Sémillon angebaut. Interessanter sind jedoch die Weine aus den neuen »cool climate areas« namens Orange, Hilltops und Tumbarumba, die weiter im Landesinnern liegen. Genauer: am Fuße der Blue Mountains. Dort wachsen nicht nur die Reben für Weißweine, sondern auch für Cabernet Sauvignon und Shiraz in 500 bis 900 Meter Höhe.

Victoria

Rund um Melbourne gibt es eine Fülle von Weinanbaugebieten, aus denen viele charakterstarke, teilweise urwüchsige, aber auch sehr feine Weine kommen. Die wichtigsten Bereiche sind:

Yarra Valley: moderat warme, an der Peripherie Melbournes gelegene Zone mit Schwerpunkt auf Chardonnay und Pinot Noir.

Mornington Peninsula/Geelong: zwei kühle, südwestlich von Melbourne am Meer gelegene Bereiche, hinter deren weißen Stränden kräftige Weißweine mit lebendiger Säure und kühler Frucht wachsen (Chardonnay, Viognier, Pinot Gris und Riesling).

Tasmanien: Die Insel, eine halbe Flugstunde südlich von Melbourne, ist die momentan vibrierendste, weil kühlste Weingegend Australiens. Von dort kommen die finessenreichsten Weißweine des Landes und die besten Pinot Noirs. Im Norden der Insel ist der Tamar River das Zentrum des Weinbaus, im Süden die Buchten und Bays um die Stadt Hobart, wo es noch kühler ist. Freycinet und Bicheno an der Ostküste sind berühmt für ih-

AUSTRALIEN

ren Pinot Noir, der freilich selten das Land verlässt und daher im Ausland wenig bekannt ist.

Bendigo/Heathcote/Goulburn Valley: traditionell warme Anbaugebiete in den endlosen Weiten nördlich von Melbourne, in denen vor allem Rotwein produziert wird.

Grampians/Pyrenees: Aus dem warmen Hinterland nordwestlich von Melbourne kommt vor allem Rotwein. Shiraz und Cabernet Sauvignon ergeben teilweise sehr gute Qualitäten.

Südaustralien

Der Bundesstaat um die Stadt Adelaide ist die »Weinkammer« Australiens und zugleich das historische Herz des Weinbaus von Down Under. Von dort kommt die Hälfte aller australischer Weine. Nahezu alle großen Weinkonzerne haben dort ihren Sitz. Die wichtigsten Unterzonen sind:

Barossa Valley: Nur eine Autostunde nördlich von Adelaide liegt das Barossa Valley, eine Hochebene mit sehr warmem Klima, das nicht nur das Zentrum der Weinwirtschaft des Landes, sondern auch ein Touristenmagnet geworden ist. Markenzeichen sind die opulenten Shiraz-Weine, deren Reben dort wachsen. Dazu kommen wuchtiger Cabernet Sauvignon und GMS-Cuvées (aus Grenache, Mourvèdre, und Syrah). Die einzige Weißweinrebe, die dort traditionell Fuß gefasst hat, ist Sémillon.

Adelaide Hills: Die grünen Hügel zwischen Adelaide und den Mount Lofty Ranges sind relativ kühl – gut für Chardonnay und Sauvignon Blanc, teilweise auch für Riesling und Pinot Noir. Besonders »trendy« aber sind derzeit Cabernets und Shiraz.

Eden Valley: kleines Riesling- und Chardonnay-Anbaugebiet am Rande des Barossa Valley.

Clare Valley: Bestes Anbaugebiet für Riesling, nordwestlich von Adelaide gelegen.

McLaren Vale: Das nach einem südlichen Vorort von Adelaide benannte Gebiet zieht sich nach Süden bis zum Ozean. Das Meer kühlt die hohen Temperaturen ab. Es entstehen ähnlich voller Shiraz und Cabernet Sauvignon wie im Barossa Valley, nur mit frischerer Frucht.

Coonawarra: kleine, lang gezogene Weinanbauzone mit hennaroter Erde am östlichen Rand des Bundesstaats, aus der einige der besten Cabernet-Sauvignon-Weine Australiens kommen.

Westaustralien

An der Küste südlich von Perth ist das Klima zwar warm, aber die hohen Temperaturen werden durch die kühlen Winde, die vom Indischen Ozean her kommen, gesenkt.

Anbaufläche: 154 000 ha
Produktion: 11,8 Mio. hl
Anteil Rot-/Weißwein: 60 %/40 %
Konsum: 28 l pro Kopf/Jahr

Quelle: OIV 2014

Zwei Gebiete haben sich einen Namen gemacht:

Margaret River: Surfer-Paradies etwa vier Autostunden südlich von Perth mit würzigem Shiraz und kräftigen, zitrusfruchtigen Weißen (Chardonnay, Sauvignon Blanc)

Great Southern: Am südwestlichen Zipfel rund um die Stadt Albany gelegene Region, in der sich viele kleine Winerys niedergelassen haben, die höchst individuelle Weine produzieren: pfeffriger Shiraz, kräuterwürziger Cabernet Sauvignon, tropischer Riesling, knackige Chardonnays.

Als die Kiwis den Wein entdeckten

Wein durfte in Neuseeland bis 1989 nicht frei verkauft werden. Erst danach war Schluss mit der Prohibition. Heute herrscht im ganzen Land grenzenlose Weinbegeisterung. Allerdings ist der größte Teil der Weinproduktion in den Händen der Industrie – und die überschätzt manchmal den Durst der Menschen. Dabei sind die wirklich guten neuseeländischen Weine ebenso rar wie teuer.

Nordinsel

Hawke's Bay ist das zweitgrößte Anbaugebiet des Landes. Dort werden neben Sauvignon Blanc und Chardonnay vor allem Cabernet Sauvignon und Merlot angebaut. Das benachbarte Gisborne ist berühmt für seine tropisch-fruchtigen Chardonnays. Der Weinbau um und nördlich von Auckland mit seinem regenreichen, subtropischen Klima geht zurück. Interessante Weine wachsen nur an wenigen Stellen und in sehr kleinen Mengen. Dafür boomt es auf dem Great Barrier Island, in Matakana sowie an der Südspitze der Nordinsel: Wairarapa und Martinborough sind Hochburgen für edle Pinot Noirs und vollmundige Weißweine.

Südinsel

Die landschaftlich eindrucksvollere Südinsel liegt im Einflussbereich trockenen, arktisch-kühlen Klimas mit zugleich hoher Tageserwärmung. Das größte und bekannteste Anbaugebiet ist Marlborough (um Blenheim im Norden der Insel). Dort wächst ein extrem würziger Sauvignon Blanc, der in wenigen Jahren die Weltmärkte im Fluge erobert hat. Seine Besonderheiten: hohe Säure gepaart mit relativ hohen Alkoholgehalten und pikantem Schwarze-Johannisbeer-Aroma. Nelson und die weiter südlich gelegenen Gebiete Waipara, Canterbury und Central Otago mit ihren zahllosen Kleinwinzern sind berühmt für Pinot Noir, der dort teilweise exzellente Qualitäten ergibt: komplexe Fruchtaromen, vorherrschend Himbeere und Pflaume, eher karg als üppig, dabei ausgesprochen aromatief. Aber auch Pinot Gris, Riesling und Gewürztraminer gelingen recht gut. Leider sind sie nur in Kleinstmengen erhältlich und außerhalb Neuseelands schwer zu finden.

Anbaufläche: 38 000 ha
Produktion: 3,2 Mio. hl
Anteil Rot-/Weißwein: 15 %/85 %
Konsum: 25 l pro Kopf/Jahr

Quelle: OIV 2014

Nur Rotwein zählt

Nirgendwo auf der Welt steigt der Weinkonsum so schnell wie in China. Die neue urbane Mittelschicht konsumiert genauso viel Wein wie die Menschen in europäischen Großstädten. Der größte Teil ist allerdings Importwein. Die chinesische Weinproduktion ist noch gering, obwohl China nach Rebfläche bereits auf Platz zwei in der Welt liegt. 90 Prozent des heimischen Weins – fast ausschließlich roter – wird im Land getrunken.

Shandong

Die südöstlich von Peking gelegene Provinz, mit der in den Golf von Bohai ragenden Halbinsel, ist das für den Qualitätsweinbau zuerst entdeckte und größte Anbaugebiet Chinas. Um die Städte Yantei und Penglai sind mehr als 150 Weingüter registriert, darunter zahlreiche von europäischen Investoren. Auch die Großkellerei Changyu befindet sich dort. Shandongs Weine werden fast ausschließlich aus Cabernet Sauvignon, Cabernet Gernischt (Carmenère) und Merlot gewonnen. Die Böden sind fruchtbar, und das feuchtwarme Klima ist nicht ideal für den Weinbau, weil es Pilzbefall Vorschub leistet. Doch dafür gibt es keine Fröste, und die frischen Winde von der See trocknen die Reben schnell, wenn die Monsunzeit vorbei ist.

Hebei

Die wie ein Gürtel um die Hauptstadt Peking liegende Provinz Hebei ist ebenfalls ein Zentrum des chinesischen Weinbaus. Zum einen gibt es die Hügel um die Stadt Huailei nordwestlich von Peking, wo auch die größte Kellerei des Landes – Great Wall – ihren Hauptsitz hat, deren Markenweine vor allem aus Cabernet Sauvignon gekeltert sind. Der andere Schwerpunkt liegt in dem flachen Küstenlitoral von Changli am Golf von Bohai. Dort wird fast ausschließlich Cabernet Sauvignon kultiviert.

In Ningxia wird seit 1982 Weinbau betrieben. Die Xixia King Winery zählt zu den ältesten Kellereien der Region.

Ningxia

Tief im Landesinnern gelegene autonome Region um die Hauptstadt Yinchuan, in der viele die Zukunft des chinesischen Weinbaus sehen. Ihre Vorteile sind gute, kieshaltige Böden an den Ufern des Gelben Flusses, teilweise auf 1000 Meter Höhe gelegen, dazu viele Sonnenstunden. Nachteil ist die große Trockenheit, deshalb müssen die Weinberge bewässert werden. Dort wird die wohl künftige chinesische Leitsorte, die Marselan (eine Kreuzung aus Cabernet Sauvignon und Grenache), intensiv angebaut.

Gansu

Nahe der Grenze zur Mongolei gelegene Provinz, auch »Wilder Westen« Chinas genannt. Ausgedehnte Rebflächen bei Zhangye, Jiayuguan und vor allem bei Wuwei an der alten Seidenstraße. Die Gegend gilt als »cool climate area«, ist aber sehr frostgefährdet. Neben den klassischen roten Sorten werden dort auch Pinot Noir, Chardonnay und Riesling angebaut, letztere Sorte unter anderem für Eiswein.

Weitere Weinanbaugebiete

Peking, Tianjin (mit dem Hauptsitz des Dynasty-Weinkonzerns), Yunnan, Shangxi, Xinjiang, Wuhei.

Anbaufläche: 813 000 ha
Produktion: 11,6 Mio. hl
Anteil Rot-/Weißwein: 90 % / 10 %
Konsum: 1,4 l pro Kopf/Jahr

Quelle: OIV 2014

Glossar

Abgang: Nachklang eines Weins nach dem Schlucken, auch Finale oder Nachgeschmack genannt
adstringierend: die Zunge zusammenziehend. Geschmackseindruck, der häufig bei jungen, gerbstoffhaltigen Rotweinen auftritt
Agraffe: Drahtkörbchen über dem Sektkorken
Allier-Eiche: feinporige, zum Barriquebau verwendete Eiche aus dem gleichnamigen französischen Département. Wegen ihres süßen Geschmacks werden Chardonnay-Weine gerne in Allier-Eiche vergoren
Annata: ital. Jahrgang. Junger Wein, der nach wenigen Monaten den Keller verlässt
Anreichern: Hinzufügen von Zucker zum Most vor der Gärung, um einen höheren Alkoholgehalt des Weins zu bekommen
AOC/Appellation d'Origine Contrôllée: höchste französische Qualitätsstufe für Wein
Appellation: Herkunft bzw. Ursprungsgebiet eines Weins
Assemblage: Zusammenfügen gleicher Weine aus unterschiedlichen Fässern zu einem Wein (bzw. Weine gleicher Herkunft, aber unterschiedlicher Rebsorte)
Ausbruch: Beerenauslese aus der Weinbaugemeinde Rust am Neusiedlersee, gewonnen aus überreifen oder edelfaulen Trauben mit einem Mostgewicht von mindestens 138° Öchsle
Auslese: hohe deutsche Prädikatsstufe, reserviert für meist süße oder edelsüße Weine mit 90° bis 100° Öchsle, wird oft aber auch für entsprechend hochgradige, trockene Weine in Anspruch genommen
BA: Beerenauslese
Barrique: kleines Holzfass mit 225 Litern Inhalt, einst für Bordeauxweine entwickelt, heute in aller Welt verbreitet
Bâtonage: das Aufrühren der Hefe im Fass mit einem Stock. Qualitätsfördernde Maßnahme bei Weißweinen, die im Holzfass vergoren werden. Entwickelt im Burgund
Bernsteinsäure: frische, herbe Fruchtsäure, die sich neben Weinsäure und Apfelsäure in jedem Wein in geringeren Mengen findet
Blanc de Blancs: nur aus weißen Trauben gekelterter Schaumwein
Blanc de Noirs: nur aus roten Trauben gekelterter Schaumwein
Botrytis cinerea: Edelfäule, erwünscht für Sauternes und alle Formen von Beeren- und Trockenbeerenauslesen
Bouquet: Duft des Weins
brandig: alkoholisch schmeckend
BSA: Abkürzung für den biologischen Säureabbau, durch den die Weine weicher, fülliger werden. Bei Rotweinen immer notwendig, bei Weißweinen nur gelegentlich. Auch malolaktische Gärung (kurz: Malo) genannt
Cantina: ital. Keller bzw. Kellerei
Cava: span. Schaumwein aus Penedès
Cave: frz. Keller, auch Kellerei
Chai: ebenerdiger Fasskeller in Bordeaux
Champagnermethode: Umschreibung für die Flaschengärung beim Champagner. Für andere Schaumweine müssen nach EU-Recht die alternative Bezeichnung Méthode traditionelle oder Méthode classique verwendet werden
chaptalisieren: anreichern
Charakter: Weine mit Charakter sind eigenständig und laufen nicht irgendwelchen Moden nach
Claret: in England übliche Bezeichnung für Bordeauxweine allgemein
Charmat-Methode: Methode zur Herstellung von Schaumweinen ohne Flaschengärung. Dabei wird der Wein in großen Druckbehältern aus Edelstahl statt in der Flasche zweitvergoren
Clos: abgeschlossener, meist von Mauern eingefasster guter Weinberg. Vor allem im Burgund gebräuchlicher Name
Cooler: amerik. Ausdruck für Leichtwein
Crémant: Schaumwein aus Gebieten außerhalb der Champagne (z. B. Elsass, Loire, Burgund) mit weniger Kohlensäure als ein Champagner
cremig: weich, mild, geschmacklich breit angelegt. Wird vor allem bei im Holzfass vergorenen Chardonnays mit BSA und bei großen Champagnern verwendet
Cru: besonders gute Weinberglage
Cuvée: 1. hochwertiger Most aus der ersten Pressung beim Champagner; 2. Zusammenfügen verschiedener Weinsorten bzw. Fässer zu einem harmonischen Wein
Cuvier: frz. Gärkeller
DAC: Abkürzung für Districtus Austriae Controllatus, des erstmals 2002 in Österreich eingeführten Appellationssystems. Die Buchstaben auf dem Etikett dienen als Nachweis der Herkunft und sind eine Garantie für die gebietstypische Stilistik des Weins entsprechend der Rebsorte sowie des Ausbaus
Dauben: gebogene Holzstücke, die die Wandung eines Fasses bilden
Dekantieren: Umfüllen des Weins von der Flasche in eine Karaffe
Diabetikerwein: trockener Wein mit maximal vier Gramm Restzucker pro Liter
Domaine: frz. Weingut.
durchgegoren: restzuckerfreier, staubtrockener Wein
Edelschimmel: Schimmelbefall hochreifer Trauben, der nicht zur Zerstörung der Beeren, sondern zu deren Schrumpeln führt und die Voraussetzung für Beeren- und Trockenbeerenauslesen schafft. Auch Trockenfäule oder Botrytis cinerea genannt
edelsüß: Bezeichnung für Wein aus edelfaulen, stark geschrumpelten oder gefrorenen Trauben mit hohem Fruktoseanteil
Edelzwicker: im Elsass Bezeichnung für einen Wein, der aus vielen verschiedenen Rebsorten gekeltert ist
Erste Lage: vom Verband Deutscher Prädikatsweingüter (VDP) vorgenommene Klassifizierung der besten Weinberglagen Deutschlands. Insgesamt erhielten 277 Lagen den Rang einer Ersten Lage
Erstes Gewächs: im Rheingau geltende, gesetzliche Qualitätsbezeichnung für die besten Riesling- und Spätburgunderweine von klassifizierten Lagen

Glossar

Erzeugerabfüllung: Wein, der auf dem Weingut abgefüllt worden ist, von dem die Trauben stammen

eurotrocken: EU-Wein, dessen Restzuckergehalt maximal neun Gramm pro Liter beträgt bzw. sich nach der Formel »Säure plus zwei« errechnet (d. h. ein Wein mit sechs Gramm Säure darf noch bei acht Gramm Restzucker als trocken gelten)

Extrakt: Gesamtheit aller nicht flüchtigen Inhaltsstoffe eines Weins, vor allem Zucker, Säure, Glyzerin, in geringerem Maße auch Phenole, Pektine und Mineralstoffe. Ein hoher Extraktwert ist ein Indiz für eine hohe Weinqualität

Extraktsüße: Extraktreiche Weine werden oft als leicht süß wahrgenommen, auch wenn sie vollkommen durchgegoren sind. Grund dafür ist der erhöhte Glyzeringehalt. Glyzerin gehört zur Gruppe der Alkohole und ist ein wichtiger Bestandteil des Extrakts

Fattoria: ital. Weingut

Federspiel: mittelschwere Grüne Veltliner und Rieslinge aus der Wachau mit maximal 12,5 Vol.-% Alkohol

feinherb: andere (teilweise umstrittene) Bezeichnung für halbtrocken

Finesse: frz. Feinheit

fränkisch-trocken: Weine mit nicht mehr als vier Gramm Restzucker pro Liter. In Franken gängige Interpretation der trockenen Geschmacksrichtung

frizzante: ital. perlend. Eigenschaft von Perlweinen wie dem Prosecco

fruchtig: 1. nach Apfel, Birne, Kirsche, Beeren und anderen Früchten schmeckend; 2. In Deutschland gebräuchliche Bezeichnung für liebliche Weine (mit 19 bis 45 Gramm Restzucker)

Frühfrost: Frost Ende Oktober oder Anfang November. Häufig erwünscht, weil er die Möglichkeit zur Eisweinlese bietet

Fumé Blanc: kalifornischer, im Holzfass vergorener Sauvignon Blanc

füllkrank: aufgrund kürzlich erfolgter Abfüllung geschmacklich noch gestörter Wein

Geläger: die sich nach der Gärung auf dem Boden des Fasses absetzenden Trubstoffe

Gemischter Satz: Wein aus Weinbergen, in denen noch wie früher verschiedene Rebsorten wachsen. Alle Trauben werden gleichzeitig gelesen und gekeltert. Teilweise entstehen so sehr ursprüngliche, originelle Weine

Gerbsäure: in Rotweinen in großen, in Weißweinen in geringen Mengen anzutreffendes Tannin

Gespritzter: in Österreich übliche Bezeichnung für einen mit Mineralwasser verdünnten Wein

g. g. A.: Abkürzung für geschützte geografische Ursprungsbezeichnung. Entspricht den bisherigen Landweinen

Grains Nobles: hochkarätige Beeren- oder Trockenbeerenauslese aus dem Elsass mit mindestens 110° Öchsle, darf nur aus den Sorten Riesling, Muscat, Gewürztraminer und Pinot Gris erzeugt werden

Grand Vin: in Bordeaux übliche Bezeichnung für den Spitzenwein eines Château

Graufäule: von Winzern gefürchteter Schimmelbefall halbreifer Trauben, auch Nassfäule genannt

grün: Wein mit unreifer Säure

Großes Gewächs: Abkürzung GG. Für die Mitglieder des Verbands Deutscher Prädikatsweingüter (VDP) geltende Bezeichnung für den besten trocken schmeckenden Wein des jeweiligen Jahrgangs. Dieser muss aus einer Ersten Lage und aus der für diese Lage vorgesehenen Rebsorte(n) stammen. Die GG besitzen nur verbandsrechtlichen, keinen weingesetzlichen Status

Großlage: in Deutschland gebräuchliche, irreführende Bezeichnung für ein weitgefasstes, sich über mehrere Gemeinden erstreckendes Rebeneinzugsgebiet. Die Bezeichnung hat mit Lage im ursprünglichen Sinn nichts zu tun

g. U.: Abkürzung für geschützte Ursprungsbezeichnung. Neue Bezeichnung für Qualitätsweine bestimmter Anbaugebiete (QbA)

halbtrocken: in der EU gebräuchliche Bezeichnung für Weine bis zu 18 Gramm Restzucker pro Liter, beim Champagner (extra sec) bis zu 20 Gramm

hart: Wein mit unreifem, zu jungem Tannin

Heuriger: österr. 1. Weinlokal mit angeschlossenem Weingut; 2. Wein des jüngsten Jahrgangs

hochfarbig: ins Orange tendierende Farbe eines Rotweins. Indiz, dass der Höhepunkt erreicht oder überschritten ist

Hogsheads: vor allem in Australien zu findendes Weinfass mit 300 Liter Inhalt

IGP: Indicazione Geografica Protetta, neue Weinkategorie in Italien (entspricht den VDQS-Weinen), in der viele der ehemaligen hochklassigen Vini da Tavola aufgehen

Integrierter Pflanzenschutz: Kombination von Schädlingsbekämpfungs- und Heilmitteln im Weinbau sowie die Abstimmung auf die Schwere des Schadens, den Witterungsverlauf und Wechselwirkungen zwischen verschiedenen Schädlingen auf die Gesundheit der Rebe. So soll der Einsatz von Pflanzenschutzmitteln reduziert werden

internationale Rebsorten: übliche Bezeichnung für Cabernet Sauvignon, Merlot, Pinot Noir, Sauvignon Blanc und Chardonnay

Johannisberg: 1. Silvaner aus dem Schweizer Wallis, 2. schlossartiges Weingut im Rheingau

Johannisberger Riesling: amerikanische Bezeichnung für die Rebsorte Riesling

Klon: griech. Zweig. Durch Aufpfropfen eines ausgewählten Reises vermehrte Rebpflanze

körperreich: schwerer, alkohol- und extraktreicher Wein

krautig: aufdringliches Aroma unreifer Cabernet-Franc-, Cabernet-Sauvignon- und Merlotweine

kurz: ohne Nachklang im Mund

lang: Wein mit lang nachklingendem Aroma

leicht: Wein mit niedrigem Alkoholgehalt und niedrigen Extraktwerten

Lese: Traubenernte

Liebfraumilch: im Ausland gebräuchliche Bezeichnung für einfachste liebliche deutsche Weißweine aus Müller-Thurgau-Trauben, aber auch aus Riesling, Kerner und Silvaner gewonnen

177

Glossar

Likörwein: Dessertwein mit mindestens 15 Vol.-% Alkohol

maderisiert: oxidiert, überaltert, nach Madeira riechend

Maggiton: unangenehmer Geruchseindruck von alten, maderisierten Rotweinen

Maische: das Gemisch von Saft, Fruchtfleisch, Schalen und Kernen der Trauben, das bei der Rotweinerzeugung zusammen vergoren wird (Maischegärung)

Malo: Kurzform für die malolaktische Gärung, auch biologischer Säureabbau oder zweite Gärung genannt

Malolaktische Gärung: siehe BSA

Méthode champénoise: Flaschengärverfahren beim Champagner

Méthode classique: auch Méthode traditionelle. Flaschengärverfahren bei Schaumweinen außer Champagner

Millésime: frz. Jahrgang

mineralisch: Aroma bestimmter Weißweine, z. B. einiger deutscher und Elsässer Rieslinge sowie des Pouilly-Fumé

Most: Saft ausgepresster Trauben

Mostklärung: Säuberung des Mostes vor der Vergärung

Nachgärung: unerwünschtes Weitergären des Weins in der Flasche

Nase: 1. Riechorgan des Menschen 2. Bezeichnung für das Bouquet eines Weins

Nassfäule: siehe Graufäule

natursüß: Eigenschaft von Weinen, die ihre Süße nicht zugesetztem Most oder zugesetztem Zucker verdanken, sondern im Ursprungsmost vorhandenem, unvergorenem Traubenzucker

negative Auslese: Auslesen fauler Trauben vor der Hauptlese

nervig: filigran, fein, säurebetont

Önologie: Wissenschaft von der Kellertechnik und vom Weinbau

oxidativ: fehlerhafter Wein, der durch zu langen Sauerstoffkontakt viele Aldehyde enthält und unfrisch, müde und maderisiert schmeckt. Alkoholreiche Weine wie Sherry, Madeira, Portwein, Vin Santo oder auch Marsala werden allerdings bewusst oxidativ ausgebaut

Passito: Wein aus getrockneten Trauben, z. B. Sfursat (Valtellina), Amarone (Valpolicella), Vin Santo (Toskana)

Perlage: im Glas entweichende Kohlensäure bei Schaumweinen

Perlwein: moussierender Wein mit einem Kohlensäuredruck von maximal 2,5 bar in der Flasche. Die deutschen Seccos und ein Großteil der italienischen Proseccos sind die bekanntesten Perlweine

pfeffrig: typische Geschmackseigenschaft des Grünen Veltliner

Phylloxera: lateinische Bezeichnung für die Reblaus

ph-Wert: Maßzahl für die Stärke aller Säuren im Wein; normal sind Werte zwischen 2,8 (sauer) und 3,5 (mild)

positive Auslese: selektives Herauslesen gesunder bzw. edelfauler Trauben

Prädikatswein: in Deutschland und Österreich gebräuchliche Bezeichnung für höherwertige Qualitätsweine entsprechend ihres Mostgewichts. Sie dürfen grundsätzlich nicht angereichert werden. In Österreich werden alle edelsüßen Weine als Prädikatsweine bezeichnet

Prä-Phylloxera: Weine aus der Zeit vor 1870, als die Reblauskatastrophe begann

Prosecco: perlender oder schäumender Wein aus Glera-Trauben (früherer Traubenname: Prosecco), die in genau definierten Teilen der italienischen Regionen Venetien und Friaul wachsen. Prosecco wird immer nach der Charmat-Methode in großen geschlossenen Drucktanks versektet

QbA: Abkürzung für Qualitätswein bestimmter Anbaugebiete. In Deutschland unterste Qualitätsweinstufe

Qualitätswein: oberste Stufe der europäischen Weingesetzgebung. In Frankreich fallen rund 40 Prozent aller Weine in diese Kategorie (VDQS, AOC), in Italien 15 Prozent (DOC, DOCG), in Spanien 25 Prozent (DO) und in Deutschland (QbA, QmP) 95 Prozent

Quinta: port. Weingut

reduktiv: duftiger, spritziger, weitgehend unter Sauerstoffabschluss ausgebauter Wein

reinsortig: nur aus einer Traubensorte erzeugter Wein

reintönig: sauberer, für die Sorte typischer Duft und Geschmack ohne Nebentöne

Rektifiziertes Traubenmostkonzentrat (RTK): konzentrierte traubenzuckerhaltige Lösung, die aus Traubenmost gewonnen wird und statt Zucker zum Anreichern von Weinen verwendet werden kann

Ried: Einzellage in Österreich

rütteln: drehen der Champagnerflaschen mit der Hand (frz. remuage), während diese mit dem Hals in hölzernen Gestellen (Rüttelpulten) stecken. So sollen die in der Flasche angesammelten Hefereste in den Flaschenhals befördert werden

Schaumwein: Oberbegriff für alle schäumenden Weine, die einen Kohlensäuredruck von mehr als 3 bar in der Flasche aufweisen. Dazu gehören vor allem Champagner, Crémants, Cavas, Sekte, Franciacorta, Trentodoc sowie die Spumante des Prosecco

Secco: populärer Perlwein aus Deutschland, einzuordnen zwischen Wein und Sekt. Dem italien. Prosecco nachempfunden, aber nicht gesetzlich geregelt

Smaragd: für die Mitglieder des Vereins Vinea Wachau vorgeschriebene Bezeichnung für hochkarätige, bis zum natürlichen Gärstillstand vergorene Weine aus Grünem Veltliner und Riesling

Sommelier: Weinkellner

spritzig: Wein mit Restkohlensäure

Steinfeder: Name für die leichtesten trockenen Rieslinge und Grünen Veltliner aus der Wachau mit maximal 11,5 Vol.-% Alkohol

Stillwein: Wein ohne Kohlensäure; Gegensatz zu Schaumwein

sur lie: auf den Etiketten französischer Weißweine manchmal zu findender Hinweis, der besagt, dass der Wein im Tank (oder Fass) auf der Feinhefe gereift ist. Die Hefe gibt dem Wein einen leicht hefigen Geschmack

Süßreserve: geschwefelter Traubenmost, wird zur Süßung von Weinen benutzt

TBA: Trockenbeerenauslese
Taille: frz., vor allem in der Champagne gebräuchlicher Ausdruck für den unter hohem Pressdruck ablaufenden, im Vergleich zum Vorlaufmost weniger hochwertigen Most (im Gegensatz zur Cuvée). Man unterscheidet zwischen erster und zweiter Taille
Tannin: natürlicher Inhaltsstoff jeder Weintraube und wichtiges Qualitätsmerkmal vor allem von Rotweinen; auch Gerbstoff genannt.
Terroir: frz., komplexes Zusammenspiel von Boden und Klima
Textur: Bezeichnung für die Qualität eines Weins am Gaumen. Dazu gehören die spürbare Dichte und die Konzentration, die Viskosität und die Qualität des Tannins
Toasten: leichte Röstung eines Barrique-Fasses von innen
Traube: Frucht der Weinrebe
Traubensaft: Most; 1 Kilo Trauben ergibt normalerweise 0,7 Liter Most
Trester: ausgepresste Traubenschalen und -kerne
trocken: weitgehend durchgegorener Wein mit nicht mehr als maximal 4 Gramm Restzucker (pro Liter)
Tronçais-Eiche: für den Fassbau begehrtes Holz aus den Forsten um die Stadt Nevers, feinporig und mit weichen, süßen Tanninen
Ursprungsbezeichnung: gesetzlich definierte Basis aller europäischen Qualitätsweine
VDQS/Vin Délimité de Qualité Supérieure: in Frankreich gelegentlich anzutreffende Kategorie für Qualitätsweine zweiter Wahl
Vendange Tardive: frz. Spätlese. Ausdruck für halbtrockene oder für edelsüße Weine
veredeln: das Propfen von europäischen Vitis-vinifera-Trieben auf Wurzelstöcke amerikanischer Wildreben zum Zwecke der Reblausresistenz
vegetabil: nach Gras, Klee, grünem Spargel und anderen Grünpflanzen schmeckend
verschlossen: unentwickelter, junger Wein

verschneiden: Mischen von unterschiedlichen Weinpartien bzw. Rebsorten oder von Weinen aus unterschiedlichen Regionen zu einem neuen Wein
Vieilles vignes: frz. alte Reben
Vigna: ital. Weinberg
Vigneto: ital. Weinberg
Vin de table: frz. Tafelwein
Vinifikation: Weinbereitung; Keltern der Trauben und Vergären des Mostes
Vino da tavola: ital. Tafelwein. Bis 1996 wurden einige der besten Weine Italiens bewusst und provokativ zu Tafelweinen deklassiert, weil die Anforderungen an Qualitätsweine für sie nicht passten
Vintage: engl. Jahrgang
Vintage Port: Jahrgangsportwein
vollmundig: körperreicher Wein mit ansprechendem Alkoholgehalt
Vorlaufmost: jener hochwertige Teil des Mosts, der nach dem Mahlen der Trauben ohne weiteres Pressen von der Kelter läuft
VQPRD/Vin de Qualité Produit dans une Région Déterminée: französische Weinkategorie, entspricht dem deutschen QbA, dem Qualitätswein bestimmter Anbaugebiete
Vosges-Eiche: feinporige, relativ geschmacksarme Eiche aus den Vogesen
Weinsäure: natürliche Fruchtsäure, die umso mehr im Wein zu finden ist, je reifer die Trauben sind
Weinstein: Kaliumsalz. Ausfällung der Weinsäure in Form von kleinen, weißen Kristallen in der Flasche. Beeinträchtigt den Geschmack nicht
Weißherbst: in Deutschland übliche Bezeichnung für Roséweine
Winzersekt: Schaumwein aus Deutschland, der zu 100 Prozent aus eigenen Trauben (selbst oder im Auftrag) versektet wurde. Vorgeschrieben ist die klassische Methode der Flaschengärung
wurzelecht: alte, unveredelte Reben
Zapfen: in der Schweiz gebräuchlicher Ausdruck für den Korken
Zweite Gärung: siehe BSA
Zweitwein: der nachrangige Wein eines Bordeaux-Châteaus, meist aus Trauben jüngerer Weinberge oder weniger guter Lagen stammend

Register

A

Aargau	148
Abfüllung	11, 69, 71
Abgang	17
Abruzzen	141
Aconcagua	170
Ägäis	151
Aglianico	141
Ahr	130
Albanien	158
Albariño	49
Alentejo	150
Alföldi	154
Aligoté	51
Alkoholgehalt	10, 14–15, 79
Alterung	110–111
Alvarinho	49
Amarone	138
American Sparkling Wine	83
Amontillado	91
Amphoren	75
Ampurdán	142
Anbau	siehe Weinbau
AOC	29, 32
Aostatal	139
Apulien	141
Argentinien	171
Arinto	51
Armenien	160
Arneis	51
Aromen	126–127
Aromenklassen	127
Aromenrad	126
Arroyo Grande	167
Aserbaidschan	160
Asolo	85
Assyrtiko	51
Äthylalkohol	15, 24
Ausbau	68, 70, 76, 77, 79
Ausbau, oxidativer	91
Ausschenkhilfe	114, 115
Australien	172–173

B

Bacchuskult	26
Baden	133
Bag-in-Box	19
Bairrada	150
Barbaresco	45, 139
Barbera	47, 139
Barolo	45, 139
Barrique	41, 70, 76, 77, 79
Basilikata	141
Beaujolais	135
Beeren	38–39
Bestockung	56–57
Bierzo	143
Biologischer Säureabbau (BSA)	68
Bio-Wein	64–65
Bläschen	116–117
Blätter	36, 37
Blauburgunder	46
Blauer Zweigelt	45
Blaufränkisch	45
Blüten	36, 37
Böckser	119
Boden	54–55
Bordeaux	136
Bosnien-Herzegowina	158
Botrytis cinerea	siehe Edelfäule
Bouquet	17, 107, 113, 126, 127
Brettanomyces	118
British Columbia	169
Brunello di Montalcino	45, 140
Bulgarien	153
Bündner Herrschaft	148
Burgenland	147
Burgund	135

C

Cabernet Franc	44, 134
Cabernet Sauvignon	44, 136
Calatayud	143
Campo de Borja	143
Cannonau	47
Cap Classique	83
Cariñena	47, 143
Carmenère	47, 170
Carnuntum	147
Casablanca	170
Cava	82–83
Central Valley	167
Chablis	134
Chambrieren	104
Champagne	81, 134
Champagner	80–81
Champagnermethode	176
Charakter	17
Chardonnay	48, 135
Charmat-Methode	82–83, 84
Chasselas	50
Chenin Blanc	49, 134
Chianti Classico	45
Chile	170
China	175
Cigales	144
Colheita	89
Conegliano	85
Constantia	164
Coravin	107
Cordon-Erziehung	58, 59
Costers del Segre	143
Côt	46
Côteaux de Languedoc	137
Côte Chalonnaise	135
Côte de Beaune	135
Côte de Nuits	135
Cream	91
Crémant	82–83, 149

D

DAC (Districtus Austriae Controllatus)	147
Dão	150
Dealkoholisierung	79
Dégorgieren	81
Dekantieren	112–113, 117
Depot	112
Deutschland	130–132
DO	32
DOC	32
DOCa	32
DOCG	32
Dom Pérignon	28, 29, 80
Dornfelder	47
Douro	150
Drehverschluss	96
Duft	17

E

Edelfäule	42, 43, 63, 86, 87
Edna Valley	167
Eichenholz	76–77
Eichenholzchips	79
Einschenken	106–107
Eiswein	50, 87, 130, 169
Elsass	135
Emilia-Romagna	140
English Sparkling Wine	83
Entrappen	70
Épernay	134

Erderwärmung ... siehe Global Warming
Etikett ... 10–11, 86
Extrakt ... 15, 17, 25, 111, 177

F

Farbe ... 16, 38, 39, 40–41, 42–43
Fasskunde ... 76–77
Fassreifung ... 68
Fehlton ... 95, 118
Fendant ... 51
Fetească Neagră ... 47
Feuillette ... 77
Filterung ... 69, 71, 75
Fino ... 91
Firne ... 119
Flachlagen ... 56
Flaschen ... 10
  Etikett ... 10–11, 86
  Preis ... 12–13, 18–19
Flaschengärung ... 81, 82
Flaschenreifung ... 110–111
Flaschenständer ... 114
Florhefe ... 91
Flüchtige Säure ... 119
Flügelkorkenzieher ... 100
Franciacorta ... 83
Franken ... 131
Frankreich ... 134–137
Franschhoek ... 164
Frappieren ... 104
Friaul ... 138
Fuder ... 77
Furmint ... 51
Fußwurzeln ... 37

G

Gamay ... 46
Gansu ... 175
Ganztraubenpressung ... 81
Garnacha ... 46
Gärstopp ... 86
Geiztriebe ... 36, 37
Genf ... 148
Gentechnik ... 79
Georgien ... 160
Geräusche ... 109
Gerbstoff ... siehe Tannin
Geruch ... 109, 122–123
Gescheine ... 36, 37
Geschichte des Weins ... 26–29

Geschmack ... 17, 75, 83, 124, 126–127
Geschmäcke ... 125
Gewürztraminer ... 49, 135, 138
g. g. A. (geschützte geografische Angabe) ... 33
Gläser ... 102–103
Glasverschluss ... 96, 97
Glera ... 51, 85
Global Warming ... 31
Glyzerin ... 14, 15, 25
Grauburgunder ... 48, 130, 131, 132, 133
Gravner, Josko ... 75
Grenache ... 46
Griechenland ... 151
Großbritannien ... 159
Grüner Veltliner ... 50, 146, 147
Grünlese ... 59
g. U. (geschützte Ursprungsbezeichnung) ... 33
Gutedel ... 50
Guyot-Erziehung ... 58, 59

H

Handlese ... 63
Hanglagen ... 56–57
Hebei ... 175
Hefelager ... 70
Hefen ... 8, 38, 43, 68, 70, 74, 79
Hessische Bergstraße ... 133
Hogshead ... 77
Holzfass ... 76–77
Holztannin ... 41

I/J

Icewine ... 169
Ionische Inseln ... 151
Israel ... 163
Italien ... 138–141
Jahrgang ... 10, 11, 13
Jerez ... 145
Jerez de la Frontera ... 90
Jumilla ... 145
Jura ... 135

K

Kalabrien ... 141
Kalifornien ... 166–167
Kalorien ... 15
Kampanien ... 141

Kamptal ... 146
Kanada ... 169
Kanarische Inseln ... 145
Kapsel ... 98–99
Kapselschneider ... 98
Karaffen ... 112, 113, 115
Kellnermesser ... 100
Kelterung ... 68
Klärung des Mosts ... 70
Klima ... 55
Knospen ... 36
Kohlensäure ... 117
Konzentration ... 79
Kork, Korken ... 94–95
Korkeichenwälder ... 94
Korkenzieher ... 100–101
Korkfehler ... 118
Korkmotte ... 99
Korkschmecker ... 95
Kosovo ... 158
Kremstal ... 146
Kreta ... 151
Kroatien ... 157
Kühler ... 115
Kühlmanschette ... 114
Kupferspritzungen ... 65

L

Lagerung ... 108–109
La Mancha ... 145
Languedoc ... 137
Latium ... 141
LBV (Late Bottled Vintage) ... 89
Leithaberg ... 147
Lemberger ... 45
Lese ... siehe Weinlese
Libanon ... 163
Licht ... 109
Ligurien ... 139
Livermore Valley ... 167
Lodi ... 167
Loire ... 134
Lombardei ... 138
Luftfeuchtigkeit ... 109
Luxemburg ... 149

M

Mâconnais ... 135
Maische ... 68, 72
Maischegärung ... 68, 74

Makedonien ... 151	**O**	**R**
Malaga ... 145	Öchsle ... 43	Ranken ... 36
Malbec ... 46, 171	siehe auch Mostgewicht	Reben ... 36–37
Mallorca ... 145	Oloroso ... 91	Rebenerziehung ... 58–59
Malolaktische Gärung ... 68	Orange Wine ... 75	Reblauskatastrophe ... 29
Manzanilla ... 91	Oregon ... 168	Rebsorten, rote ... 44–47
Marken (Region) ... 141	Österreich ... 146–147	Rebsorten, weiße ... 48–51
Marsanne ... 51	Oxidation ... 118–119	Rebstamm ... 37
Maschinenlese ... 63		Reduktionsbouquet ... 119
Mehltau ... 29, 65	**P/Q**	Reifegrad ... 63
Mencía ... 47	Paarl ... 165	Reifezyklus ... 60
Mendoza ... 171	Palo Cortado ... 91	Reifung ... 68,
Menge-Güte-Relation ... 58	Palomino ... 91	Reims ... 81
Mentrida ... 145	Papillen ... 124–125	Restsüße ... 87
Mercaptan ... 119	Paso Robles ... 167	Rheingau ... 131
Merlot ... 44–45, 136	Pedro Ximénez ... 91	Rheinhessen ... 132
Méthode Charmat ... 82	Peloponnes ... 151	Rhône ... 137
Méthode classique ... 81	Penedès ... 142	Rias Baixas ... 143
Méthode traditionnelle ... 81	Perlwein ... 84	Ribeira Sacra ... 143
Methylalkohol ... 15	Petit Manseng ... 51, 137	Ribera del Duero ... 144
Milchsäureton ... 119	Pet Nat ... 85	Riechen ... 122–123
Mittelburgenland ... 147	Pfalz ... 133	Riesling ... 50, 132
Mittelrhein ... 131	Pièce ... 77	Rioja ... 143
Moldawien ... 161	Piemont ... 139	Río Negro ... 171
Montenegro ... 158	Pinotage ... 47, 164, 165	Rkatsiteli ... 51
Montepulciano ... 47	Pinot Blanc ... 48–49,	Robertson ... 165
Monterey ... 167	Pinot Grigio ... 48	Roero ... 45
Montilla-Moriles ... 145	Pinot Gris ... 48	Rosalia ... 147
Mosel ... 130	Pinot Meunier ... 81	Roséwein ... 39, 72–73
Most ... 38, 39, 68, 70	Pinot Noir ... 81, 135, 174	Rotweinbereitung ... 68–69
Mostgewicht ... 40, 59, 78	Pipes ... 77	Roussanne ... 51
Müller-Thurgau ... 50	Pla de Bages ... 143	Roussillon ... 137
Muskateller, Gelber ... 51	Podravje ... 156	Ruby ... 89
	Polyphenole ... 41	Rueda ... 144
N	Portugal ... 150	Rumänien ... 152
Nachgärung ... 117	Portugieser ... 47	Russland ... 161
Nachgeschmack ... siehe Abgang	Portwein ... 88–89	Rütteln ... 81
Nahe ... 131	Posavje ... 156	
Napa Valley ... 166	Pouilly-Fumé ... 49	**S**
Natural Wine ... 74–75	Pressen ... 70	Saale-Unstrut ... 131
Navarra ... 143	Presswein ... 68	Sachsen ... 131
Nebbiolo ... 45	Primäraromen ... 127	Saignée-Methode ... 73
Nero d'Avola ... 47	Primitivo ... 47	Salta ... 171
Neuenburg ... 148	Primorje ... 156	San Antonio-Leyda ... 170
Neuseeland ... 174	Priorato ... 142	Sancerre ... 49, 134
Neusiedlersee ... 147	Prosecco ... 84–85	Sangiovese ... 45
New South Wales ... 172	Provence ... 137	Sanlúcar de Barrameda ... 90
Niagara Pensinsula ... 169	Puncheon ... 77	Santa Barbara County ... 167
Ningxia ... 175	Qualität ... 14–15, 16–17	Santa Cruz Mountains ... 167
Nordmazedonien ... 158	Qualitätsstufe ... 10	Sardinien ... 141
Nord-Transdanubien ... 154		

Säure	50, 111, 116, 119	
Sauternes	49, 137	
Sauvignon Blanc	49, 134, 174	
Savatiano	51	
Schaffhausen	148	
Schale	38	
Schaumweine	82–85, 159	
Schmecken	123, 124–125	
Schönen	75	
Schraubverschluss	97	
Schwefel	111	
Schwefelböckser	119	
Schwefelung	68, 71, 75	
Schweiz	148	
Secco	84, 85	
Sekt	82–83	
Sekundäraromen	127	
Sémillon	49	
Serbien	158	
Shandong	175	
Sherry	90–91	
Shiraz	siehe Syrah	
Silvaner	50, 131	
Single Quinta Vintage	89	
Sizilien	141	
Slowakei	155	
Slowenien	156	
Solera	91	
Somontano	142	
Sonoma County	166	
Spanien	142–145	
Spanna	45	
Spätburgunder	46, 130, 131, 132, 133	
Spontanvergärung	74	
Spumante	82, 85	
Stabilisierung	69, 71	
Stave-Technologie	79	
Steiermark	147	
Stellenbosch	165	
Stelvin Cap	96, 97	
Struma-Tal	153	
Stückfass	77	
Südafrika	164–165	
Südaustralien	173	
Südburgenland	147	
Südtirol	138	
Süd-Transdanubien	154	
Supermarkt	18–19	
Süßweine	86–87	
Swartland	165	
Sylvaner	50, 139	
Syrah	45	

T

Tagwurzeln	37
Tannin	40–41, 111
Tauwurzeln	37
Tawny Port	89
Techniken, önologische	78–79
Temperatur	30, 55, 68, 109
Tempranillo	45
Tertiäraromen	127
Tessin	148
Textur	17
Thermenregion	147
Thessalien	151
Thrakien	151, 153
Toasten	77
Tokajer	51, 154
Toro	144
Toskana	140
Touriga Nacional	47
Traisental	146
Transdanubien	153
Trauben	36
Traubenreife	42–43
Traubenverschnitt	73
Trentino	138
Trento DOC	83
Trichloranisol (TCA)	95
Trinktemperatur	104–105
Tschechien	155
Tupungato	171
Turbiana	51
Türkei	162

U

Überholzung	119
Überreife	42
Ukraine	161
Umbrien	141
Umwälzen	68
Unfrische	119
Ungarn	154
Untypischer Alterston (UTA)	119
Ursprungsbezeichnungen, geschützte	32–33
Utiel-Requena	145

V

Valdeorras	143
Valdepeñas	145
Valdobbiadene	85
Valle Central	170
Veganer Wein	74
Vegetationszyklus	60–61
Venetien	138
Vergärung	70
Verkostung	20–21
Victoria	172
Vinho Verde	49, 150
Vino Nobile di Montepulciano	45
Vintage Port	89
Viognier	49
Vollreife	42–43, 62–63

W

Waadt	148
Wachau	146
Wagram	146
Wallis	148
Washington	168
Wein-Accessoires	114–115
Weinaura	24
Weinbau, biologischer	64–65
Weinbergarbeit	60–61
Weinfehler	118, 119
Weinkeller	108–109
Weinklimaschrank	109
Weinkonsum	15
Weinlese	61, 62–63
Weinnationen	31
Weinpreise	12–13
Weinstein	71, 116–117
Weinverschlüsse	94–95, 96–97
Weinviertel	146
Weinvokabular	20–21
Weißburgunder	49, 131, 133
Weißweinbereitung	70–71
Welschriesling	51
Weltrebengürtel	30, 31
Westaustralien	173
Wien	147
Winterruhe	61
Württemberg	133

X/Y/Z

Xinomavro	47
Yecla	145
Zinfandel	47
Zürich	148
Zypern	162

183

Bildnachweis

Adobe Stock: Joachim 60 oben, PHB.cz 137, Dagmar Sedlackova 155; **akg-images:** Erich Lessing 27 unten links, 27 unten Mitte, Gilles Mermet 28 oben, Yvan Travert 29 unten links; **Johann Brandstetter:** 69, 71; **BMEL:** 33; **Coravin:** 107; **Tatiana Davidova:** 125; **ddp images:** 46(1), 170, Jack Clark 44(1); **Deutsches Weininstitut:** 63 unten; **dpa Picture-Alliance:** Udo Bernhart 75, Fredrik von Erichsen 38; **Frank Duffek:** 32, 58, 77 unten, 79; **fotolia:** avarand49(4), contrastwerkstatt 122, 124, lumberman71 49(3), nalidsa 48(4); **Getty Images:** Inti St. Clair 4 unten, 22-23, Abel Mitja Varela 66-67; **Huber Images:** Franco Cogoli 85, Reinhard Schmid 152; **imago:** UPI Photo 175; **Infographics Group, Annick Ehmann und Anne Loetz:** 126; **iStockphoto:** Brothers_Art 141, EdnaM 104, Olena Mykhaylova 161, LuisPortugal 89, Radiokukka 160, YinYang 6-7; **Ludwig von Kaff:** 12; **Enno Kleinert:** 37; **Herbert Lehmann:** 64, 77 oben, 87; **Lookphotos:** age fotostock 95, 153, ClickAlps 128-129, Rainer Mirau 146, Arthur F. Selbach 130, Andreas Strauß 61 oben, Heinz Wohner 138; **mauritius images/Alamy:** Arterra Picture Library 162, Peter Barritt 29 oben, Jayme Burrows 63 oben, Anthony Dunn 45(1), Maria Galan 145, Paolo Gallo 59, Goddard on the Go 159, Per Karlsson - BKWine.com 48(3), 83, Mauro Piccardi 134, Steve Race 34-35, Richard Semik 82, Friedrich Stark 166, superclic 50(2), The History Collection 26 links, Greg Vaughn 168, Denis Vesely 52-53, Zoonar GmbH 50(4); **mauritius images:** CuboImages 4 oben, 62, Danita Delimont/Roland and Karen Muschenetz 44 oben, foodcollection 49(1), 50(1), 113 unten, Klaus Hackenberg 133, Hans-Peter Merten 81 oben, Sánchez Pereyra 60 unten, Photo Alto 110, Photononstop 51 links, 136, Pixtal 45(3), 47 rechts, Tetra Images 92-93, travel collection 132, 163, 172; **Ingrid Paule:** 54, 55; **Picture Press:** Tim Graham 142; **Planetary Visions Limited:** 31; **Jens Priewe:** 111, 117 Mitte; **Privat:** 101 unten; **Henning Ryll/Andreas Bühl:** 5, 13, 94 unten, 100 rechts, 116; **Santos Wines:** 51 rechts; **Henrike Schechter:** 165; **shutterstock:** ajt 100 links, Alexlukin 27 unten rechts, AminaAster 28 unten links, Bildagentur Zoonar GmbH 156, CoolR 46(3), Iurii Kachkovskyi 26 unten rechts, Evgeny Karandaev 29 unten rechts, Pascal Luypen 97, paul prescott 158, REDB4 84, Sarah2 65, Valery Shanin 18, 149, Stanimir G.Stoev 28 unten rechts, TFoxFoto 48(1), ThomBal 61 unten, Peter Wollinga 164; **StockFood:** Gaby Bohle 4 mitte, 90, Winfried Heinze 109 oben, Hendrik Holler 45(2), 147, 171, Roland Krieg 81 unten, Herbert Lehmann 50(3), 74, 120-121, Nicolas Leser 91 unten, Steven Morris 44(2), 44(3), 49(2), Naturbild royalty-free 76, People Pictures 109 unten, Michael Schinharl 47_links, Hans-Peter Siffert 46(2), Studio Adna 123, Inge Weber 48(2), Roland Zollner 45(4); **StockFood/ag fotostock:** 4; **StockFood/Cephas:** Mick Rock 56, 91 oben; **StockFood/Cephas Picture Library:** 48 oben, 108, 144, 169; **StockFood/Eising Studio - Food Photo & Video:** 14, 16, 19, 24, 39, 40, 41, 42, 43, 72, 73, 78, 80, 86, 88, 94 Reihe oben, 96, 98, 99, 101 oben links und rechts, 102, 103, 106, 112, 113 oben, 114-115, 117 rechts, 118; **StockFood/PhotoCuisine:** Jean-Claude Amiel 119, Ramen 46(4); **stocksy:** Giorgio Magini 44(4), 140; **Wikipedia Commens:** 27 oben, 117 links; **Zero:** 57

Cover: PantherMedia/genious2000de
Karten: Astrid Fischer-Leitl

Impressum

© 2019 Edel Verlagsgruppe GmbH
Kaiserstraße 14 b
D-80801 München

ZS - ein Verlag der Edel Verlagsgruppe
www.zsverlag.de
www.facebook.com/zsverlag
www.instagram.com/zsverlag

ISBN: 978-3-89883-941-9
4. Auflage 2022

Konzeption: Jens Priewe
Externe Projektleitung und Redaktion: Marc Strittmatter, ppp.services
Schlussredaktion: Karen Dengler, Werkstatt München GbR
Grafische Gestaltung und Satz: Cordula Schaaf
Bildredaktion: Henrike Schechter
Kartographie: Astrid Fischer-Leitl, München
Illustrationen: Annick Ehmann und Anne Loetz, INFOGFAPHICS GROUP, Berlin
Herstellung: Frank Jansen
Producing: Jan Russok
Druck & Bindung: optimal media GmbH, Röbel
Printed in Germany

Alle Rechte vorbehalten. All rights reserved. Das Werk darf - auch teilweise - nur mit Genehmigung des Verlags wiedergegeben werden.